あなたの
プレゼンが
劇的に
変わる！

Prezi
デザインブック
Prezi **DESIGN** BOOK

Prezi Expert
吉藤 智広 著
Tomohiro YOSHIFUJI

JN189109

日経BP社

Message from Prezi Inc.

Thank you for your interest in "Prezi Design Book".

Since becoming a Prezi Certified Expert in 2014, Tomohiro Yoshi-FUJI has published articles, videos, and other pieces covering the Prezi platform and detailing its many exclusive features and benefits.

We are excited to share that he is now releasing his second book on creating presentations with Prezi, which will be available in Japanese in May 2018. This book is a comprehensive guide to Prezi Next, our latest platform that helps you connect more powerfully with your audience. Unlike slides, Prezi's single, interactive canvas encourages conversation and collaboration, making your overall presentation more engaging, persuasive, and memorable.

2014年のPrezi Certified Expertの公式認定以来、吉藤智広氏はさまざまな紹介記事や動画を制作することで、Preziの特徴やその効果についての情報発信に務めています。

今日ここに、彼の2冊目の著書となるPrezi制作を解説する書籍が日本語で出版されることを喜ばしく思います。

本書は私達が提供する最新のプラットフォームであるPrezi Nextを総合的に解説しています。

Prezi Nextは聞き手とのつながりを生み出すプレゼンテーションアプリであり、従来のスライド式とは異なるインタラクティブなキャンバスによって、聞き手との会話や連携を促し、プレゼンテーション全体をより魅力的で説得力があるものに、そしてより印象的なものに変えていきます。

本書をお手に取っていただいたみなさまのPreziデザインを応援いたします。

Prezi Inc.

Prezi新刊出版に寄せて

　時に感動的で、時にユーモア溢れ、常にわかりやすく、また感情に訴えかけてくる素晴らしいPrezi プレゼンテーション を作り続けている吉藤智広さんは、Prezi 社からも世界にたった数十人しかいない Prezi Expert として認定され、今や日本のみならず、世界中から高い評価と賞賛を集める本物のデザイナーであり、クリエイターです。そんな吉藤さんが再び Prezi の書籍を発刊されることになりました。私自身、光栄なことに序文を書かせて頂きながら、彼の熱烈なファンの1人として、出版を心から楽しみにしていました。

　吉藤さんが目指している新しいプレゼンテーションの世界、それは彼がかねてよりテーマにしている「re-presentation.jp」という言葉に見事に集約されています。ともすれば、プレゼンテーションとはスライドを作ることであり、文字とイラストや写真、グラフなどをレイアウトし、綺麗に印刷することであると考えてしまいそうですが、彼が作るプレゼンテーションをご覧になれば、プレゼンテーションとはこんなにも素晴らしいものであり、決してスライドを綺麗に作ることだけを指すのではないのだと気付かされるでしょう。プレゼンテーションとはオーディエンス（聴衆）に何かを伝え、その結果、聞き手の行動や考えに変化を与えることにあるのだ、という本来の目的が再び息を吹き返してくるのです。

　吉藤さんのプレゼンテーションには、説得力があるだけでなく、聞き手の心に響くよう、表現に様々な工夫が凝らされています。本書の中には、まさに紙に縛られない Prezi 制作の技法と、エモーショナルにオーディエンスを惹きつけるプレゼンテーションのテクニックやヒントが豊富に散りばめられています。しかも、プロのデザイナーではない私たちでも実践できるよう、高機能なデザインソフトやクリエイティブソフトではなく、PC に入っている基本的なソフトをうまく使うなど、現場のデザイナーらしい細かな配慮が随所に見られます。

　私たちは今、Prezi という新しい道具を手にしました。道具の使い方は吉藤さんが本書の中でとてもわかりやすく、しかも惜しみなく教えてくれています。本書を読みながら、オーディエンスの心に響くプレゼンテーションはどんなものか、ご自身の想像の翼を広げてみてください。そして、ワクワクする新しいプレゼンテーションの世界にぜひ勇気を出して飛び出してみましょう！

2018年3月吉日
筏井哲治
『Prezi で始めるズーミングプレゼンテーション』著者

はじめに　本書の使い方

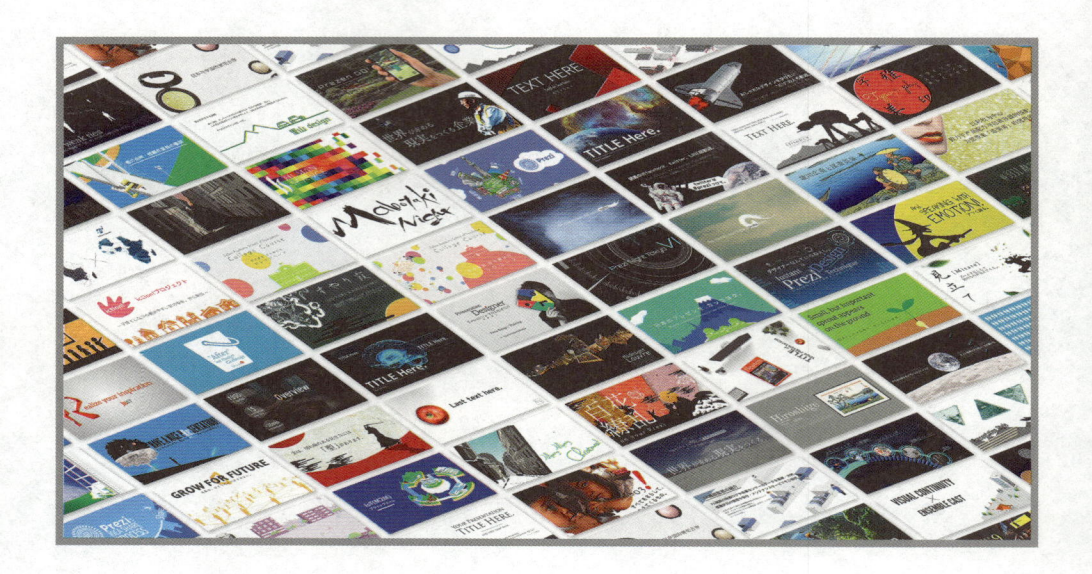

　本書のコンセプトは、「簡単に、手早く、わかりやすく、そして見栄えのするPreziをつくる」。

　本書を手に取っていただいた方なら、初めてPreziを見てすごくクリエイティブだと思った、という経験をされた方も多いのではないかと思います。その一方で、意気込んでPreziのアカウントを取得して作ってみたのだけど、「自分で作ったら意外と地味だった」、「編集画面を開いても、なにをすればいいのかわからなくて挫折した」「Preziに期待していたけど、結果的になんか残念だった。」という声をよく聞きます。

　この原因は、Preziが、というよりも、プレゼンアプリに関する誤解です。

　プレゼンを作るとき、ほとんどの方はPreziだけ、あるいはPowerPointやKeynoteだけで作っていますが、実は、上に述べたようなPreziの作例をはじめとして、見栄えのよいプレゼンのデータの多くは、PhotoshopやIllustrator、After Effectsといった専門のアプリケーションを使って、かなりの時間をかけてあらかじめグラフィック素材や動画素材を制作しています。

　そしてそれらの素材をプレゼンアプリ上で組み上げているわけです。

素材準備	なし （または、なんとなくプレゼンアプリで加工）		Ai　Ps　Ae　An　etc.
プレゼンアプリでの 組み上げ	Prezi	P	etc.
仕上がりイメージ	簡素な仕上がり 思ったほどクリエイティブにならない		見栄えがよい クリエイティブな印象・完成度が高い

　PowerPointからPreziに乗り換えただけでは思ったほどいい仕上がりにならない原因はここにあります。

　だからといって、世の中に無数にあるグラフィック系アプリケーションの専門知識をひとつずつ身につけていくのは骨が折れますし、何より膨大な時間がかかってしまいます。そこで本書では、そうしたグラフィック系のアプリの追加インストールや複雑な操作なしに、簡単に、手早く、そして見栄えのするPreziを作っていただけるテクニックやヒントを厳選してまとめました。本当はいろんなデザイン理論やプレゼンデザインの本質などを詳しく説き起こしていくとよいのですが、でもそういうことはこの際思い切って飛ばしてしまって、プレゼンの現場が求めている「とにかくサクっとカッコよく」という手法をお伝えすることを第一に考えて書いています。

　多くの方は、プレゼンアプリと言えば普段からPowerPointを使っていたり、あまり使っていなくてもPCにはインストールされていたり、というケースが非常に多いと思います。そこで本書では、PowerPointの作り方に慣れた方が陥りがちなPrezi制作のポイントなども取り上げました。

　本書で取り扱うアプリは、PreziとPowerPoint、これだけです。前半部分では、Preziの基本的な使い方から、Prezi向きのシナリオの考え方を解説します。後半部分では、Preziだけを使うスピーディーな制作テクニックから、PowerPointで行う素材準備とのコンビネーション実例までを紹介しました。さらにPreziでの配布資料の用意の仕方、そしてPreziを使った実際のプレゼン本番までの注意ポイントなども解説しています。

　Preziの使い方を覚えるだけではなく、いつも使っているPowerPointの裏ワザ的な機能との組み合わせで、これまでのPreziとはひと味もふた味も違うPreziを作って、そしてプレゼンまでをスムーズに行っていただけるようにしました。

　本書が、みなさんのよりよいプレゼンのお役に立つことができれば幸いです。

Have a nice presentation!

◎ Contents

1 Prezi とは？ 1
PowerPoint と 2 種類の Prezi の違い

② 📖 **Prezi の使い方** ─────── **21**
基礎から応用まで

Prezi とは?
PowerPoint と 2 種類の Prezi の違い

　「Prezi」は、「プレジ」と発音します。ハンガリーのスタートアップ企業Prezi Inc.が2009年に発表したアプリです。特徴的なこの響きですが、これはハンガリー語のプレゼンテーションの略語（日本語の、"プレゼンテーション" → "プレゼン" のような感じ）です。

　現在ではヨーロッパやアメリカを中心にシェアを伸ばしており、TEDや大規模な国際カンファレンス、イベント、展示会から日々のビジネスシーン、学生の発表にいたるまで、さまざまなシーンで利用されています。2018年4月時点ではユーザー数は1億人を突破、作成されているpreziプレゼンは、35億件に上ります。

　ところでPreziについて語るときに少しややこしいのが、「Prezi」という用語が何を指すか、です。Prezi Inc.が提供するアプリが「Prezi」で、つくられたプレゼンも「prezi」と呼ばれます。

　話し言葉ではすべて「プレジ」と呼ばれてしまうので、「プレジが出しているプレジでつくったプレジでプレゼンする」といったややこしい言い方がしばしば起こります。これは日本語でも英語でも同じ。英語の文章中ではアプリを指す場合にはPを大文字にして「Prezi」、つくられたプレゼンを指すときは小文字で「prezi」と書き分けることが多いので、本書でもその例に従います。

Preziはアジャイルで開発が進められているアプリなので、明確なリリースがないままに次々に仕様が変わります。一部のユーザーにだけランダムで機能を追加してみて、フィードバックが好評なら全体に適用し、不評やバグの報告があれば元に戻す、といった実験的な試みをしながら日々成長しているアプリです。

　ボタンまわりや細かな機能などはどんどん変わっていくので、PC用のアプリというよりはスマホアプリに近い感覚ですね。今日使おうと思ったら、昨日とは画面がちょっと変わっている、ということもたまに起こります。まだまだ若い発展途上なアプリですので、Preziを使う際には、そうした変化も楽しむくらいの気持ちで使ってみてください。ただし、データの保持などの部分についてはPrezi社としても最も力を入れていますので、ビジネスシーンでも安心してお使いいただけます。

　なお、本書に記載されている内容は書いている時点（2018年3月）のものとなりますので、その旨ご了承ください。新しい情報などは、Prezi社公式サイト（https://prezi.com/）をご確認ください。私のブログ（http://blog.re-presentation.jp/）でも随時情報を発信していきます。

1-2　2種類のPrezi

　アプリとしてのPreziは、登場した2009年から2017年4月まで、まさにそのまま「Prezi」という名前の1つのアプリだけだったのですが、2017年4月に「Prezi Next」という新しいアプリがリリースされました。これによって、従来の「Prezi」の名称が「Prezi Classic」に変更になりました。

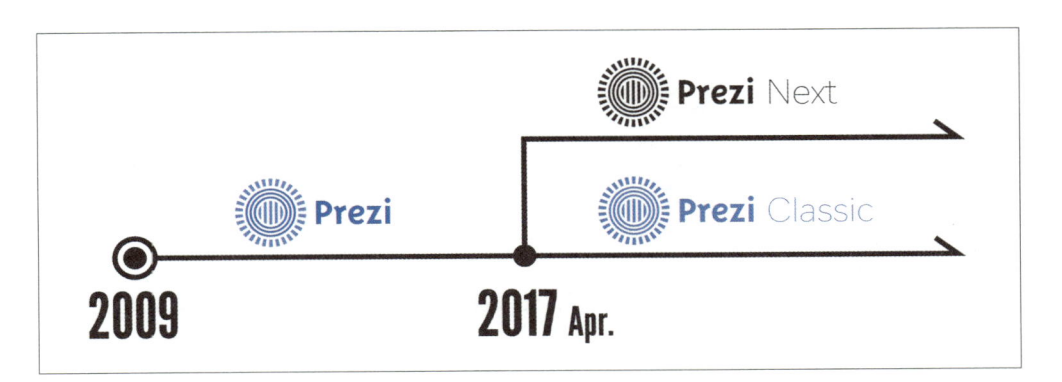

新しい「Prezi Next」は、もともとの「Prezi Classic」とは全く別のプレゼンアプリで、一方で作ったデータをもう一方で開くということはできません。例えていうなら、Microsoft の Word と PowerPoint くらいの違いがあると思っていただければわかりやすいかと思います。

使用感には似ている部分と違う部分がありますが、Prezi らしい特徴であった「ズーム」で見せる、という動きはそのままです。Prezi を知らない方がみれば Prezi Classic で作っているか Prezi Next で作っているか、わからないくらいです。以前から Prezi Classic をお使いいただいていたユーザーにとっては、PowerPoint と Prezi の中間のような印象になるかと思います。

この背景について、少し説明しておきましょう。

技術的な話になりますが、もともとの Prezi（現 Prezi Classic）は Flash ベースであるため、今後の各ブラウザの Flash サポートの終了に伴って使いづらくなることが懸念されていました。また、現在主流となってきているスマートフォンでは Flash コンテンツの再生に機器間で差が大きい、という問題もありました。そこで、Flash を利用せず、どのデバイスでもスムーズに再生できることを念頭に置いて、WebGL ベースで開発されたのが Prezi Next です。

このようにそもそもの裏側の仕組みが全く異なるので、Prezi Classic から Prezi Next へのデータコンバートなどの仕組みはありません（2018 年 2 月現在）。

また、2017 年 4 月以前から Prezi のアカウントを持っていた方は、Prezi Classic と Prezi Next の両方が使えるようになっていますが、2017 年 4 月以降にアカウントを新たに取得する方は自動的に Prezi Next のユーザーとなります。

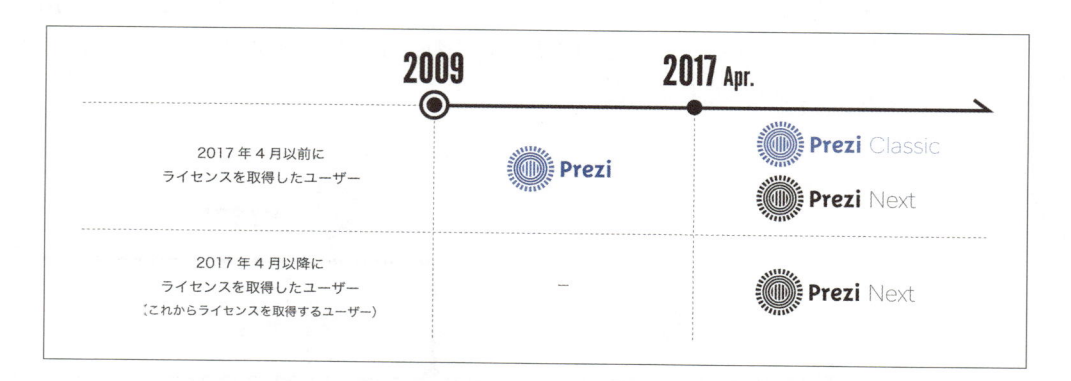

Prezi Classic のアカウントは新たに取得できるものではなく、もともと Prezi を使っていた方にとって、馴染みのある「Prezi」をそのまま使い続けられるようにしているのが「Prezi Classic」という位置づけです。閲覧や公開の機能も従来のままです。このように

Prezi Classicはアーリーアダプターのみなさんの特権になっているので、現時点でアカウントをお持ちの方はぜひそのまま保持されることをおすすめします。

　本書は今後主流となるPrezi Nextをメインに解説していますが、必要に応じてPrezi Classicでの操作方法なども加えています。以降の文書では、個別の機能などで区別が必要な場合には、「Prezi Classic」「Prezi Next」と表記しており、双方に共通する特徴などを述べる場合には、「Prezi」と表記しています。

Prezi Nextの日本語フォントが微妙？

　2018年2月現在、Prezi Nextでは日本語フォントが1種類しか選べません。XANO明朝というフォントなのですが、ちょっと特殊な形なので一般的な用途にはあまり向きません。Prezi社がなぜこのフォントを選んだのかは謎なのですが、今後の日本語フォントの充実も計画中とのことです。

　当面の対応策として、日本語を使いたい場合は少々面倒なのですが、文字を画像化して挿入する必要があります。この手法は「5-1　PowerPoint → Preziの保存形式」で解説しています。

1-3　PowerPointとの違いはここ｜Preziの強みをおさえる

　特徴的で新しい印象がある一方で、「できること」と「できないこと」がはっきりしているのがPreziです。

　次世代プレゼンテーションツールと言われたりしますが、“パワポなんてもう古い！これからはPreziの時代だ！”と思って使ってしまうと、きっとうまくいきません。

　Preziは必ずしもPowerPointやKeynoteに取って代わるものではなく、用途に合わせてうまく使い分けたり組み合わせたりすることで、プレゼンの効果を大きくすることができます。スマートフォンでいろんなアプリを用途に合わせて使い分けたり組み合わせたりする感覚に似ていますね。

　まずは、PowerPoint・Keynoteなどの従来型のプレゼンツールと、Prezi Classic、Prezi Nextの違いを見てみましょう。

	PowerPoint / Keynote	Prezi	
		Prezi Classic	Prezi Next
①新規ライセンス購入	○	× （2017年4月以前からのユーザーのみ）	○
②インストール方法	個人のPCにインストール ※Web版の PowerPoint Onlineもあり	インストール不要。Webブラウザ上で利用 ※Plus以上の有料プランでは、インストール版もあり	
③使用料	有料	無料で使用可能 ※プレゼンを非公開設定にする、その他の機能追加には 有料プランへのアップグレードが必要	
④印刷	○ 画面がそのまま 配布資料になる （ただし、アニメーション を重ねないなどの 配慮が必要）	× 印刷には不向き プレゼンのスクリーン用と割り切った使い方が必要	
⑤コンテンツ テキスト	◎ （日本語フォントは、PCに 入っているだけ使用可）	○ （日本語フォント 十数種類）	○ （現在日本語フォント 1種類のみ）
⑤コンテンツ シェイプ	◎ （ある程度の 3D描画も可能）	○ （基本的な平面図形のみ）	○ （基本的な平面図形のみ）
⑤コンテンツ 画像	◎	◎	◎
⑤コンテンツ 動画	◎	◎	◎
⑤コンテンツ グラフ	◎	○ （有料版プランのみ）	○ （有料版のPlusプラン以上のみ）
⑥構造	・1枚1枚順に見せる「スライド」	・自由に文字や写真を配置できる巨大な「ホワイトボード」	・複数の階層を持つ「奥行きのある画面」
⑦特徴	・静かで真面目な雰囲気 ・文字を多めに表示する場合 ・詳細な表やグラフなどを一覧で見せたい ・印刷用をつくりたい	・思い切りクリエイティブに見せたい ・時間軸や場所の情報を伝える	・尖りすぎずほどよくクリエイティブに見せたい ・全体像と細部という内容構成がある ・時間軸や場所の情報を伝える
⑧プレゼンスタイル	・講義や講座のようなプレゼン	・一方向に進む物語性のあるプレゼン	・会話をするようにその場で話の順序を入れ替えるプレゼン

PowerPointも進化している

　前述の表は一般的によく利用される用途をメインにまとめたのでPowerPointを「スライド型」としてひとくくりにしてしまっていますが、実はPowerPointも最新のOffice365サブスクリプションモデルでは3Dモデルの挿入機能などが加わりかなりクリエイティブな見せ方ができるようになっています。

　このように、Prezi以外のプレゼンアプリも進化を続けていることをぜひ覚えておいてください。

  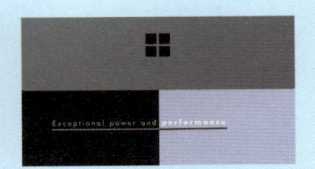

それでは、この表の各要素について少し詳しく見ておきましょう。

1-3-1 特徴1：無料でも使えるWebアプリ

　Preziはインストール不要の、いわゆる「Webアプリ」と呼ばれるタイプです。まずIDをパスワード登録してアカウントを取得し、編集からプレゼンテーション本番まで、すべてWebブラウザ上で行うのが基本です。PowerPointのようにアプリをインストールする必要はありません。PC版のFacebookなどと同じように、ふだんお使いのGoogle ChromeやFirefoxなどを立ち上げて、prezi.comにアクセスしてIDとパスワードでログインして利用します。

　使用料金には、機能によっていくつかのバリエーションが用意されています。個人利用で現在新たにアカウントを取得できるPrezi Nextの使用料は、次ページの上図の4種類です（2018年2月時点）。

　「ベーシック」プランを選択しておけば、ずっと無料で使用が可能です。このときに注意しておかなくてはいけないのが、この「ベーシック」プランでは、制作したプレゼンがGoogle検索などでヒットしてしまうこと。Preziはもともと「世界中のみんなでプレゼンのアイディアをシェアしよう」という理念でつくられているので、制作したプレゼンがなるべく簡単にWebでシェアできるように設計されています。

　お試しで使ってみる場合や、世界に向けて公開したい内容のみの場合は無料プランのままでOKですが、プレゼンの内容を他人に見られないようにロックしておくためには「Standard」プラン以上を選んで使用料を支払うことが必要になります。

できること	ベーシック 無料	Standard $5/月	Plus $15/月	Premium $59/月
無制限のプレゼン	✓	✓	✓	✓
プライバシーコントロール	–	✓	✓	✓
削除可能なシェアリンク ?	–	✓	✓	✓
オフラインアクセス ?	–	–	✓	✓
ポータブルプレゼン ?	–	–	✓	✓
プレゼンタービュー ?	–	–	✓	✓
ボイスオーバー ?	–	–	✓	✓
PDF に書き出し	–	–	✓	✓
ビデオ アップロード ストレージ ?	–	–	✓	✓
Prezi Analytics	–	–	–	✓
上級オンライントレーニング ?	–	–	–	✓
電話サポート	–	–	–	✓

　ビジネス用途の場合は、どうしても使用料の支払いが必要と考えましょう。

　Preziを使う上で頻度の高い機能を料金プランごとに比較していくとこのようになります。

プラン	ベーシック	Standard	Plus	Premium
料金	完全無料	$60/年 （一括払い） または、 $10/月 （毎月払い）	$180/年 （一括払い） または、 $20/月 （毎月払い）	$708/年 （一括払い）
非公開設定	×	○	○	○
オフライン編集 （インストール版アプリ）	×	×	○	○
オフラインでプレゼン （ネットのない環境でも プレゼン）	×	×	○	○
プレゼンタービュー （原稿・経過時間表示）	×	×	○	○
動画ファイル挿入	×	×	○	○
グラフ作成・挿入	×	×	○	○
閲覧結果分析	×	×	×	○

実際のPrezi制作を過不足なく行うためにおすすめなのは、「Plus」プランです。制作したプレゼンを非公開にできるだけでなく、インストール版での作業や、オフラインでのプレゼンも含めて、Prezi編集のすべての機能を利用することができます。

なお、学生・教員の場合は「Standard」プランが無料で利用できますので、ぜひ活用してみましょう。企業向けにはチームライセンスも用意されています。

1-3-2 特徴2：印刷はしないのがPrezi流

Preziの最も大きなデメリットといえるのが印刷です。

PowerPointとは異なるダイナミックな動きをするからこそ、そのままの印刷には向きません。このあとの「1-3-5　特徴5：プレゼンスタイルにあわせたアプリ選択」で後述しますが、Preziはそもそも配布資料を配るスタイルのプレゼンを想定していません。あくまでスクリーン用と割り切って使いましょう。

PowerPointが「チラシ」だとすれば、Preziは「CM」です。そう思えば、印刷ができない、という点も感覚的にわかりやすいのではないかと思います。

とはいえ、Preziの使用を躊躇する企業や組織で最も多いのが、「配布資料がないのは困る」という声です。そしてこれは、日本だけでなく（日本だと多いのは間違いないですが）、世界のどこでも同様です。

ではこの問題をどうやって解決するかというと、配布資料が必要な場合には別のアプリで制作して用意します。本書では「第6章　やっぱり必要｜Preziの配布資料」において、Preziを作った後でPowerPointを使って簡単に配布資料も作る、というテクニックを解説しています。

1-3-3 特徴3：コンテンツの素材は変わらない

PowerPointもKeynoteもPreziも、テキストや写真、動画といった素材を、「載せる」アプリです。異なるのは、載せた素材の「見せ方」だけだといってもいいくらいです。Preziがスクリーン上に配置できるコンテンツは、文字、画像、動画、グラフ（Plusプラン以上）と、基本的な要素はPowerPointと変わりません。

なお、Preziの特徴として、「ビジュアル表現に向いている」と言われたりしますが、これはちょっと早計です。「ビジュアル表現」と一口に言ってもいろんな要素がありますし、「はじめに」で述べたように、これはプレゼンアプリ以前の、素材準備の部分に左右される面が大きいためです。

たとえば、プレゼンの全体を象徴するような一枚の印象的な写真かイラストがあれば、

Preziでの表現が適しています。一方で、モーショングラフィックのようなアニメーションを作って見せたい場合や、グラフをアニメーションで動かして表現したい場合には、PowerPointのほうがずっと適しています。

こうしたビジュアル表現の基本となる素材づくりの部分については、PowerPointとのコンビネーションでつくり上げるテクニックを「第5章　Preziをじっくりつくる｜素材からつくるPrezi」にて解説しています。

特徴4：構造を理解するとよくわかる

PowerPointが書籍のページをつくるように1スライドずつつくっていくのに対し、Preziは空間内を飛び回るような、映像制作的な発想でつくっていくイメージです。

構造については、Prezi ClassicとPrezi Nextの両者でも違いがあります。Prezi Classicは無限のホワイトボードのような空間をカメラワークで飛び回るイメージです。一方でPrezi NextはPowerPointとPrezi Classicの中間のような構造で、ある程度固定された大きさのホワイトボードに、［トピック］と呼ばれる階層構造がプリセットされたモジュールを配置していく構造を持っています。

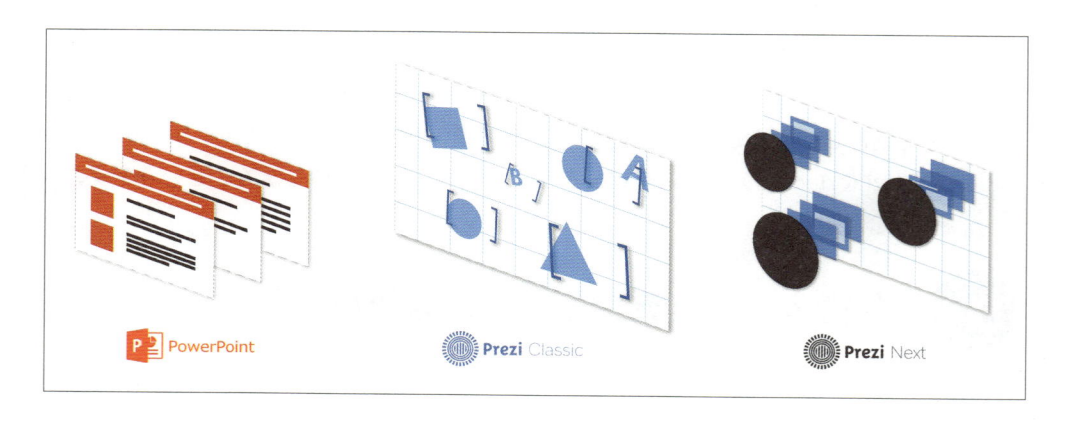

この構造の違いが、それぞれのアプリの特徴を決定づけています。

PowerPointは非常に多機能なのでいろんな使い方がありますが、基本的には箇条書きや文章など、比較的多い文章を配置するのに向いています。Prezi ClassicとPrezi Nextはズームを使うことで全体像と細部の関係性を動きで表現しやすい、という特徴があります。

Prezi ClassicとPrezi Nextを比較すると、実はクリエイティブで自由度が高いのはPrezi Classicのほうです。ただし、このあまりに自由度が高すぎる特徴のために、「どこからどう手を付けていいかわからない」「ビジネスには不向き」という意見が以前からあがってい

ました。

　こうしたフィードバックを元に開発されたPrezi Nextでは、クリエイティブすぎる部分を少し控えて、構造をあらかじめモジュール化することで、作りやすさを向上しています。Prezi Classicのセミオーダーのようなイメージですね。

　またこのモジュール部分の編集スタイルはPowerPointと非常に似通ったものになっているので、使い慣れたPowerPointと同じように編集するだけで、Preziらしい見せ方ができる、という、"いいとこ取り"といえるでしょう。

　このモジュールは1つ1つがクリックできるようになっており、プレゼンの最中にトピック単位で話の順序を入れ替えることができるようになっています。これは、PowerPointやPrezi Classicにはなかった機能で、聞き手の反応を見ながらその場で話を組み立てなおすことができる、という大きな利点があります。

ヘビーユーザーはPrezi Classicがお好み？

　実はこの構造の違いのために、Prezi Classicを長く使っていたユーザーの中には「自由度が下がった」と感じる人がいるのも事実です。Prezi Classicを自由自在に使いこなしていた人にとっては、Prezi Nextはあらかじめ決められている部分が多い分、少し窮屈な印象を持つ人がいます。ブダペストのPrezi Inc.本社で行われるPrezi Expertのカンファレンスにおいても、この点については大きな議論になりました。

　ただ、PowerPointを使っていてこれからPreziにチャレンジしてみようという方や、以前Preziを使おうとして挫折したという方にとっては、Prezi Nextのほうがなじみやすく、作りやすくなっていると思います。また、Prezi Nextでしかできない表現もあるので、この部分をうまく使うことでクリエイティブな見せ方もちゃんとできるようになっています。現在Prezi Classicをお使いの方は、ぜひ新しい気持ちで、そして新たにPreziに触れる方は、安心してPrezi Nextを使ってみていただければと思います。

あまり語られることはありませんが、実はプレゼンアプリにはそれぞれのアプリが得意とするプレゼンの「スタイル」というものがあります。アプリごとに大きく次の3つに分かれています。

「講義型」プレゼン

PowerPointやKeynoteはある意味オールマイティなのですが、一般的には数多くの聴講者がいて、話し手が前に出て、スクリーンを指し示しながら話をする、という講義・講座風のプレゼンスタイルに適しています。日本のプレゼンで多い、聞き手がみんな配布資料を手元において聞いているプレゼンはこのスタイルですね。

「ステージ型」プレゼン

Prezi Classicは、TEDのようなライブステージでのエンターテイメント性の高いプレゼンスタイルに向いています。おそらく、多くの方が"クリエイティブ"と感じてあこがれるのは、このようなプレゼンではないかと思います。有名なスティーブ・ジョブスのプレゼンもこのスタイルだと言えるでしょう。

「会話型」プレゼン

　Prezi Nextは先の2つとは全く異なっていて、訪問先の企業のテーブル、あるいはソファ席で、自分のPCやタブレット、スマホなどを見せて行うプレゼンスタイルをメインターゲットとして設計されています。聞き手との距離が近く、相手と会話をしながら、その時に聞きたい情報をリアルタイムで選択して見せていく、そんなプレゼンスタイルです。

この「会話型」のスタイルに対しては、「それって "プレゼン" じゃないのでは」と感じる方もいらっしゃるかもしれません。ですが、ここは "プレゼン" の定義を、少し柔軟に考えてみましょう。

　現実の日々のビジネスにおいて、「講義型」のプレゼンをする機会というのは、実はそこまで極端に多いわけではありません。まして TED のようなショーアップされた「ステージ型」は、ごく一部の限られた人だけが、ごく限られた機会に経験するものです。

　その一方で、日々のビジネスや周囲との会話の中で最も多く発生しているプレゼン、みなさんの多くが最も経験されるのはおそらく3番目のスタイルではないでしょうか。Prezi 社は Prezi Next のターゲットとして、このプレゼンスタイルを狙っています。格式ばった「講義型」のプレゼンではなく、一部のヒーローが行うセンセーショナルな「ステージ型」プレゼンでもなく、もっとナチュラルで、毎日のビジネスで行われていて、みんなが体験している「会話型」プレゼンを支援するために専用設計されたアプリが、Prezi Next です。なお、他のプレゼンスタイルとの比較をわかりやすくするためにテーブルやソファでのプレゼンを例にあげましたが、ポイントは「聞き手との会話」なので、もちろん大きな会場で行う「会話型」のプレゼンもありですね。

　この3つのスタイルは、あくまでメイン用途です。工夫次第で自由に使うのが一番ですし、自分の好みに合ったアプリで作るほうがやりやすい、ということもあります。ただ、実施するプレゼンがどういったスタイルかな、というポイントを一度考えてからアプリを選ぶことであとあとのプレゼン制作が非常にスムーズになることを、ぜひ覚えておいてください。

1-4　用途別にみた Prezi の向き不向き

　プレゼンのスタイルを見たところで、より具体的な Prezi が向いている用途、Prezi がよく使われている利用シーンをご紹介します。

01　セールス/マーケティング

　自社製品やサービスの紹介を行うプレゼンは、Prezi、特にPrezi Nextが最も得意とする分野です。たとえば、大きなビジョンを見せてから次第に細部に入っていくような動きにすれば、より直感的に製品やサービスの特徴を聞き手に届けることができます。Prezi Nextを使う場合は、製品の機能、料金、コンタクト先、自社紹介などを事前にトピックごとにまとめておくことで、プレゼン当日の聞き手に合わせて順序を入れ替え、効果的な流れをその場で組み立てることができます。

　また、PowerPointの画面を見飽きている相手であれば、Preziの動きは非常にキャッチーで印象的に感じてもらえる、という副次的な効果も期待できます。

02　イベント・展示会

　これはセールス/マーケティングの発展ですが、イベントや展示会での製品やサービスの解説用にPreziを使うというケースも多く見られます。海外の展示会では、ブースに集まったお客さんを前に、Prezi Nextのトピックをその場で選択して製品やサービスの紹介をするといった使い方がされています。

　たくさんの人が足早に通り過ぎるイベント会場、展示会の会場では、アクティブに動く Prezi のスクリーンで人の目を引きつけやすいという効果もあります。

03　ピッチ/ライトニングトーク

　Prezi は、長時間のプレゼンよりも短時間（数分〜20分程度）のプレゼンに向いています。限られた持ち時間で自分のアイディアをシェアするためのピッチや、カンファレンスのライトニングトーク、あるいは朝活でのスピーチなどにも適しています。Prezi Classic であれば、1つのダイナミックなストーリーとして、Prezi Next であれば、会場の聞き手と会話をしつつその場で内容を選びながらのプレゼンを行うことで、大きな効果を発揮します。

　Prezi Classic でも Prezi Next でも、論理的な構造に従った動きをつくることができるため、短時間で相手に自分の考えを届けるという用途が適しています。また、さまざまな人が入れ代わり立ち代わりプレゼンを行うような舞台では、他の人とは違うスクリーンで目を引き付け、しかも先の読めない動きをすることで聞き手を飽きさせないという効果が期待できます。

　ただし、目立つからといって意味もなくズームと回転ばかりを繰り返してしまうと、目が回ってしまうだけになってあとで苦情がくることになりますのでご注意を。

04　会社紹介

　就職イベントや転職イベントなど、企業の自社紹介プレゼンとしてPreziを利用するケースも多く見られる利用用途です。

大きな企業ビジョンを見せて、そして細部のサービス内容を解説し、最後にもう一度視点を大きくとってビジョンを見せる、プレゼンそのものを企業のCMのようにして見せる演出が可能です。

　Prezi Classicであれば、企業のミッションをより象徴的に、壮大なストーリーとして見せるのに適していますし、Prezi Nextであれば、話すべきトピックを網羅して作りこんでおくことで、その日の聞き手にあわせて順序を入れ替えるだけでさまざまなケースに対応することができます。

05　教育

　Preziは教育分野でも活用されています。たとえば、ズームの機能を利用して生物や天体を表示して見せる理科の授業、あるいは、ズームと回転を使って、数学の学習に使われるという事例もあります。こちらはPreziを活用したオンライン学習コンテンツサービス「超図解ズーミング数学」（https://zooming.jp/）の画面です。

　また学校での教育だけではなく、社内教育としてソフトウェアの操作説明にPreziを使用し、ソフトウェアのスクリーンショットにズームしながら利用手順を解説し、デジタルマニュアルとして活用される事例もあります。

06　デジタルサイネージ

　いわゆるプレゼンターがいる「プレゼン」以外にも、Preziの活用の可能性があります。

　その代表例は、Preziでつくったデータをデジタルサイネージとして活用するケースです。ビルのフロア案内や、イベント案内など、よりポップに楽しく情報を伝えるコンテンツとしてつくることも可能です。Prezi Classicでは自動再生設定にすることで画面を無限にループすることができるので、CMのような使い方が可能です。

　また、Prezi Nextをタブレットやタッチパネルディスプレイに表示しておけば、ユーザー自身がトピックを自由にタップして情報を閲覧する、インタラクティブなデジタルサイネージとしても活用することが可能です。海外では、展示会やショールームでのこうしたサイネージとしての活用事例も見られます。

07　プロモーションムービー

　Preziを動画ファイルにしてプロモーションムービーとして活用するケースもあります。これはPreziの独特な動きをそのままクリエイティブなムービーとして転用した活用例です。

　Preziを動画化するには画面キャプチャソフトが必要ですが、mp4形式などの動画ファイルとして保存し、動画編集ソフトでBGMを追加するなど編集を行ってからYouTubeやVimeoにアップするという方法は、海外では多く見られます。

　ストーリーをダイナミックに表現できるPreziならではの活用法といえます。

残念ながら、Preziは万能のプレゼンアプリではありません。Preziが適していないプレゼンの利用シーンも存在します。ここではそうした例もご紹介しておきましょう。

01 すべてのページの上下に必ず帯が必要な場合

PowerPointなどでよくある、「すべてのスライドで上下に会社名のある帯が入るスライド」というものはPreziでは表現しにくいです。たとえば記者発表などのシーンで、プレス写真になった際に必ずスクリーン内に社名が入っていないといけないという制約がある場合には、Preziの使用はあまり向かないと言えるでしょう。

02 各スライドでの厳密なサイズ統一が必要な場合

Preziには何ポイントという文字サイズの概念がありません。ズームエリアを自由に決めることができるので、フォントサイズがあくまで相対的になってしまうからです。またレイアウトも画面ごとにきっちりそろえるのは難しく、むしろランダムにしておくほうがPreziらしい表現です。PowerPointのマスターテンプレートのように、すべてのスライドできっちり同じ位置にタイトルと文字を揃えておきたい（揃っていないと気になる）という場合にはPreziは不向きです。

03 クリック数を減らしたい場合

PowerPointでは、一度クリックするとアニメーションを連続して行うように設定することができますが、Preziでは1つの動き、1つのアニメーションには必ず1クリックが必要なので、結果的にクリック数が多くなる傾向にあります。

クリックの回数が多いほうが話すタイミングがつかみやすいという人もいれば、クリックは少ないほうが話しやすいという方もいます。もしクリックの数を減らしたい場合は、Preziの使用には注意が必要です。

04 真摯さや静かさが要求される場でのプレゼン

いわゆる真面目な場では、Preziのポップな動きやテンプレートのおしゃれな感じが逆効果となってしまうことがあります。会場の雰囲気、聞き手の世代やITリテラシーなどを考慮して、Preziの利用を決める必要があります。

Preziは時として、聞き手に「軽い」印象を与えてしまうということを理解しておきましょう。

05　スクリーンと配布資料を一致させたい場合

　スクリーンと配布資料が完全に一致している必要があるケースではPreziは不向きです。また、PowerPointのように、1つのデータを作ることでスクリーン用と印刷用の両方ができるほうが効率的という考え方のもとでは、やはりPreziの使用はあまりよい結果をもたらしません。

　Preziの特徴の項でも述べましたが、Preziはあくまでスクリーン専用として特化したアプリとして使用しましょう。

　このように、Preziは特徴的なアプリであるからこそ、向き不向きがはっきりとしています。Preziを使う場合は、できないことや不向きなことに無理に使うのではなく、メリットを活かすような使い方をすることが大切です。

2

Prezi の使い方
基礎から応用まで

2-1 Prezi Next 基本編｜登録～基本操作まで

本章ではPreziの基本の解説をしていきます。

はじめてPreziに触れる方は、このままお読みください。現在利用できるPrezi Nextの新規登録と基本操作を解説していきます。

すでにPrezi Classicをお使いで、さらにPrezi Nextも学びたいという方は、「2-1-2 自分のプレゼンが並ぶ「ダッシュボード」」からお読みください。また、ClassicとNextの違いで戸惑いがちな部分には、「Prezi ClassicからPrezi Next！」というヒントコラムを記載しました。それぞれのPrezi制作の参考にしてください。

- Preziの編集作業は、ノートPCのタッチパッドだけで作ろうとすると非常に効率が悪くイライラしてしまうことが多いです。スクロールホイールのあるマウスの使用をおすすめします。

- Prezi Nextの操作にはWebブラウザを使いますが、Google Chrome、Firefox 64 bit、Safari 10のいずれかをご使用ください。2018年2月現在は、これ以外のブラウザでは編集ができません。Windows標準のInternet ExplorerやEdgeでは正常な動作が期待できませんので、ご注意ください。

2-1-1 アカウントをつくる「サインアップ」

Prezi Nextは、Webブラウザ上からインターネットを通じて利用します。

サインアップに必要なものは、有効なご自身のメールアドレスです。また、パスワードもあらかじめ考えておきましょう。FacebookアカウントまたはGoogleアカウントをお持ちの方は、そちらでも簡単にサインアップが可能です。

PC上で、Google Chrome、Firefox 64 bit、Safari 10のいずれかを開き、次のサイトにアクセスしましょう。

URL https://prezi.com/

「Prezi」で検索してもOKです。最初は次のような画面が表示されます。

　画面右上の［開始］ボタンをクリックします。するとこのような画面になりますが、無料で使いたい方はここで注意です。

　この画面ではStandard、Plus、Premiumのプランだけが表示されていて、どれも有料です。しかもどの料金プランにも［無料でお試し］と書いてあるので紛らわしいのですが、これはあらかじめ有料プランを年契約で申し込んでおけば、最初の数日間だけ無料で、その後課金が開始される、という仕組みです。無料期間中に解約すれば課金はありませんが、

無料期間は10日ほどなので気をつけましょう。

　また、この無料期間が設定されるのは年契約の場合のみなので、月単位での課金にした場合は無料期間はなく、すぐに課金となります。最初から有料プランを希望であればこの3つのプランからお好みのものを選択してアカウント作成を続けてください。

　課金なしで、無料のままずっと使い続けたい場合は、次のように操作してください。まず画面上部の左側にある［ベーシック］ボタンをクリックします。

　すると、このように左側に「ベーシックプラン」が出てくるので、ここで［続ける］をクリックしましょう。次のような情報入力画面が表示されます。

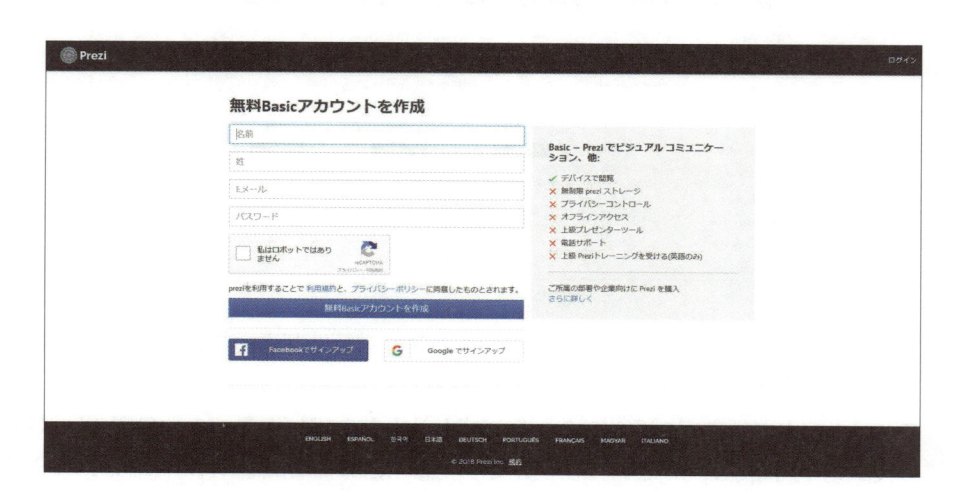

名前とEメールアドレス、パスワードを入力したら、［無料Basicアカウントを作成］を
クリックします。Facebookアカウントでサインアップしたい方は、ボタンの下の［Facebook
でサインアップ］ボタンを、Googleアカウントでサインアップしたい方は、［Googleでサ
インアップ］ボタンをクリックしてください。

2-1-2 自分のプレゼンが並ぶ「ダッシュボード」

サインアップが終了したら、まずはこのような画面が表示されます。

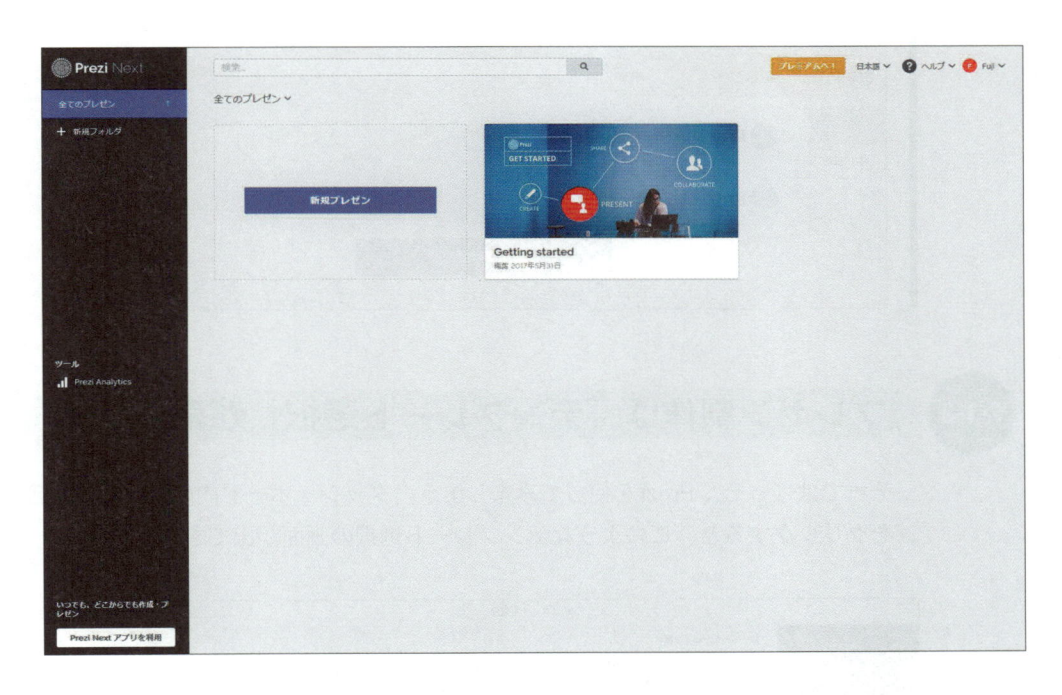

　右上にサインアップ時に入力したご自身のお名前が出ていますね。この画面を「ダッ
シュボード」といいます。自分専用のPreziの管理画面です。Prezi Nextでプレゼンを作る
たびに、作ったものがここに並んでいきます。

　今後、Preziを使いたい場合はすべてここにアクセスすることになるので、この画面をお
気に入りに登録しておくと便利です。Webアプリなので、自身のPCでなくても、**URL**
https://prezi.com/にアクセスしてメールアドレスとパスワードを入れてログインするこ
とで、**世界中のどこからでも自分のダッシュボードを呼び出すことができます。**

Prezi Next と Prezi Classic の切り替え

　2017年4月以前からアカウントを持っていた方は、ダッシュボードの左上でPrezi ClassicとPrezi Nextが切り替えられるようになっています。ただし、Prezi Classicと Prezi Next間ではデータの互換性がないので、Classicで作ったものをNextに切り替えたり、またはその逆を行ったりすることはできません。

　ダッシュボード上では簡単に切り替えができても、全く別のアプリであるということを念頭に置いておきましょう。

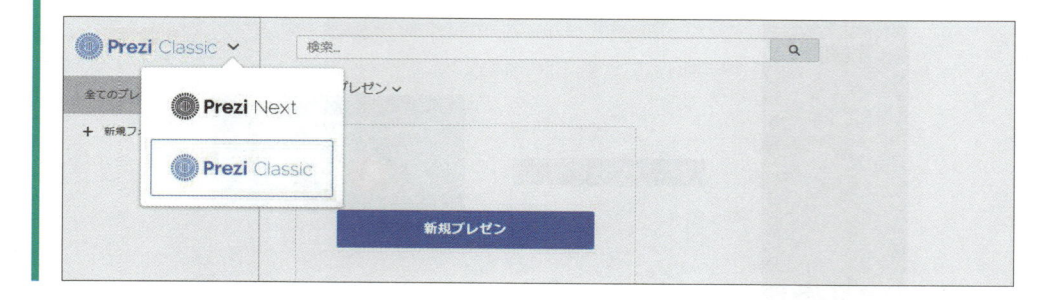

2-1-3　## プレゼン制作は「テンプレート選択」が早い

　それではさっそくPreziを使ってみましょう。ダッシュボード内の［新規プレゼン］ボタンをクリックすると、このようなテンプレート選択の画面が出てきます。

2018年3月現在で、120種類以上のテンプレートがあり、無料プランでも有料プランと全く同じものを自由に使うことができます。各サムネイルの右下に、初心者 / 熟練者 / マスター（日本語訳がよくないのでわかりにくいのですが、英語では Novice / Skilled / Master です）とあります。

最初の勉強用には「初心者」のついたものを選ぶと、構造がわかりやすいのでおすすめです。

サムネイルをクリックすると、中央に窓が立ち上がって、デモ画面を見ることができます。下部の［>］ボタンを押してみましょう。ある程度のレイアウトがすでにセットされているのが確認できます。好きなテンプレートを1つ選んだら、［このテンプレートを使用］をクリックしましょう。

これでテンプレートを使用した編集画面に切り替わります。

Prezi Classic から Prezi Next！

Prezi Next は "円" だらけ？

ClassicユーザーがNextのテンプレートを見て感じるのは、「なんでこんなに "円" が多いんだろう。」というものです。Classicユーザーにとっては、この円があることで、どのテンプレートも似たり寄ったりで変化の乏しいものに見えてしまうかもしれません。

実は、この "円" が「2-2 Prezi Next 応用編｜トピックとズームをマスターする」で解説していく ［トピック］ と呼ばれるプリセットモジュールです。この "円" を表示しない方法も解説していますのでご安心を。

これがPreziの編集画面です。

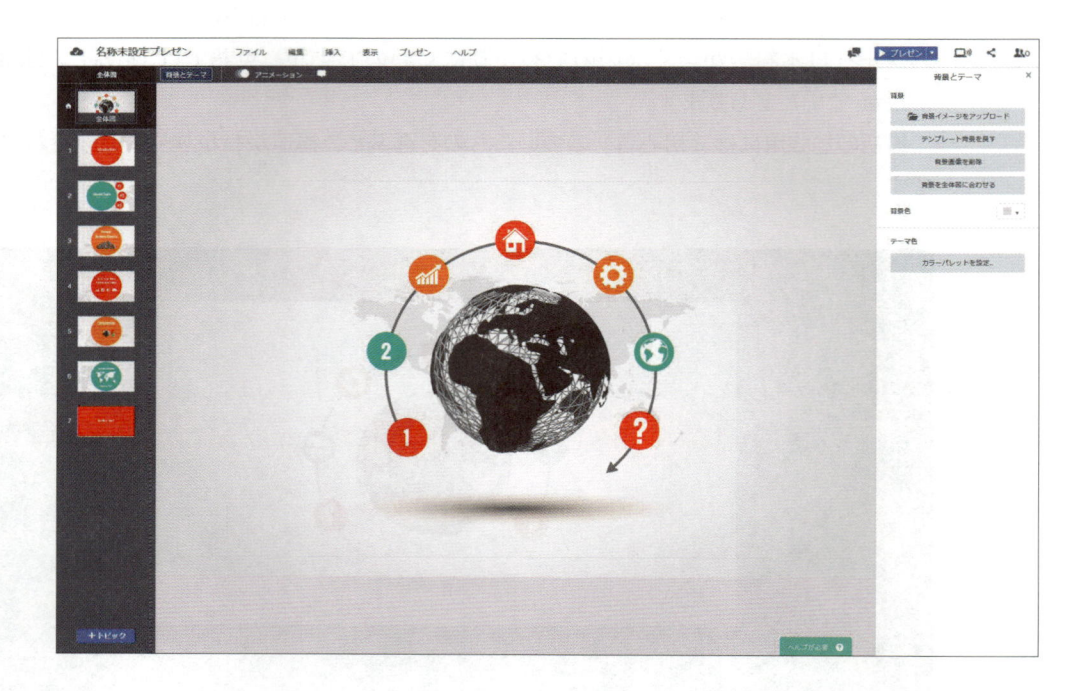

　　まず、選んだテンプレートがどんな構造になっているかを確認するために、画面右上に
ある［プレゼン］ボタンを押してみましょう。これは実際のプレゼンを行う場合に押すボ
タンです。カーソルキー［→］や、画面下部の［>］ボタンを押すことで、プレゼンを進め
ることができます。

　　先ほどテンプレートを選択するときに見たものと同じ画面が、今度は画面いっぱいに表
示されているはずです。

　　画面が勢いよく動くので、はじめは構造がわかりにくいかもしれません。最初のうちは
気にせずに、このテンプレートを元にしてどの部分を書き換え、何を追加しようかという
ことをざっくりと考えておくと、あとあと制作がしやすくなります。テンプレートに最初
から配置されている文字や画像は、もちろんすべて変更・追加・削除ができます。

　　テンプレートの内容がざっと確認できたら、プレゼンをいったん終了して編集画面に戻
りましょう。プレゼン画面を終了するには、キーボードのEscキーを押します。

オーソドックスな「編集画面」

　それでは改めて、Prezi Nextの編集画面を解説していきます。編集画面やメニューそのものは非常にシンプルな構成なので、迷うことはあまりないと思います。

　画面上部を見ていくと、まず画面左上のタイトル部分が［名称未設定プレゼン］になっています。ここをクリックして任意の名前をつけておきましょう。タイトルは最初の10文字程度しか表示されず後半が隠れてしまうので、日付などの目印になる文字列が最初に来るようにしておくと管理が楽です。

　最初に編集画面を開くと、画面右側に［背景とテーマ］というウィンドウが表示されています。ここでは、背景画像、背景色を設定できます。

　テンプレートをそのまま使うときは、設定を変える必要はありません。オリジナルの背景画像を挿入する場合は、［背景イメージをアップロード］から選択します。ここで設定した背景画像には自動的にパララックス効果が適用され、テキストや画像が背景から浮かんでいるように見せることができます。この背景画像の効果はPrezi以外のプレゼンアプリにはない機能なので、ぜひ印象的な1枚を選んで設定してみましょう。

　色合いだけをコーポレートカラーやお好みのものにそろえておきたいというときは、［カラーパレットを設定］が便利です。ここでこのpreziで使用するキーカラーとなる5色を設定しておくことができます。最初に設定しておくと、文字色や図形の色選択で呼び出しやすくなるため便利です。

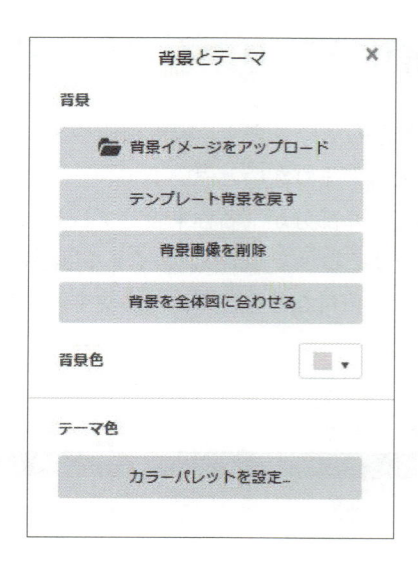
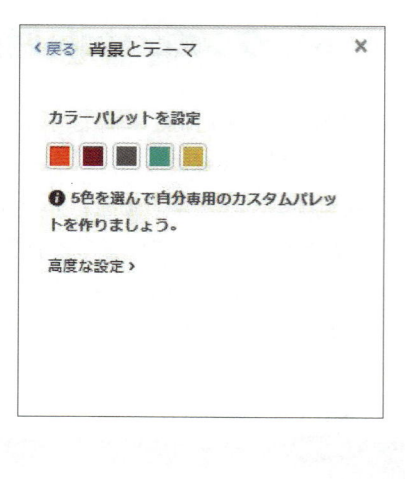

　[カラーパレットを設定] の下部にある [高度な設定] を開くと、グラフ用のデフォルトカラーを設定しておくことができます（グラフはPlusプラン以上で利用可能）。

Prezi Classic から Prezi Next！

Prezi Nextでは背景画像は1枚

　Prezi Classicでは [3D Background] と呼ばれて最大で3枚までの背景画像が設定できますが、一方でPrezi Nextで設定できる背景画像は2018年3月時点では1枚のみです。

　ただし、動きはNextでもClassicと同様のパララックス効果を再現しており、この浮遊感のある動きは健在です。

　次に編集画面上部の各メニューを見ておきましょう。基本的にはメニュー名そのままの機能です。

● **[ファイル] メニュー**：このメニュー内で最もよく使うのは、[保存] です。保存はCtrl + S（Macでは command + S）のショートカットキーを使うと便利です。[表示情報] は、最終更新日の情報が表示されるだけなので、実質あまり役に立たないでしょう。[あなたのprezi] をクリックするとダッシュボードが開きます。

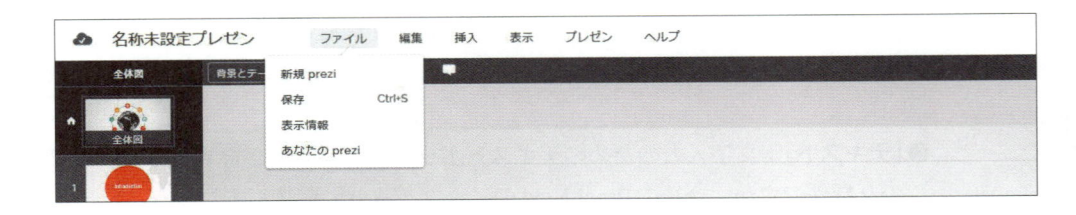

● **[編集] メニュー**：［取り消す］［やり直す］［切り取り］［コピー］［貼り付け］［全て選択］など、WordやPowerPointでもおなじみのメニューです。

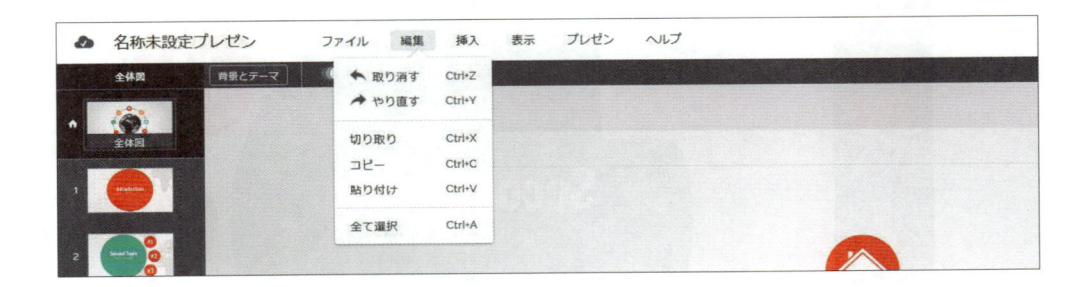

● **[挿入] メニュー**：［テキスト］［グラフ］（Plusプラン以上のみで利用可能）［画像］［オーディオ］（今後追加予定）［ビデオ］［図形］［矢印と罫線］［アイコンとシンボル］といった、プレゼン画面で表示する要素はすべてここから挿入することができます。一番上の［トピック］および一番下の［アニメーション］については「2-2-1　フェードイン /フェードアウト / ズームエリアを設定する「アニメーション」」で解説しています。

またPrezi Nextでは、［コメント］も残せるようになりました。共同編集の際には便利な機能です。

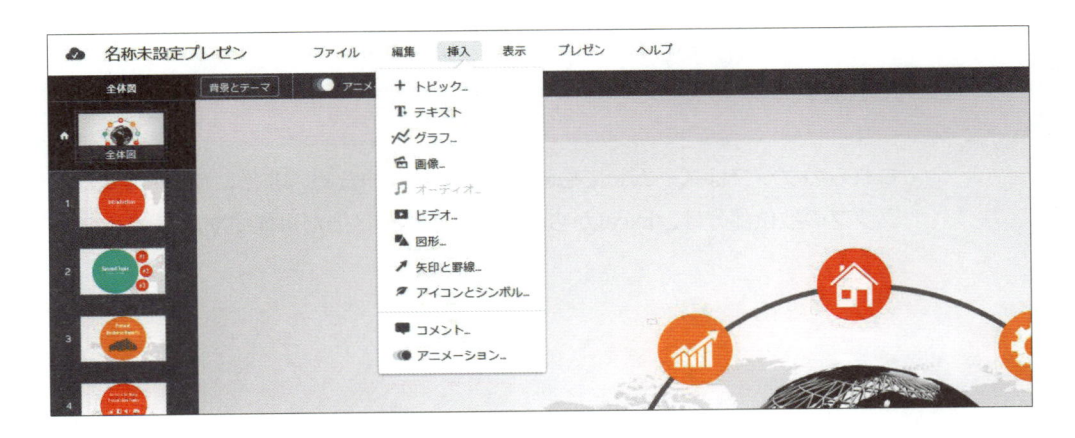

Preziの編集時において、この［挿入］メニューが最も使用頻度が高い部分です。各項目を詳しく見ていきましょう。

●［**テキスト**］：文字入力のためのテキストボックスが挿入できます。日本語のフォントが少々特殊ですが、今後のPrezi Nextのアップデートに期待しましょう。

好みの日本語フォントを画像化して挿入する方法については、「5-1　PowerPoint → Preziの保存形式」で解説しています。

●［**グラフ**］：Plusプラン以上のライセンスでは、これだけの種類のグラフを挿入することができます。右側からグラフを選んで、画面中央にドラッグ＆ドロップすることで挿入できます。

これらのグラフはズームしても画像がぼやけないため、非常に使い勝手がよいです。グラフの数値部分は、Excelからのコピー＆ペーストが可能です。

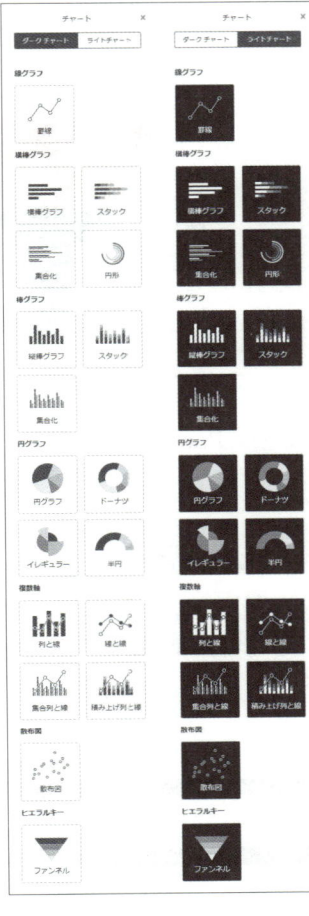

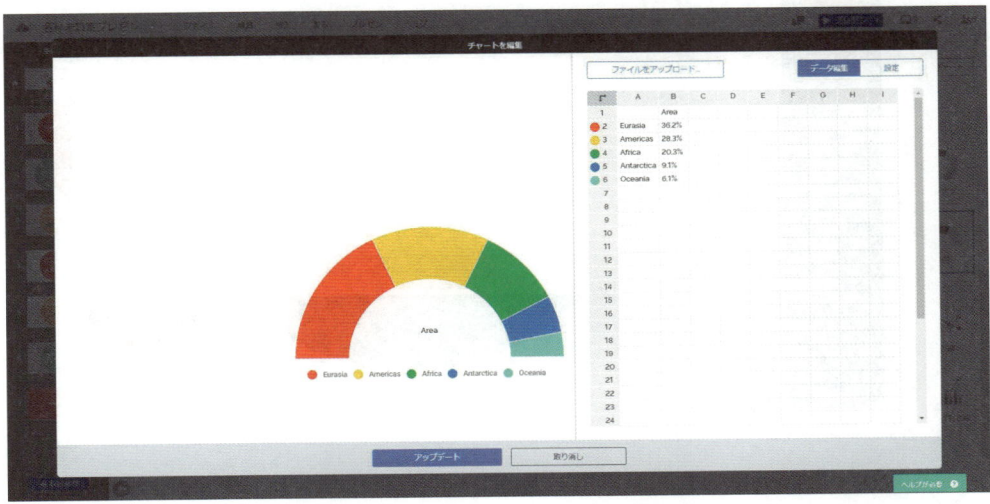

PowerPointにはないタイプのグラフも用意されています。

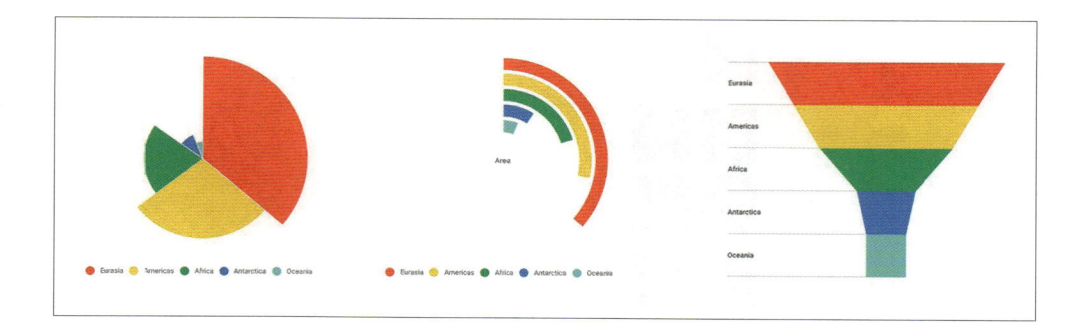

●**[画像]**：写真やイラスト画像を挿入することができます。PowerPointと同じ、基本的な機能ですね。

　もっと簡単な画像挿入の方法として、画像ファイルを編集画面内に直接ドラッグ＆ドロップするだけでも画像を挿入することができます。ただし、この方法ではネットワークの接続状況によってはエラーが出ることがあるので、その場合は［編集］→［画像］から通常の手順で画像を挿入しましょう。

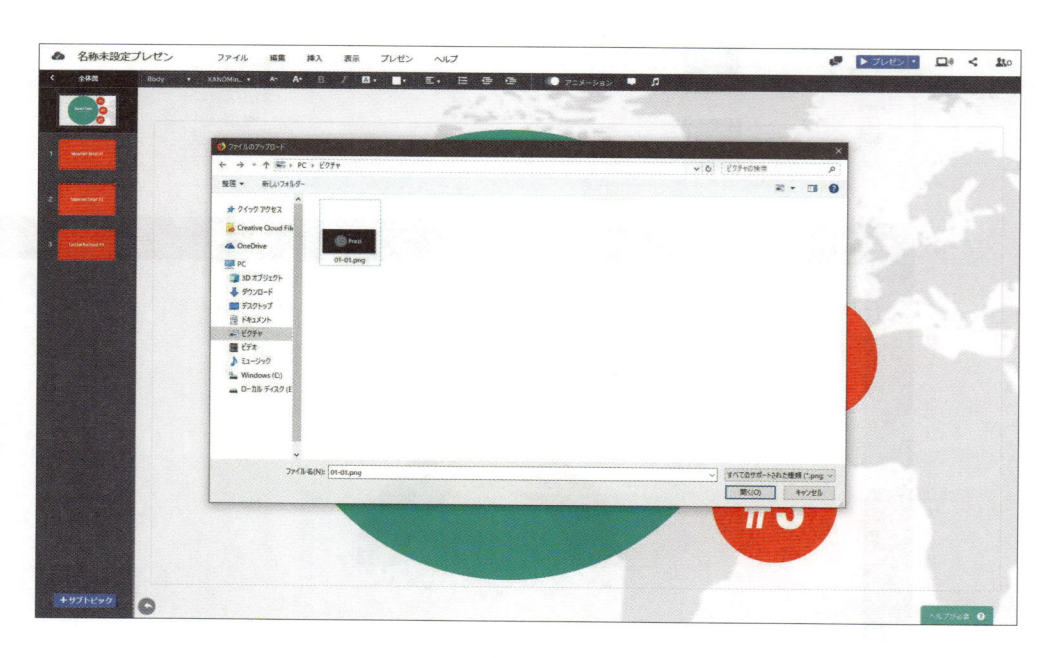

●**[ビデオ]**：撮影した動画ファイルや、YouTubeを挿入することができます。

※ YouTubeはどのプランでも挿入可能ですが、動画ファイルをアップロードできるのは、Plus プラン以上となります。

※ YouTubeを再生する場合は、プレゼンを行う際にもネットワークに接続している必要があります。

●**[図形]**：長方形・正方形・円・三角形の図形を挿入できます。カラーはテンプレートごとにあらかじめ決まっていますが、もちろんあとから自由に色を変更することもできます。

●**[罫線/矢印]**：罫線と矢印を挿入できます。挿入後は長さや角度、カーブ、色を自由に変更することができます。

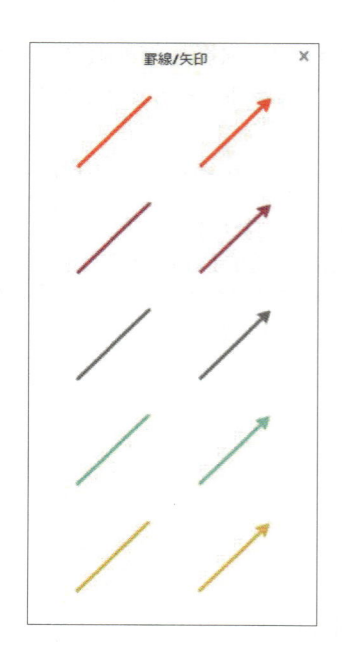

●**[アイコンとシンボル]**：400種類のアイコンが、色違いで2タイプ、合計800種類用意されています。

　程よくフラットなイラストアイコンなのでいろいろなプレゼンシーンで使いやすいデザインです。また、ズームしてもぼやけない画像なので、Prezi編集においては非常に役に立つアイコンです。

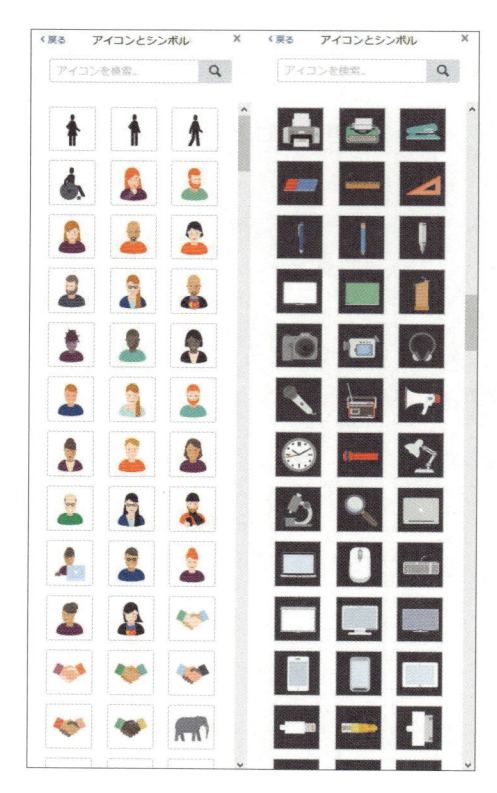

●**[表示] メニュー**：編集画面右側に表示される、[背景とテーマ] ウィンドウ、[アニメーション] ウィンドウ、およびコメント履歴の表示/非表示を切り替えます。

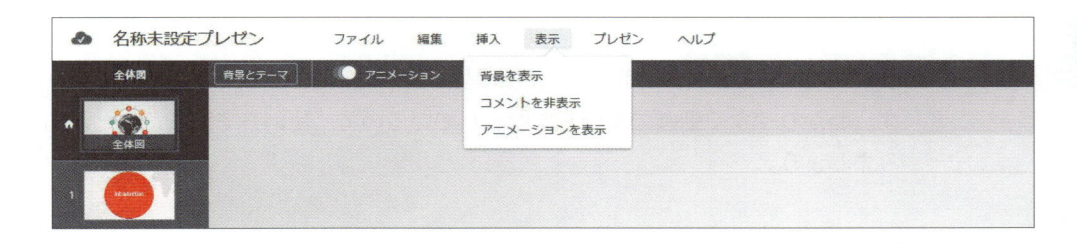

●**[プレゼン] メニュー**：[プレゼンを開始] で、プレゼンテーションモードを開始できます。上部右側の [プレゼン] ボタンと同じです。

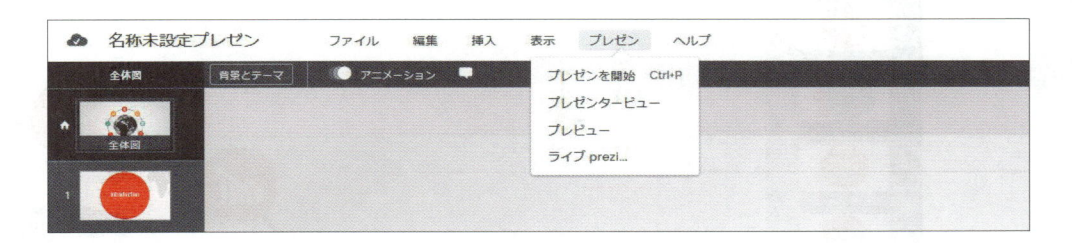

[プレゼンタービュー] は、Plus プラン以上で利用できるデスクトップアプリで使用できます。PowerPoint のように、読み上げ原稿や経過時間の表示ができるようになります。

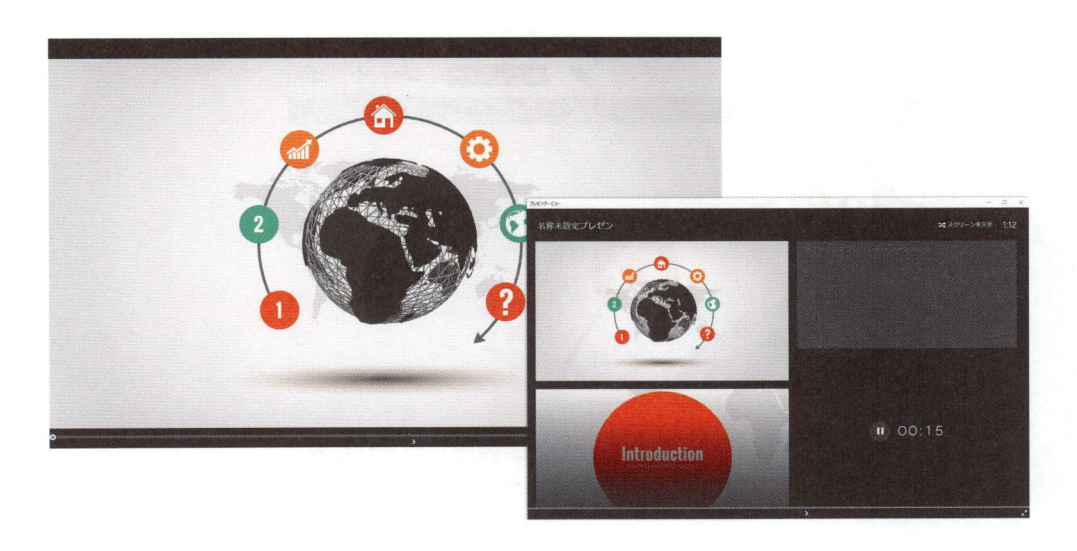

［プレビュー］は、プレゼンモードよりも簡易的にスクリーンの動きを確認することができます。［ライブprezi］は、Plusプラン以上で利用可能な機能で、ネット上で1つのprezi をシェアして、リアルタイムに動かしながらプレゼンを行うことができる機能です。

●[ヘルプ] メニュー：サポート情報やショートカットなどの情報サイトにジャンプします。わかりやすく動画で使い方を解説しているので、使い方で困ったことがあれば見てみましょう。

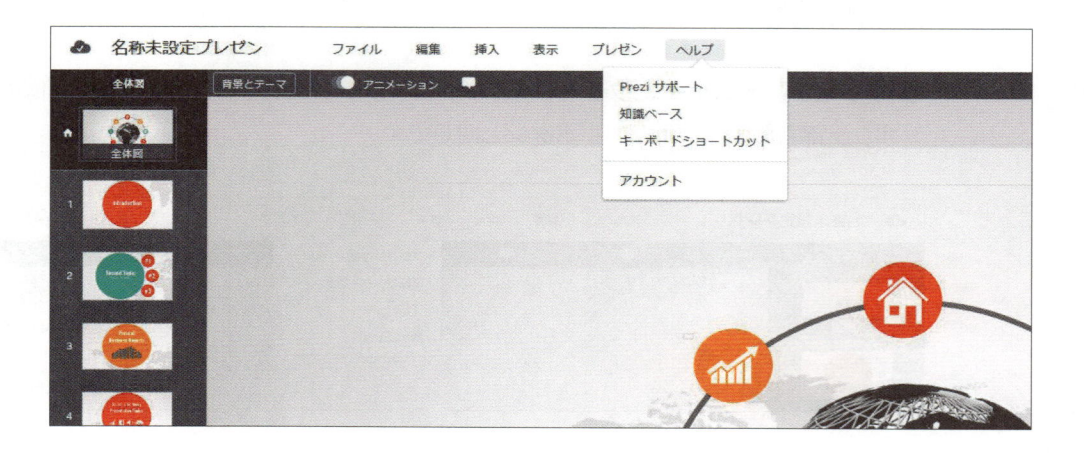

　画面右側のこのアイコンは、［シェア］ボタンです。

　これをクリックして、［新規リンクを作成］をクリックすると、このような画面が表示されます。

　ここに任意の名前を入れて、[リンクを作成] ボタンをクリックすると、URLが生成されます。このURLをシェアすることで、Prezi Next のアカウントを持っていない人でもこのpreziを閲覧できるようになります。PowerPointで配布資料を添付して送っていたように、メールやSNSでこのURLをシェアするわけです。

　画面右側のこのアイコンは、[コラボレータを追加] ボタンです。

　このボタンをクリックすると、このpreziの共同編集者を招待することができます。[コラボレータを追加] の部分に招待したい相手のメールアドレス（Preziアカウントを作成し

た時のメールアドレス）を入力し、[編集可能][コメント可能][プレゼン可能]のいずれ
かを選んで、[追加]をクリックすると、相手にシェアされたことを知らせるメールが届き
ます。

　以上が編集画面上部のメニュー項目の解説です。

　メニューの一段下にある、[背景とテーマ][アニメーション]そして[コメント]アイ
コンは、[表示]メニューと同じで、画面右側にそれぞれの設定ウィンドウが表示されま
す。

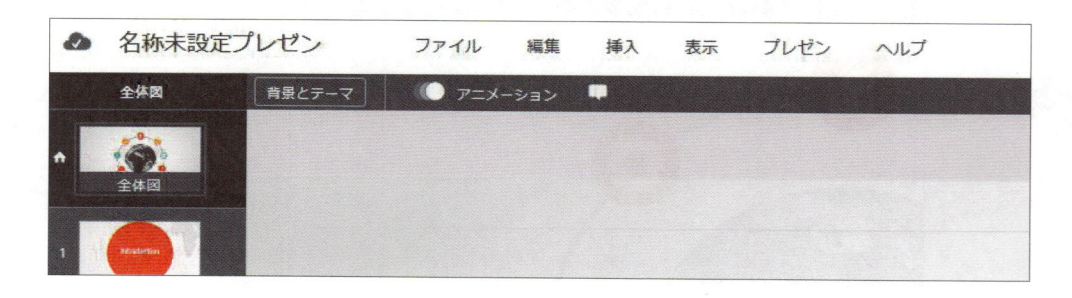

　[アニメーション]設定については、「2-2-1　フェードイン/フェードアウト/ズームエリ
アを設定する「アニメーション」」で詳しく述べます。

編集画面内部も見ておきましょう。

テキストボックスを編集する場合、このようにメニュー下部にテキスト編集メニューが出てきます。

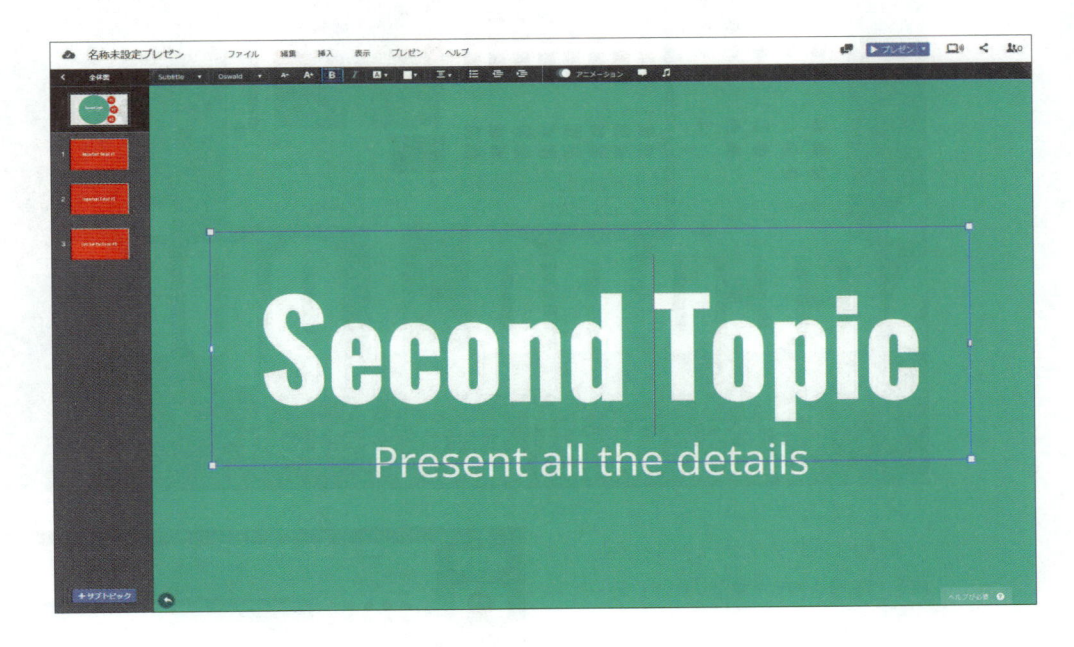

文字に関する一通りの設定をここで行うことができます。

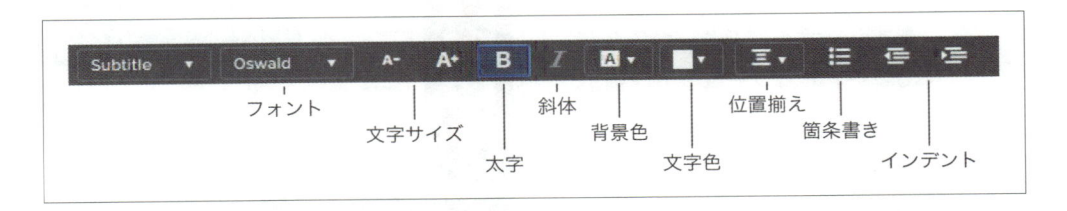

なお、2018年2月現在、日本語のフォントはXANO明朝という少々特殊な形状のフォントだけしか選べない状態です。ここはPrezi社が別のフォントも今後入れていくということなので、期待して待っていましょう。

ひとまずの対応策として、好みの日本語フォントを画像化して挿入する方法については、「5-1 PowerPoint → Prezi の保存形式」で解説しています。

［文字色］ボタンをクリックすると、カラーパレットが出てきます。

　この上側のカラーパレット
は、［背景とテーマ］の［カラー
パレットを設定］で設定した5
色と、その明度違いのグラデー
ションが自動で生成されてい
ます。一番下にある［カスタム
カラー］でカラーコードを指定
することも可能ですし、その右
側のグラデーションマークの
ボタンをクリックして［色の設
定］ウィンドウから詳細な色設
定を出して選択することも自
由にできます。

　この色設定は図形の色を設
定する場合も共通です。図形の
場合に特徴的なのは、「塗り」
の色と「枠線」の色がそれぞれ
決められることです。

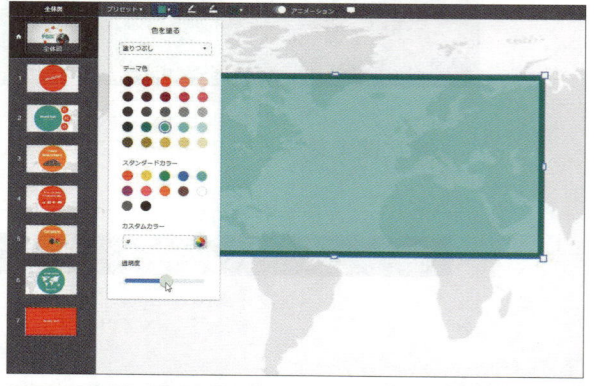

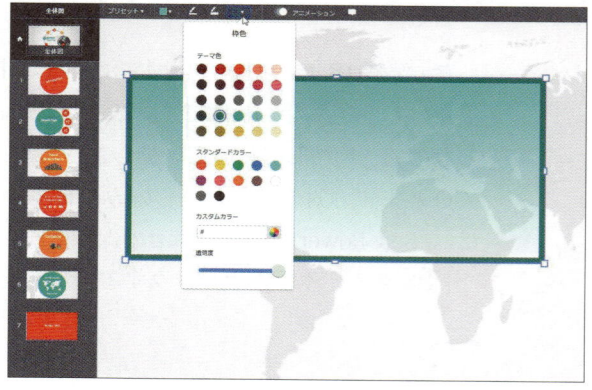

また図形の場合には［透明度］というスライダーがあります。［透明度］スライダーは、右に行けばベタ塗り、左に行けば透明になっていきます。さらに、最も左にしておけば表示されなくなります。たとえば、枠線だけで塗りつぶしがいらないときは、塗りの［透明度］スライダーをめいっぱい左にしておきましょう。

また、図形ではカラーをグラデーションにすることが可能です。

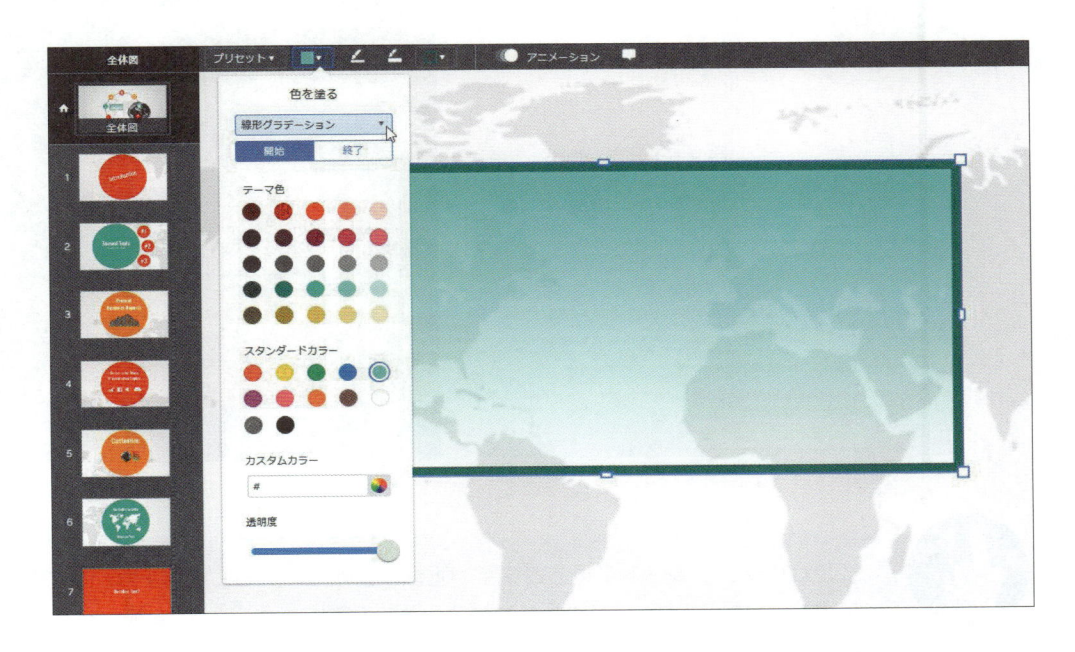

カラーパレット上部の［塗りつぶし］のドロップダウンリストを［線形グラデーション］に変更します。すると［開始］［終了］という2つの表示が出てきます。［開始］は、図形の上部の色、［終了］は、図形の下部の色の設定です。この2つの色を変えると、自動的にグラデーションが設定されます。同じ色を設定して、それぞれ透明度を変えてグラデーションにすることも可能です。

ここまでがPrezi Nextの基本操作です。まずはこれだけ覚えていただければ、preziを作っていけると思います。

プレゼンテーションでは、ただ色数を多く使うよりも、同じ色の明度や透明度を変えて利用すると非常にスタイリッシュに仕上がります。［テーマ色］のカラーパレットをうまく組み合わせて使ってみましょう。

Classic では複雑だったカラーコード設定

　Classic では、カラーコードを設定するには CSS 設定を開いてコードを書き換える必要があり、非常に手間が多かったのですが、Next では簡単に入力できるように改善されました。

　Next のテンプレートを見ると文字や画像が回転しているものが少ないのですが、挿入した文字や画像を回転させることはもちろん可能です。まず、回転させたいテキストや画像を選択して、周囲に青い編集用の枠線を表示させます。次に、Ctrl＋Alt を押しながら、マウスカーソルを四隅に持っていくと、カーブした両矢印になるポイントがあるので、そのままドラッグすることで回転ができます。Mac の場合は command＋ドラッグで同様に回転が可能です。

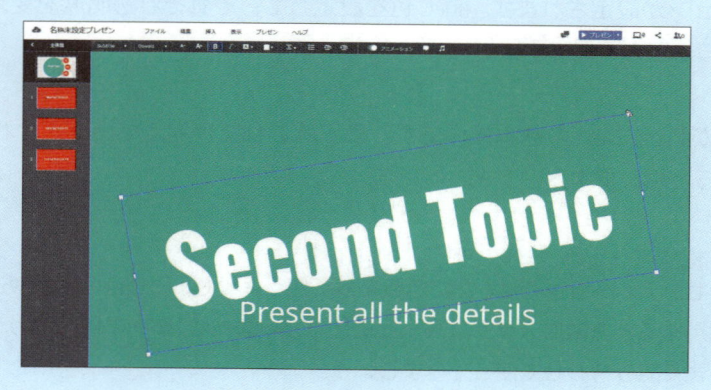

Prezi Next 応用編｜トピックとズームをマスターする

ここからはPrezi Nextの応用編として、より詳しい解説をしていきます。

あまり難しいことは考えずにプレゼンを作っていきたい！という方は、このパートは読み飛ばしていただいても大丈夫です。Prezi Nextのこの動きの舞台裏をきっちり理解して作りこんでみたい、という方は、読んでみてください。

2-2-1 プレゼンをスマートにするプリセットモジュール「トピック」

◉ トピックとは？

Prezi Nextで最も独特かつわかりにくいのが、「トピック」と呼ばれる構造です。これは、**奥行きのある階層構造をあらかじめモジュールにしたもの**で、「外側のカバーと内側にあるスライドのセット」といえます。

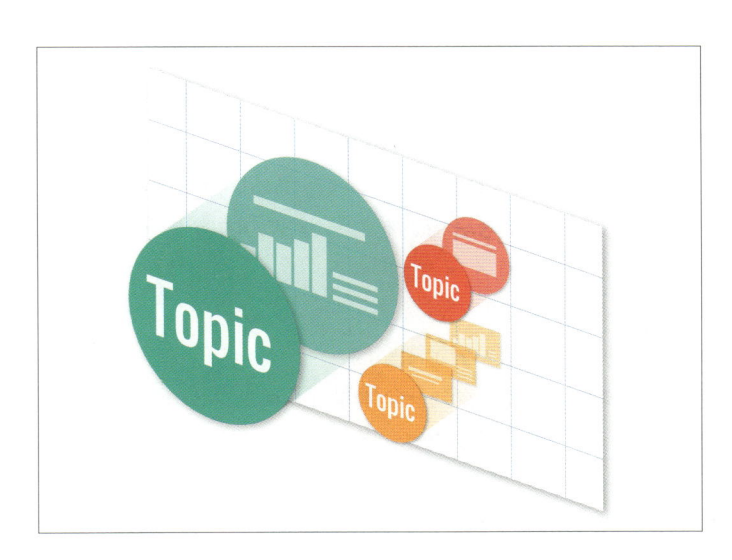

このトピックは、テンプレートでは円になっていることが多いです。テンプレートをいくつか見ていくとわかりますが、この円にズームしていくように画面が遷移して次の画面が表示されます。これが「トピック」です。

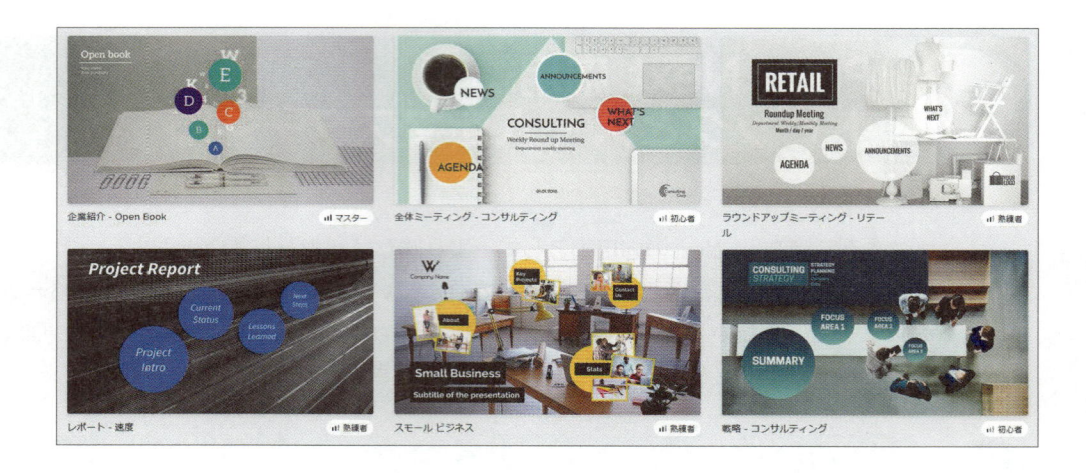

　Prezi Nextは、一枚の背景写真や背景イラストの上にトピックを必要な数だけ配置する、というのが基本的な作り方になるので、テンプレートがどれも「写真の上に丸がいくつか載っている」ように見えるのはこのためです。

トピックの構造を理解する

　トピックは、外側に見えている円と、その内側にあるスライドで構成されており、目に見えない2重の階層構造になっています。そして、この外側から内側にズームするアニメーションもプリセットで設定済みです。

　さらに、この内側のスライドにも別途トピックを配置することができるため、トピックを入れ子状にして階層構造を深くしていくことが可能です。

　プリセットされたズームの動きは、「奥に進んでいく」あるいは「掘り下げる」ような視覚効果を持っているので、論理的な階層構造をもった話の内容をそのまま視覚化してpreziとして作り上げることができます。

　プレゼンテーションモードにした時の表示順序は、

　全体像→トピック1→全体像→トピック2→全体像→トピック3→全体像

というように、全体像に戻って、各トピックへ、そしてまた最後に全体像に戻るという順序になります。

　テンプレートを再生しただけだと、とにかく「動く」というところに気をとられがちですが、このトピックの解説をお読みいただいたあとで階層を意識してもう一度見てみると、構造を理解していただきやすいかと思います。

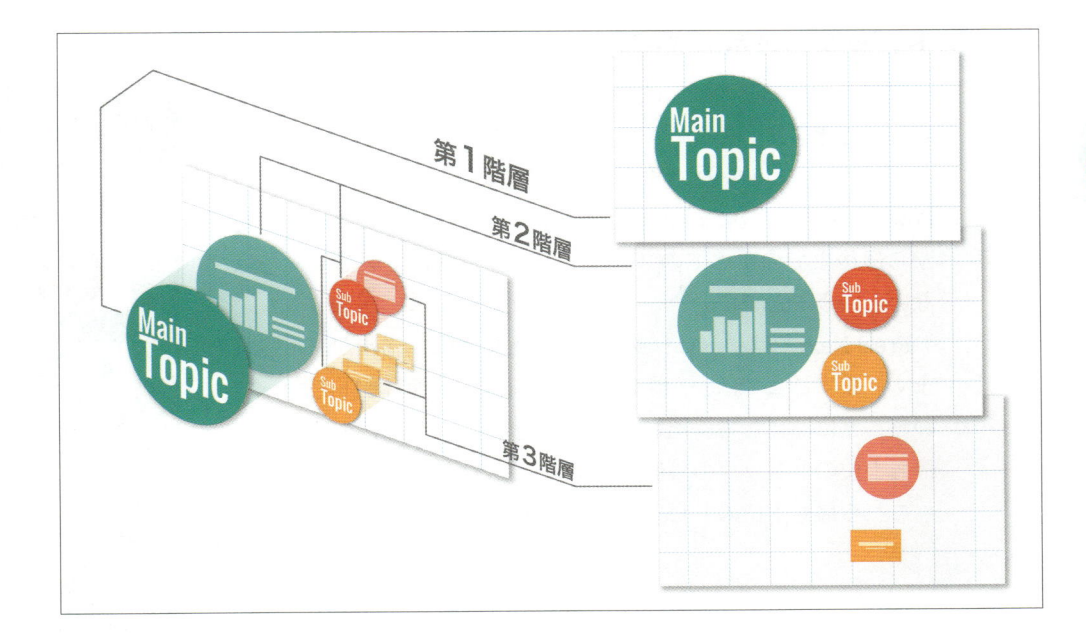

⬆ Classic ユーザーにはトピックは使いづらい？

　Classic ユーザー、特にインビジブルフレームを使いこなしていたユーザーにとっては、このトピックはなかなか理解しづらいものに見えるかもしれません。イメージとしては、Classic のフレームを複数組み合わせた動きが、あらかじめ配置されていると考えていただくとイメージがしやすいかと思います。

　Classic ではフレームを駆使してこうした論理構造を1つ1つ自分で作りあげていく必要があったのですが、Prezi Next ではこの構造をプリセットのモジュールにすることにより、スピーディーなプレゼン作成を狙っています。

　最初にトピックを見ると自由度のないやっかいな存在に見えるかもしれませんが、使い方次第では Classic ではできなかった表現が可能になります。そのひとつが、以降で解説するトピックカバーという概念。Classic では全体像を見せたときに、すべての文字や画像が見えっぱなしになってしまうのに対して、Next のトピックでは、トピック内にズームするまで、何が配置されているかが見えないようになっています。

　これによって、Next では、全体像をよりシンプルでスマートに見せることが可能になっています。

トピックの表示順を確認する

　トピックの配置の順序は、画面左側の［表示順］ウィンドウから確認できます。

　ここで注意点なのですが、この［表示順］ウィンドウは、PowerPoin や Prezi Classic のように、プレゼンテーションの最初から最後までのすべてのスライドが一覧で並んでいるわけではないということです。

　Prezi Next では、トピックの階層ごとにサムネイルが表示されます。まずここでは、一番上のサムネイルが［全体図］となっていることに注目してください。この状態では、全体に配置された最も上位のトピックの外側の縮小表示だけが表示されています。

　これら最も上位のトピックを、「メイントピック」と呼びます。

　メイントピックの1つをダブルクリックすると、選択したメイントピックの内部のサムネイルに表示が切り替わります。

　最上部の［全体図］の左側に、［<］ボタンが新たに表示されており、これが現状よりも上位の階層が存在することの目印になります。先ほどは一番上のサムネイルは全体像でしたが、この状態では一番上のサムネイルが選択したメイントピックの内部の縮小表示になっています。

　メイントピックが1スライド分だけのシンプルな構造で完結する場合は、サムネイルは一番上の1つだけです。

逆に、このメイントピックには新たにトピックを加えることもできます。これをサブトピックと呼びます。サブトピックがある場合は、メイントピックのスライドの下にサブトピックの縮小表示並びます。

さらにサブトピックの1つをクリックすると、同じようにサブトピック内部の表示に切り替わります。

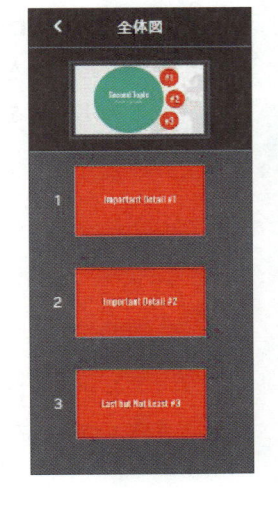

Prezi Nextの編集画面だけだと初見ではわかりにくいのですが、このようなツリー構造になっており、いま表示されている階層に応じてサムネイル表示が切り替わるようになっています。

階層が複雑になってきて、いま自分がどこにいるかわからなくなったら、左上の［<］ボタンを押して最も上位の［全体図］まで戻ってみるとわかりやすいです。

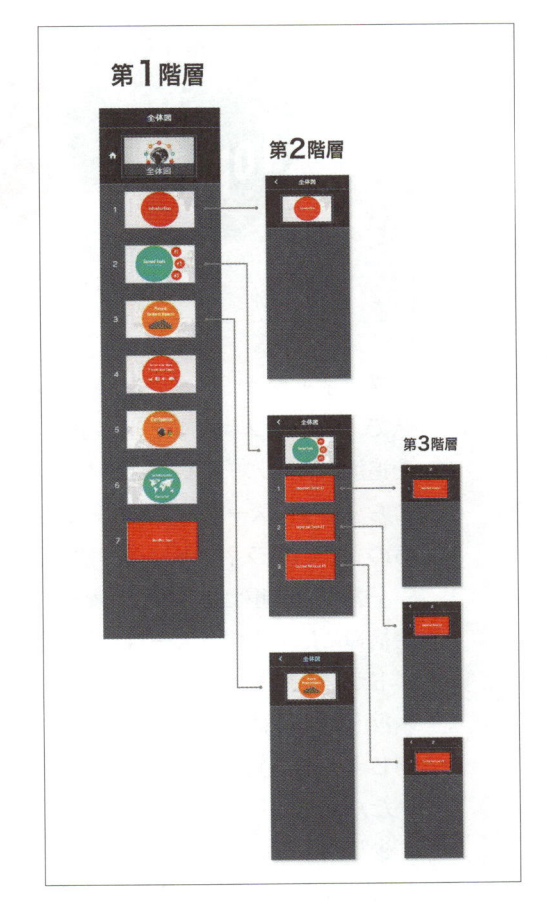

2種類のトピックを使い分ける

　トピックを追加したい場合は、画面左下のこのボタンをクリックします。

　トピックには2種類が用意されています。1つはプラネット（英語では Planet）で、もう1つは積み重ね（英語では Stack）です。

プラネット　　　　　　　　　　　　　　　　積み重ね

　プラネットは、メイントピックの大きな円の周囲に小さなサブトピックの円が連なる形状で、まさにプラネット＝惑星のようになっています。サブトピックにさらにプラネットを追加、さらに…というように、どんどんトピックを加えて階層構造を作っていけるのはこちらです。ズームのアニメーションがセットされているので、より Prezi らしい動きをするのもこのプラネットなのですが、少し慣れが必要です。

　一方の積み重ねは、PowerPoint に近い表現になります。こちらはプラネットのような階層構造にはできず、ズームした先にはページと呼ばれる、PowerPoint で言うところのスライドが作られます。ページを追加していけば、スライドが一枚ずつ増えていきます。プラネットのように視覚的にズームして奥に進んでいく動きはしないのですが、PowerPoint と同じような感覚で作ることができるため、Prezi にまだ慣れないときにはこちらを使っていただくと作りやすくなっています。

　少しややこしいのですが、プラネットを使っている場合は、さらにサブトピックを追加したい場合にプラネットか積み重ねかを毎回選ぶことができますが、積み重ねを使った場

合、そこから先に追加できるのはページだけになります（ページの枚数は増やせます）。

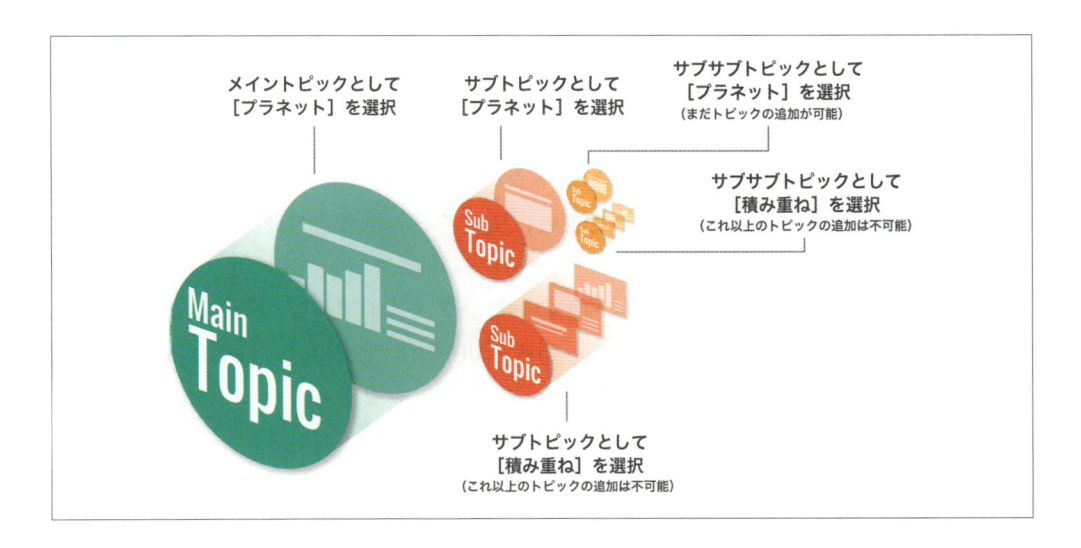

イメージで見るとこのようになります。プラネットの場合はどんどん下位に階層を深くしていくことができますが、積み重ねはページが増えていくだけです。プラネットと積み重ねはあとから変更することができないので、どちらを使うか考えてから追加する必要があります。そのためにもこの構造の違いを覚えておきましょう。

実際にトピックを挿入した様子を見てみましょう。左下のボタンから［プラネット］または［積み重ね］を選択すると、このように既存のトピックの最後に追加されます。

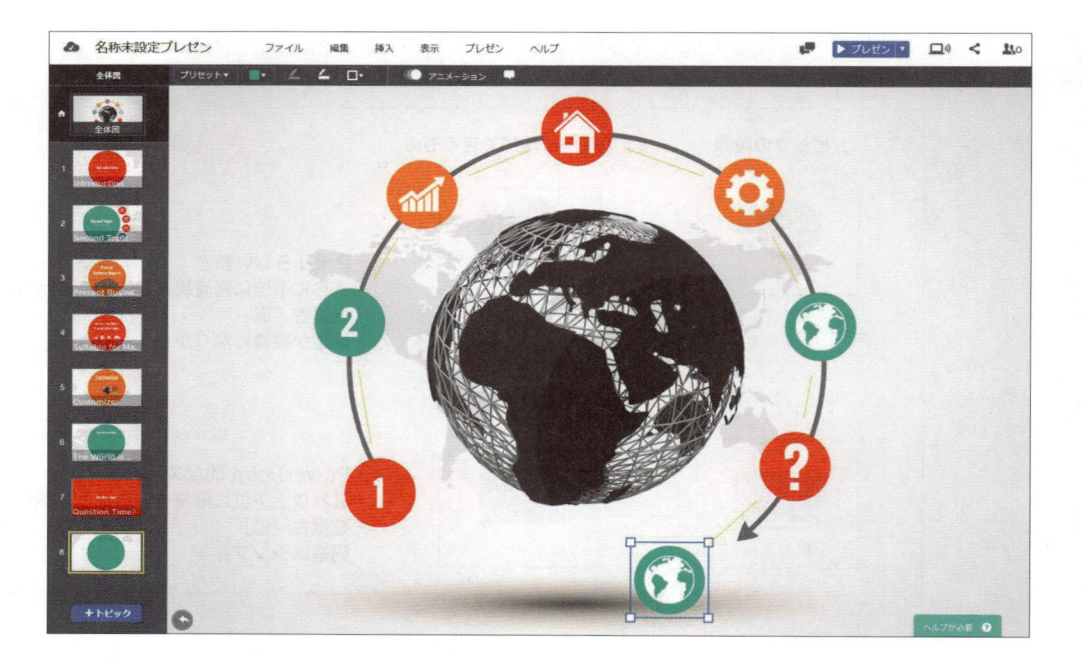

　ここでは［プラネット］を追加してみました。なお、既存のトピックのどれかを選択してからトピックを追加すると、同じ円の色と文字・イラストが自動的にコピーされます。何も選択せずにトピックを追加すると、［プラネット］［積み重ね］の種類によって、直前の同じ種類の色・文字・イラストがコピーされます。上の例では特定のトピックを選択せずに［プラネット］を選択したので、直前の［プラネット］の緑の円の色と地球のアイコンがコピーされています。

　既存のトピックがプラネットか積み重ねかを見分ける方法は、左列のサムネイル表示で円になっていれば［プラネット］、ベタ塗りになっていれば［積み重ね］です（基本的なテンプレートの場合なので、このあとに出てくる円を意図的に消しているケースでは見分けが難しいときもあります）。

　最も上位の階層である全体図上のトピック（メイントピック）の場合は、自由に位置やサイズを変えることができます。Ctrl + Alt + ドラッグ（Macの場合は command + ドラッグ）でトピックそのものを回転させることも可能です。

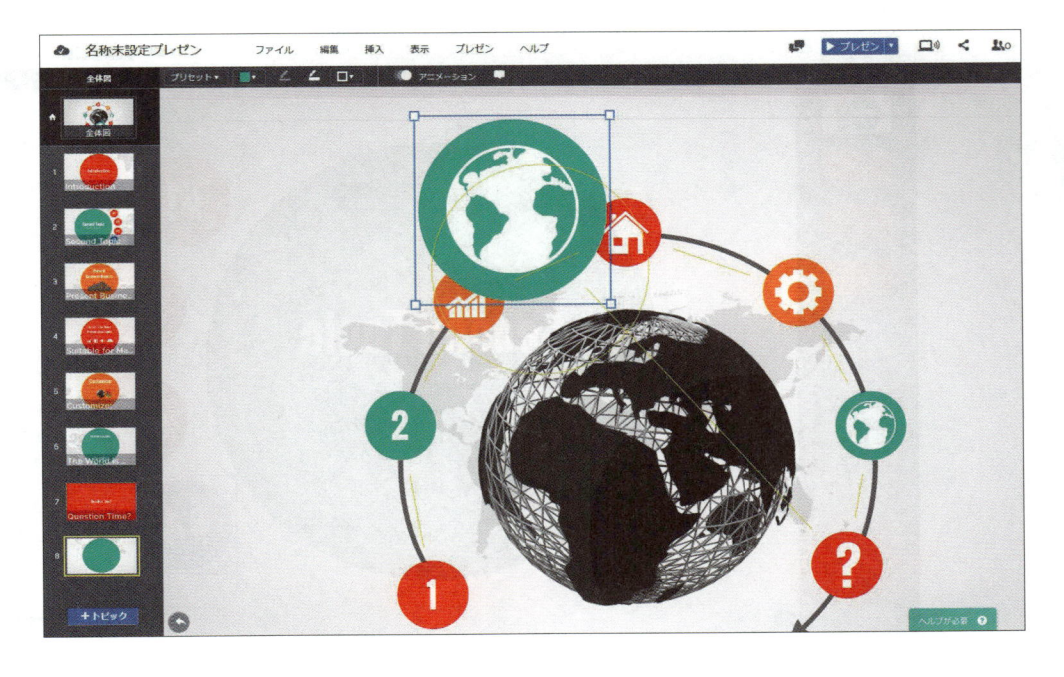

　また既存のトピックの近くまでドラッグしていくと、表示順を簡単に入れ替えることができます。トピック同士のつながりは黄色のラインで表示されており、ドラッグにあわせてこの線もついてくるので、直感的に操作できると思います。ただし、既存のトピックにちょっと近づけるだけですぐに順序が変わってしまうので、気をつけましょう。意図しない順序になってしまったら、[編集] → [取り消す] で元に戻せます。

　メイントピックがプラネットの場合は、画面左下の [サブトピック] ボタンからサブトピックを追加できます。サブトピックでは、同じように [プラネット] か [積み重ね] かを選択できます。

　サブトピックの場合の注意点として、全体図の場合とは異なりレイアウトに制限があります。サブトピックを追加すると、まずこのように円弧に連なるように配置されます。ここでは追加したものがわかりやすいように青い円で#4としました。サブトピック同士がブルーのラインでつながっているのがわかりますね。

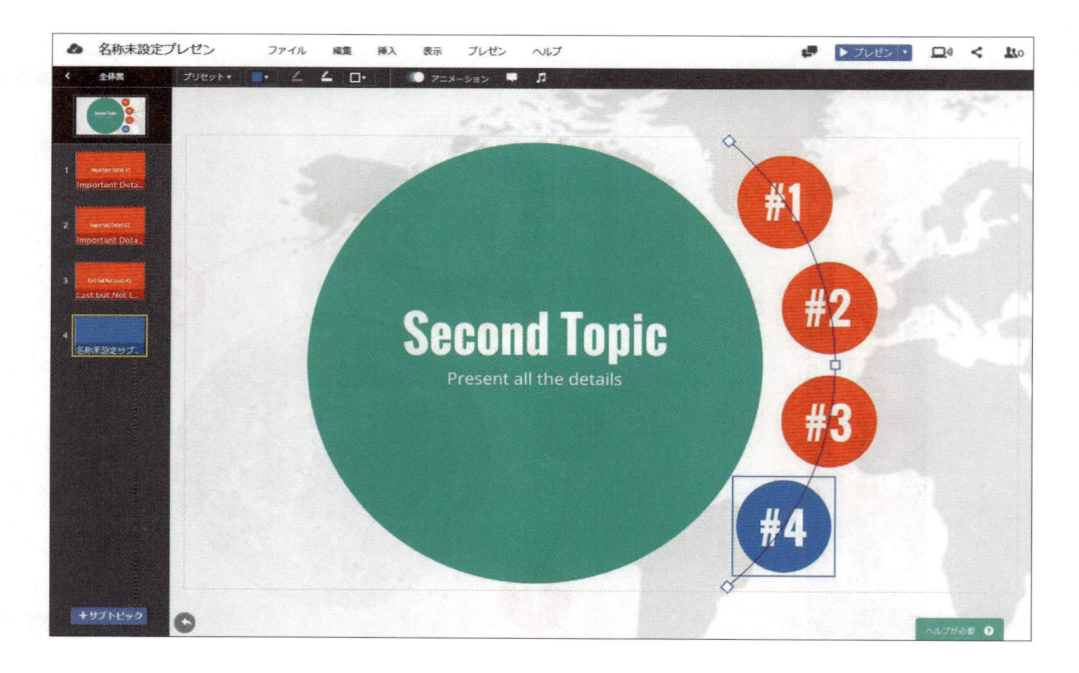

　サブトピックは、この円弧が1セットになってレイアウトされます。円弧を伸ばしたり縮めたりして、直線として配置したり弧を大きくしたりということはできるのですが、メイントピックのように1つだけを離して配置したり、1つだけサイズを変えて配置したり、回転したりということができません。

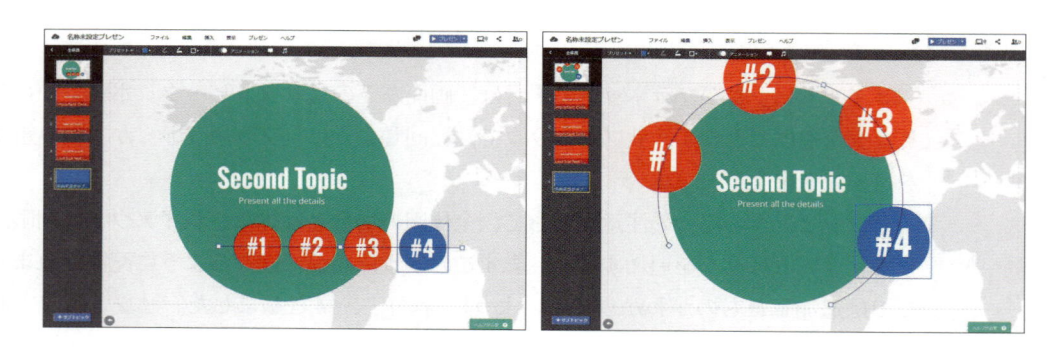

　これも今後のアップデートでは自由度が増える可能性がありますので、ひとまずは現状がこういう仕様であるということを覚えておきましょう。

　一方、メイントピック（上位のトピック）の種類が積み重ねの場合に追加ができるのは、［ページ］です。

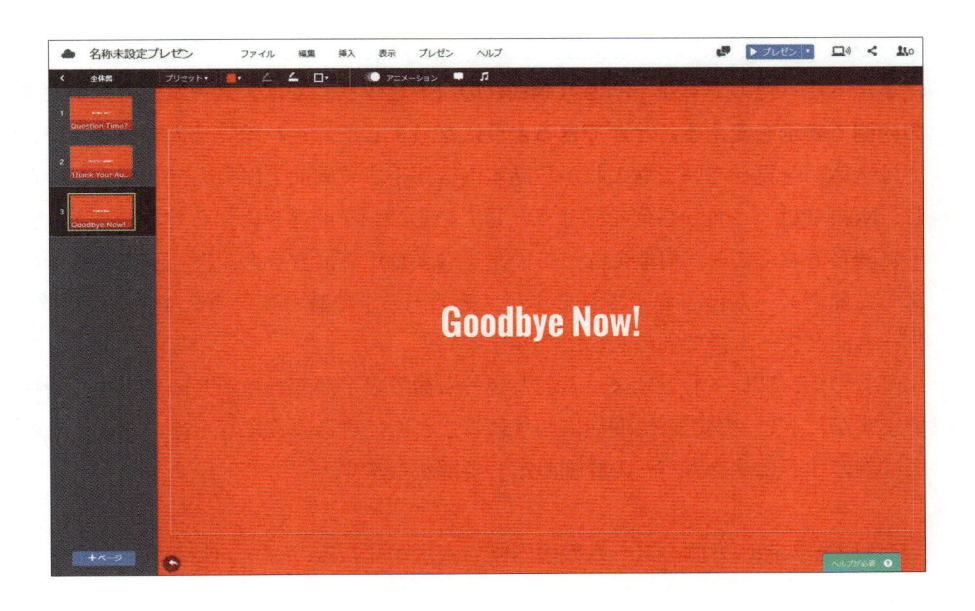

　画面左下の［ページ］ボタンでページを追加すると、新しいブランクページが1枚ずつ増えていきます。PowerPointのスライドと同じ感覚なので、扱いやすいと思います。

　ただし、ここで追加したページ同士はプレゼンモードにした時にシンプルなフェードで画面遷移をするので、Preziらしいズームで動くわけではないことに注意しておきましょう。ズームしないことは必ずしもデメリットということはないので、プレーンな見せ方としてあえてこちらを選ぶのもありだと思います。

◉ トピックカバーを使いこなす

　次に、トピックの設定について詳しく見ていきましょう。テンプレートのトピックの動きを注意深く見ていると、全体図で見えていた外側の内容と、ズームしてからの内側の内容が違うことに気がつくと思います。ズーム途中で、文字や図がふわっとフェードして浮かぶように画面が切り替わります。

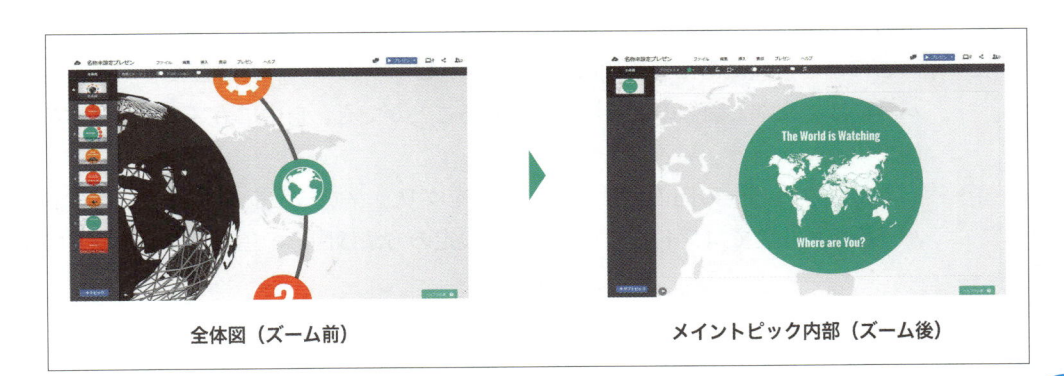

全体図（ズーム前）　　　　　　　　　　　メイントピック内部（ズーム後）

Prezi Classicでは、ズームする前もズームした後も同じ文字や画像が表示されるのがデフォルトだったのですが、**Prezi Nextの［トピック］では、ズーム前の外側とズーム後の内側で表示を変えることができるようになりました。**これは実は大きな変化で、Classicでは全体図を見せていてもこれから話す内容が小さく画面上に見えてしまっていたのに対し、Nextでは、これから何を話そうとしているのかを聞き手に悟らせないように、スマートに隠しておくことが可能になっています（より正確に言うと、トピックの円そのものはズーム前もズーム後も表示されますが、その円の上に載っているテキストや画像などが、ズーム前とズーム後で別のものになります）。

　多くのテンプレートではズーム前とズーム後で表示が変わる新しいスタイルを採用していますが、トピックごとに個別に切り替ることもできるようになっています。これについては次の「トピックカバーの詳細設定」で解説します。

　このズーム前の外側とズーム後の内側で表示が変わる、という仕様は、「傘をさしている人を上から見ている」様子をイメージしていただくとわかりやすいです。

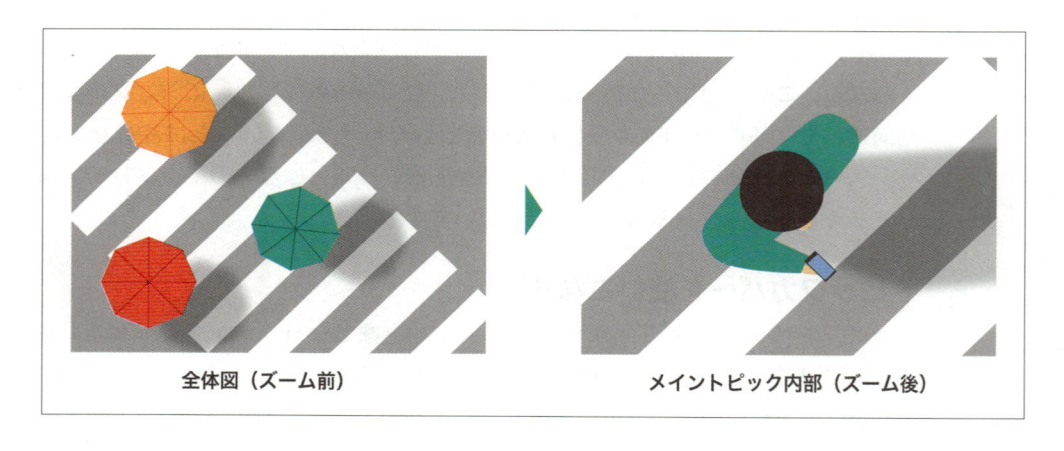

全体図（ズーム前）　　　　　　　　メイントピック内部（ズーム後）

　ズーム前は、上から見て傘の模様だけが見えている状態です。ですが、ズームすると、その傘の中の人が見えるというイメージです。

　この傘の模様にあたる外側の部分を、「トピックカバー」と呼びます。このトピックカバーには、文字と画像のどちらも設定することができ、自由にカスタマイズすることが可能です。

　トピックカバーの円の色は、トピックをクリックすると上部に表示されるトピックカバー設定エリアでコントロールします。設定の方法は図形の色設定と全く同じです。

　透明度を 0（スライダーを左）にすることで、ベースの円を消して、画像や文字だけのトピックカバーにすることもできます。ここに印象的な写真やイラスト素材を使うことで、「写真に円が載っている」という Prezi Next の典型的なスタイルから離れることができます。

実際の全体図の表示　　　　　　　　　　　円を消したトピックカバーがこの 4 箇所に

　トピックカバーに画像を設定するには、まず編集画面上に画像を挿入して、トピックの近くまでドラッグしていきます。ある程度まで近づけると青い線で囲まれるので、これで画像がトピックカバーに設定されます。

　文字も同様にトピックカバーとして設定できます。複数の画像を文字を配置することも可能です。

通常、この方法でトピックカバーに設定した画像や文字は、ズームすると見えなくなります。全体像では見えていた画像や文字がズームすると消える、というこの仕様は、全体像で印象を残しつつも、**ズーム先では画像が邪魔にならず、改めてすっきりとした画面に文字や画像を配置できる**、というメリットがあります。PowerPointからPrezi Nextに入った方にとっては特段驚くべき仕様でもないのですが、Classicではこれができなかったためにズーム前とズーム後のどちらでも成り立つ文字サイズを調整しなくてはならならず、デザインの調整に手間がかかることがありました。Nextではこうした点がスマートに改善されています。

トピックカバーに設定した画像や文字の位置を微調整する場合にマウスを使うと、ちょっとした拍子にトピックカバーから外れてしまったり、うっかり隣のトピックカバーとして引き寄せられてしまったりすることがあります。トピックカバーの画像やテキストの位置調整をする場合は、マウスよりもカーソルキーを使用して微調整をするとトラブルが少なく済みます。

トピックカバーの詳細設定

ここからは、あえてズーム前とズーム後で同じ画像を表示し続ける設定を紹介します。

どのテンプレートを選択していてもトピックごとにこの設定を行うことができるのですが、特定のテンプレートでは最初からこの設定を採用しているものがあるのでそれを使って説明しましょう。現時点ではこの3点です。

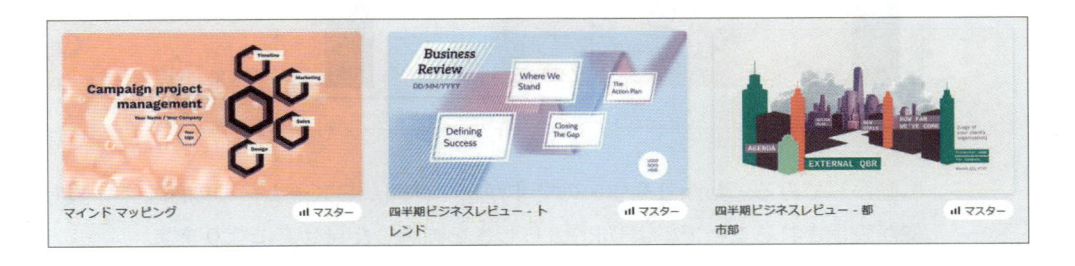

たとえばこの例であれば、トピックカバーとして六角形の画像が設定されており、ズームする前の全体図からズームするアニメーション中、そしてズーム後のトピック内部に画面が遷移していく間中、この画像は消えずに表示されたままです。先ほどまで見ていた円が用いられた大多数のテンプレートでは、ズーム前後で消えずに表示され続けるのは円な

のですが、これらのテンプレートでは円の代わりに特定のイラストが入っている、と考えてください。

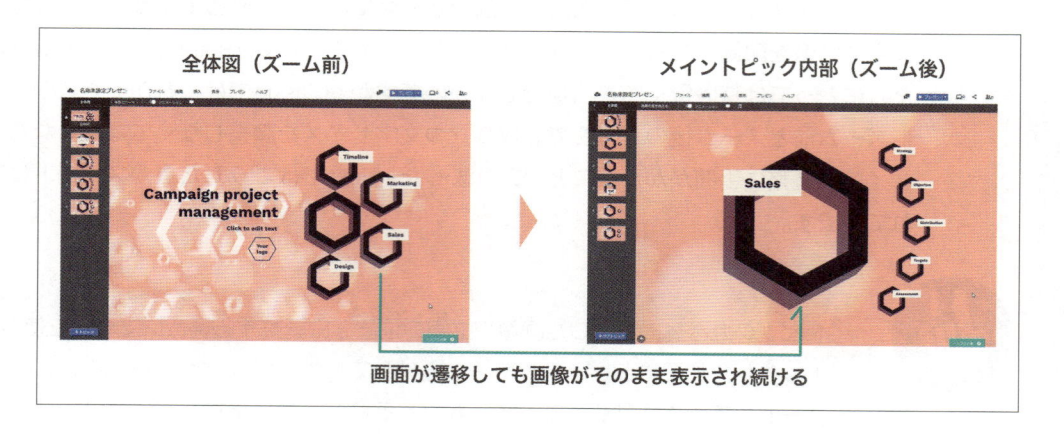

この六角形の画像を選択して、編集画面左上または右クリックして表示される［画像を置き換える］で、任意の画像に置き換えてみましょう。これだけで印象が大きく変わります。

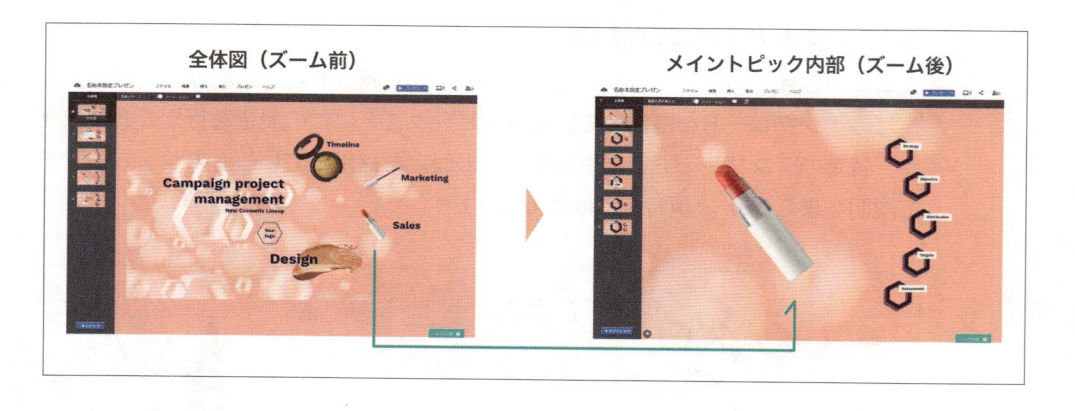

　動かしてみるとわかりやすいのですが、全体図からズーム後の内部まで一貫して同じ画像が表示されることで、よりPreziらしさを強調した見せ方になります。
　ただトピックの外部と内部で同じ画像が引き継がれるというだけのことなのですが、実はこれはプレゼンテーションを行う上で非常に大きなポイントです。通常のトピックカバーではズームしながら「円」だけが外部と内部で共通した要素になります。もちろんこれだけでも聞き手としては「あ、この話の詳細に移るんだな」ということが理解できるのですが、結局すべてが同じ「円」というモチーフでは、どうしても単調さがあります。

一方オリジナルのトピックカバーを使用すると、全体図からトピック内に移る際の固有の視覚的な連続性が保たれます。これによって聞き手の画面への集中度・没入感を高め、プレゼンの内容を強く印象づける効果が期待できます。ある程度トピックの使い方に慣れてきて、より Prezi の効果を引き出したい場合にはぜひご使用をおすすめします。

　こうした表示され続けるタイプの画像をクリックすると、上部のブルーのタブに［内部・外部で表示］と書かれています。これがこの設定の目印です。

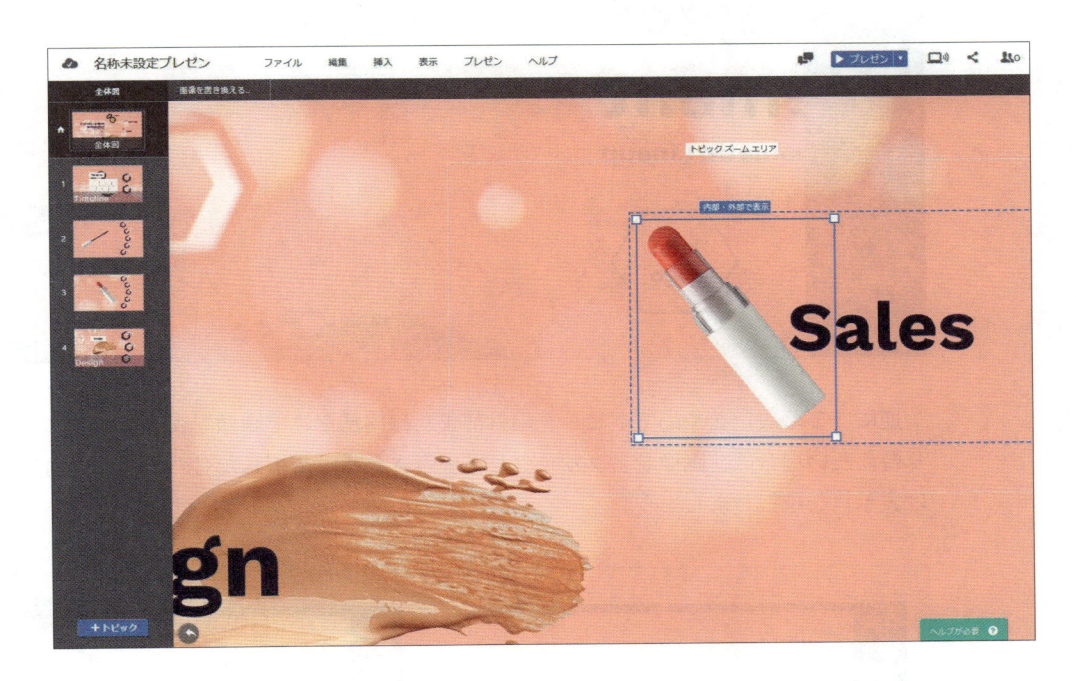

　先ほど行ったような［画像を置き換える］を使わずに、画像メニューから挿入したものをドラッグしてトピックカバーに設定した場合は、自動的に外部だけの表示になってしまいます。このような場合は、画像を右クリックして、［選択したものを内部・外部で表示］をクリックします。

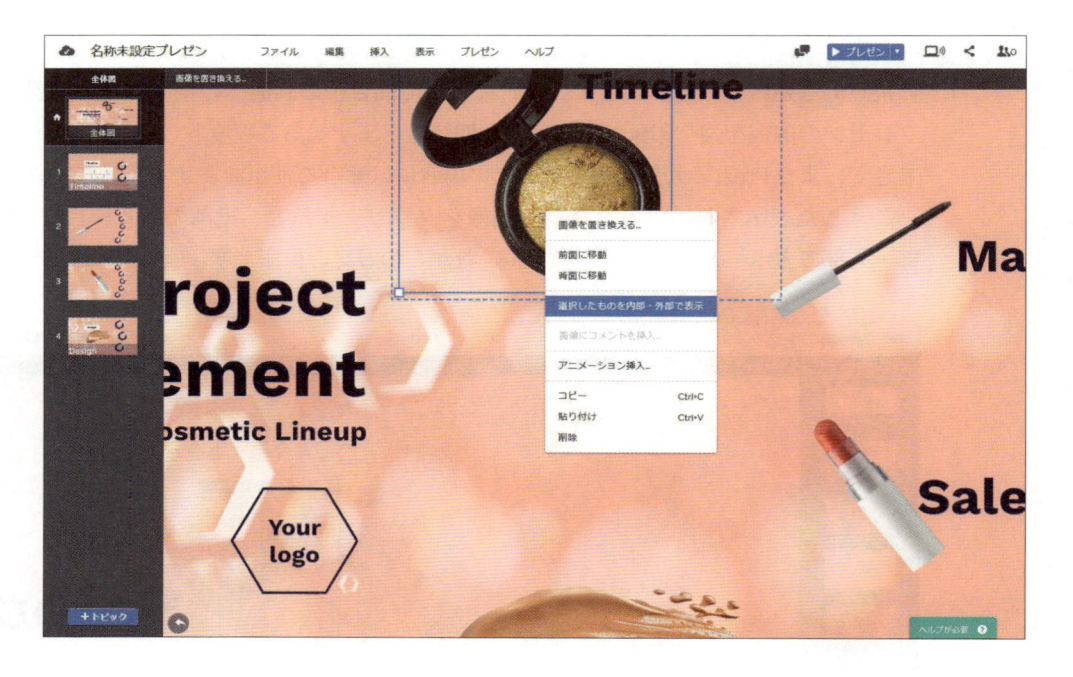

　逆に、この設定をやめてトピックの外部または内部だけで画像を表示するスタイルに切り替えたい場合は、画像を右クリックして表示される［選択したものを外部（内部）でだけ表示］を選択しましょう。

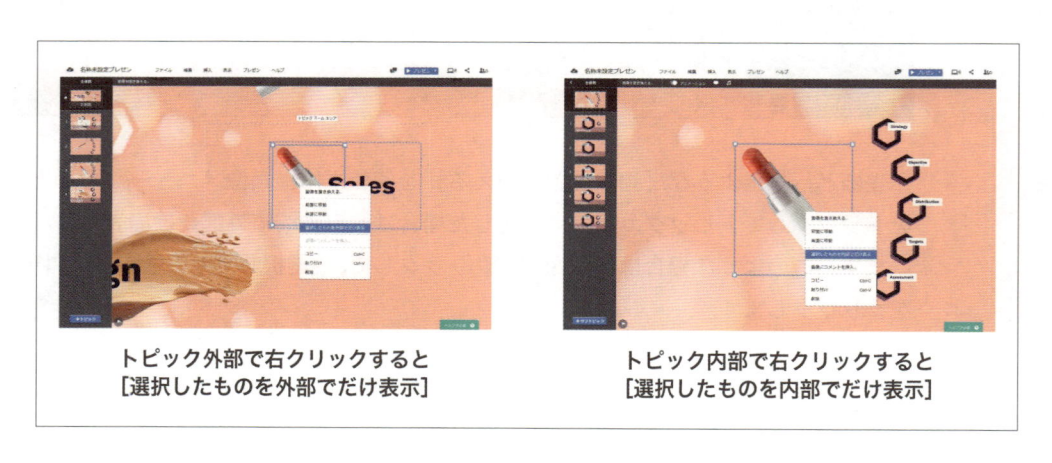

トピック外部で右クリックすると
［選択したものを外部でだけ表示］

トピック内部で右クリックすると
［選択したものを内部でだけ表示］

　解説のためにテンプレートを分けて取り上げましたが、実は、円が使用されている大多数のテンプレートでは、円をクリックするとちゃんと［内部・外部で表示］と表示されています。

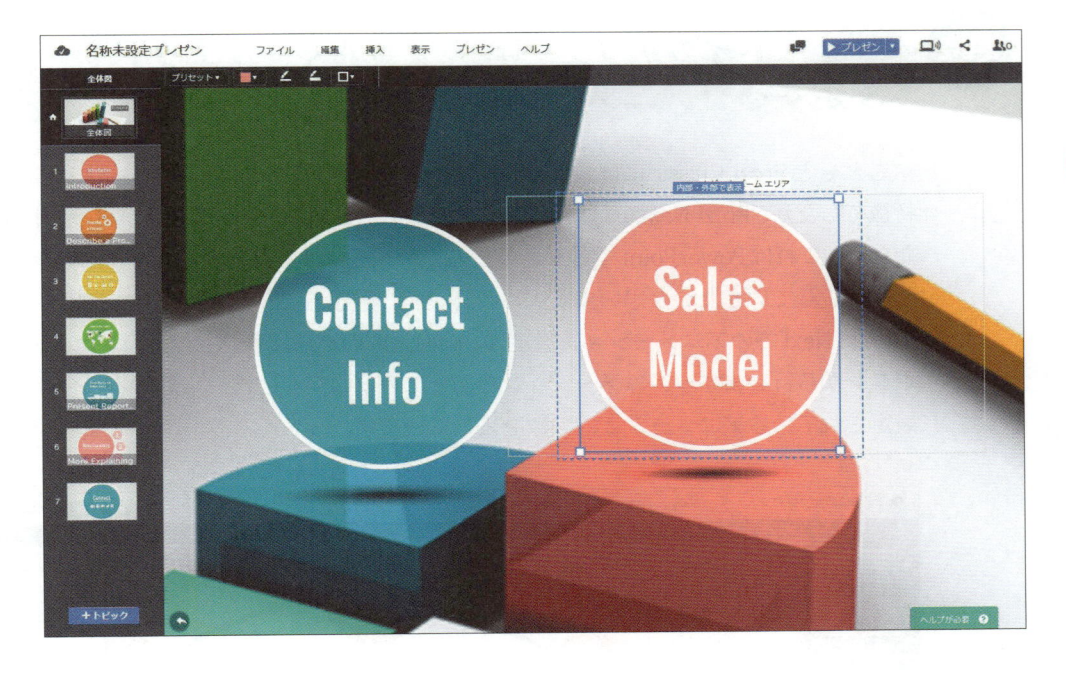

　画像を挿入した際の右クリックメニューも同じなので、どのテンプレートを使用していてもトピックカバーの画像の表示設定を自由にコントロールすることができます。

　何気なくトピックを使ってしまうと見過ごしてしまう設定なのですが、ここはPrezi Nextの外面的なデザインの最も大きなウェイトを占める部分です。意図して設計することでプレゼンテーションにおいて大きな差を生み見出すので、ぜひ試してみてください。

Prezi Classic から Prezi Next !

Classic ユーザーにはこれが普通？

　Classic ユーザーにとっては、ズーム先でも画像がそのまま、というほうが自然かもしれません。むしろ、ズームした先で画像が自然に消えてしまっては「これだとPowerPointと同じじゃないか……。」と感じてしまう方もいるかと思います。

　こんなふうに感じる方は、かなりのPreziのヘビーユーザー。ぜひこの［内部・外部で表示］の設定を使ってみてください。Classic に比べると挙動にクセがある感は否めませんが、この機能を活用することでClassicのいいところを残しつつ、Nextの利点も使ったクリエイティブな見せ方をすることができます。

2-2-2 フェードイン/フェードアウト/ズームエリアを設定する「アニメーション」

　もともと Prezi Classic には PowerPoint のような豊富なアニメーション設定がないのが特徴でしたが、Prezi Next では新たに、［アニメーション］というボタンが設けられました。ただし、これは PowerPoint で言うところのアニメーションとは少し異なるものなので、詳しく解説していきたいと思います。

　Prezi Next でのアニメーション設定は、画面上部のバーに表示される［アニメーション］ボタンから行います。アニメーションのあとにカッコがついた数字がある場合は、すでに設定されているアニメーションの数を表しています。

　［アニメーション］ボタンをクリックすると、右側にアニメーション設定ウィンドウ表示されます。

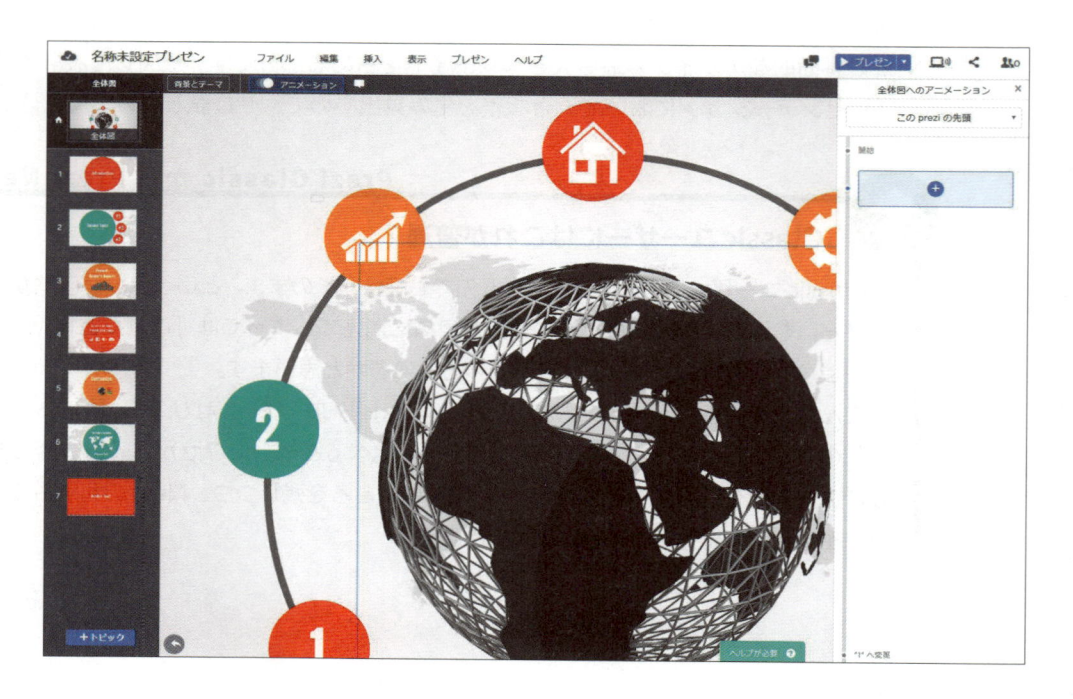

ここでアニメーション設定の前にまず注目したいのは、上部にあるドロップダウンリストです。地味なので何気なく見ているとドロップダウンリストだと気が付かないのですが、ここは非常に重要です。リストを見てみると、このようになっています。

　このリスト、それぞれにメイントピック名（メイントピックのタイトルのテキスト部分）が表示されています。画面のこの例では"1"や"2"、"Present Business Report"などがこれにあたります。ここで、プレゼン全体のうちどの表示順序でアニメーションを設定するかを選択します。

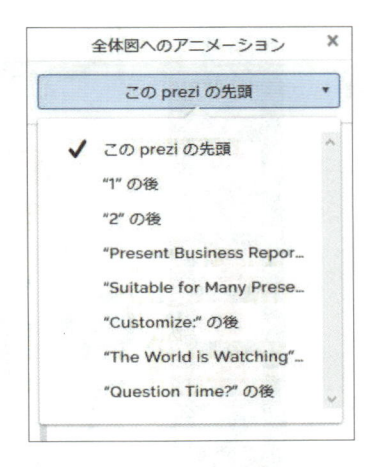

　たとえば、全体図で最初にアニメーションを設定したいときは、［このpreziの先頭］を選びます。メイントピック2（"2"）とメイントピック3（"Present Business Report"）の間であれば、["2"の後]を選びます。

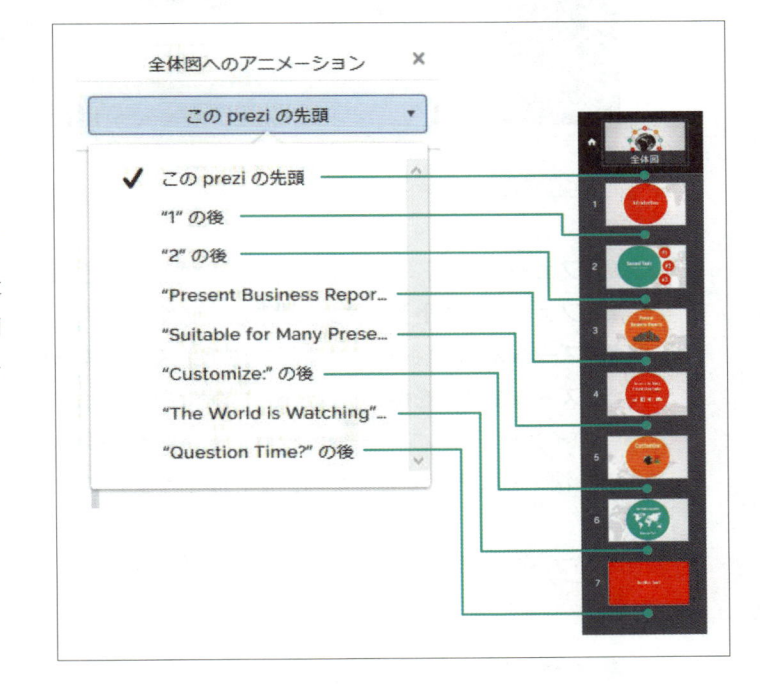

　アニメーションの設定は難しくありません。文字や画像、あるいはトピックそのものを選択して、アニメーションウィンドウ上の［＋］ボタンを押すと、このようなメニューが出てきます。

設定できるアニメーションは以下の通りです。

- **[フェードイン]**：ゆっくり浮かび上がるアニメーションです。
- **[フェードアウト]**：ゆっくり消えていくアニメーションです。
- **[ズーム先]**：選択している画像やテキストにズームします。
- **[ズームエリアを挿入]**：ズームする領域を自由に設定することができます。Prezi Classic のインビジブルフレームに相当します。画像やテキストをまたぐように自由に表示位置を決めることができるため、使い勝手がよいです。

※［ズーム先］または［ズームエリアを挿入］を1つ以上設定すると、次のメニューが表示されるようになります。

- **[全体図にズームアウト]**：ズームアウトして視野を広げます。なお、トピック内部のアニメーションを設定している場合は、このメニュー名は［トピックにズームアウト］となります（この場合は、トピックにズームアウトするだけで、その上の階層である全体像までズームアウトすることはできません）。

設定したアニメーションの順序は、ドラッグ＆ドロップで簡単に入れ替えることが可能です。

　アニメーションは、全体像のときだけでなく、メイントピック、サブトピック、どの階層であってもそれぞれに設定することが可能です。

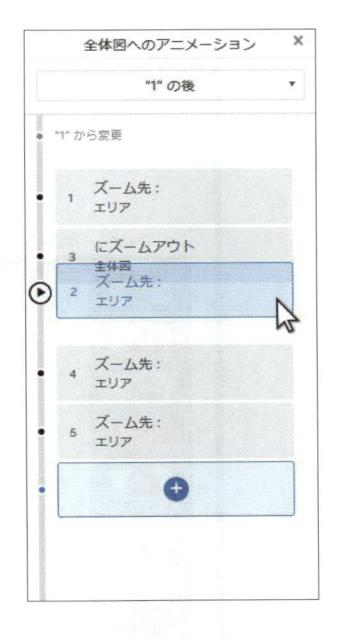

　Prezi Next には、[グループ化] というメニューがありません。それではテキストや画像など、複数のオブジェクトをまとめて一度にフェードイン／フェードアウトさせたいときはどうすればよいかというと、[Shift] ＋ドラッグで一括選択をしてから、アニメーションを設定します。グループ化がないのは複数の要素をまとめて移動したりできないので不便ではありますが、「グループ内でのレイアウトや前後位置を変更したいのでグループをいったん解除したらアニメーション設定も消えてしまった」という現象が起こらないので、この点は編集時にとても重宝します。

Prezi Classic から Prezi Next！

待望のフェードアウト機能、搭載！

　フェードアウトができないことで苦しんだ経験のあるClassicユーザーも少なくないと思います。Classicではついに搭載されませんでしたが、Nextではやっとフェードアウト機能が搭載されました。

　また、Classicユーザーになじみのある［フレーム］、特に［インビジブルフレーム］と同じ動作をするのが、［ズームエリアを挿入］です。ただし、Classicではフレームを挿入するごとにフレーム左側に表示順の数字が表示されていたのですが、Nextではアニメー

ションウィンドウの中に、［ズーム先：エリア］という文字が出るだけです。複数のズームエリアを配置した場合などはどれがどのズームエリアかわかりにく不便なので、ここはPrezi社側での改善を待ちたいところです。

　なおこのズームエリアは、Ctrl+Alt+四隅をドラッグで、回転させることも可能です。

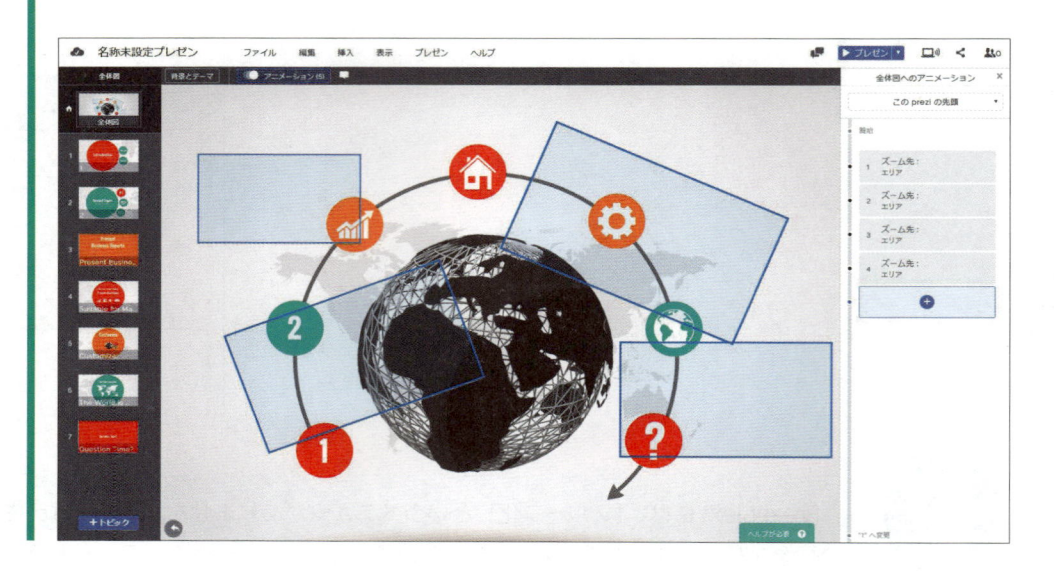

2-2-3　Prezi Next の表示の順序

　アニメーション設定を決める際に、［このpreziの先頭］や［"〜"の後］など、トピック間の任意の位置に設定できることをお話ししましたが、それではトピックやサブトピックにもそれぞれアニメーションを設定した場合の表示順は一体どうなるのでしょうか。

　Prezi Nextの［アニメーション］ウィンドウは、あくまでそれぞれの設定箇所ごとにしか出てこないので、全体を通してどのような表示順になるのかが非常にわかりにくくなっています。細かな表示順などを深く考えなくてもいい、というケースもあると思いますが、よりハイレベルなプレゼンのためには、これを覚えておくとPrezi Nextでの緻密な見せ方をコントロールすることができます。

　トピックとアニメーションを組み合わせた場合の表示順はこのようになっています。

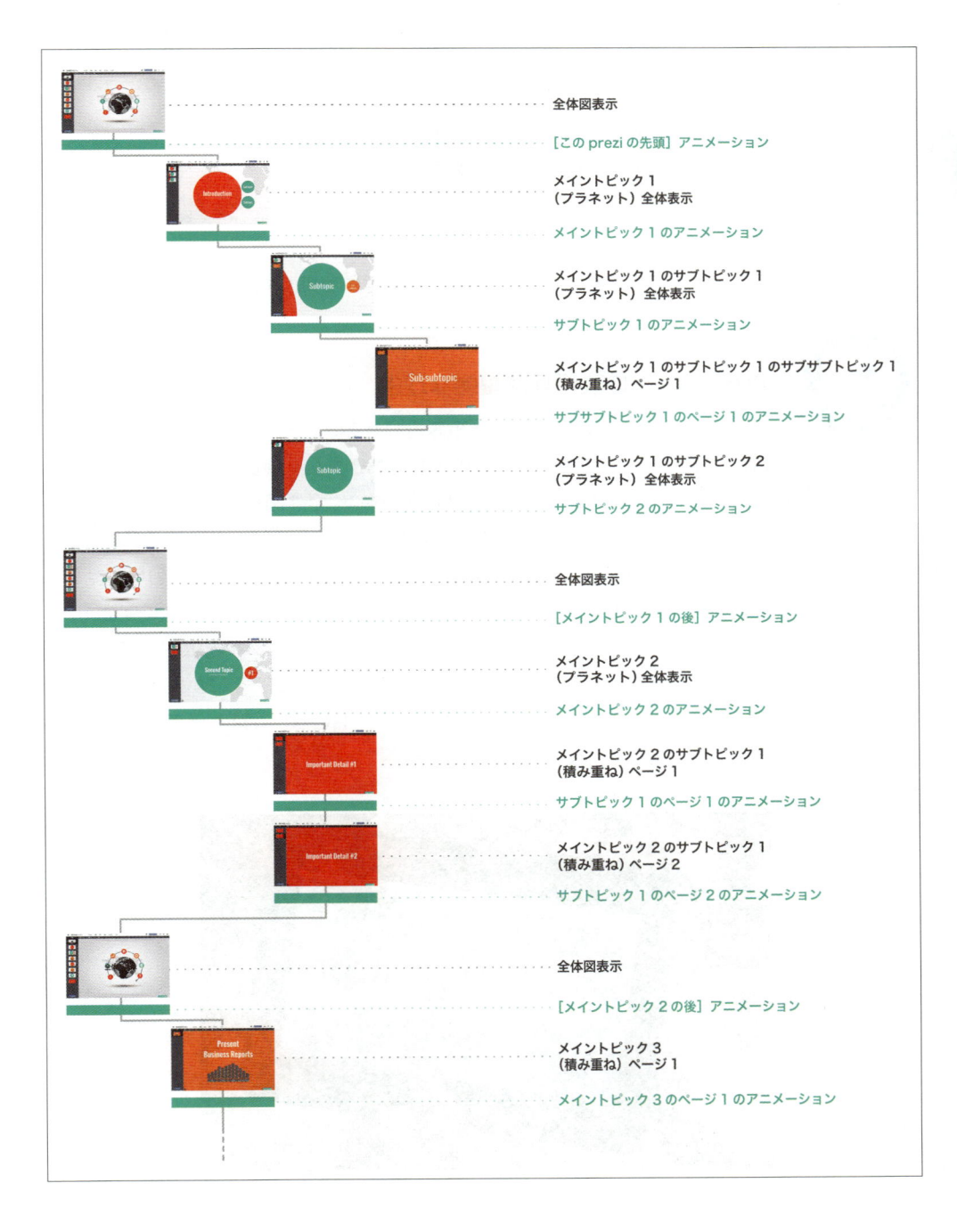

ルールとしては、

- まず全体、次にアニメーションがセット
- 各メイントピックの前にだけ、強制的に全体図

という2点です。

表示順も考えて作り込みをされる場合の参考にしてください。

Prezi Next の表示順が複雑な理由

トピックとアニメーションを組み合わせると、とたんに複雑に動くように思える Prezi Next。ここでこの理由を解説しておきましょう。ポイントは、2点目のルールである「各メイントピックの前には、強制的に全体図」です。

これは、「1-3-5 特徴5：プレゼンスタイルにあわせたアプリ選択」のプレゼンのスタイルで述べたように、Prezi Next が「会話をするようにその場で話の順序を入れ替えるプレゼン」を目指して設計されていることで現れた特徴です。

Prezi Next は、全体図でそれぞれのメイントピックが表示されている状態なら、どれをクリックしても（タブレットならダブルタップ）そこから話を始めることができるようになっています。このため、メイントピックが終わるごとに、一度全体図に戻る必要があるわけです。

この表示順によって、その場で話の順序を入れ替える「会話型」のプレゼン

（Prezi社ではこれを「Conversational Presentation」と呼んでいます）が可能になります。

　プレゼンのときに相手の反応を見ながら、その場で相手が聞きたいと感じているトピックを選んでインタラクティブに話を展開する、という設計思想が、このPrezi Nextの仕様に見て取れます。

　なお、こんなふうにピンチインで画面内の自由な場所にズームする、ということもできます。iPadやタブレットPCなどを使ってプレゼンすると特にスマートな印象になりますね。

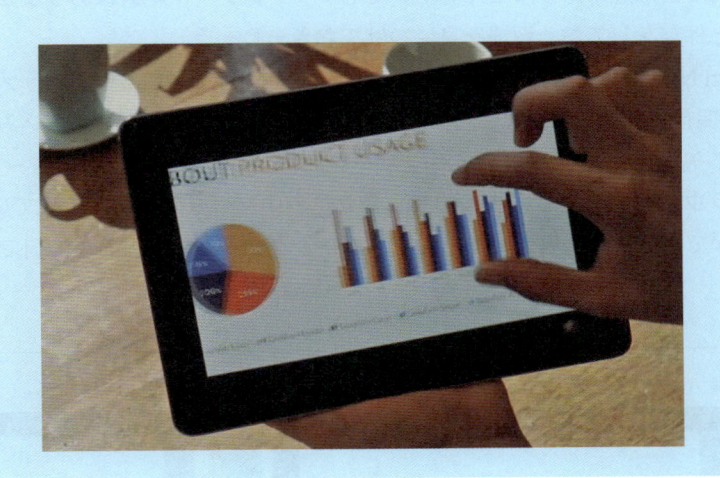

「全体図」から始まる Prezi Next

　Prezi Nextのプレゼンは、なぜ必ず全体図から始まってしまうのか……。Prezi Classicを使いこんでいるユーザーであれば、きっと一度は抱く疑問だと思います。Nextは全体図で始まり、メイントピックとメイントピックの間では必ず全体図に戻り、最後もまた全体図。この理由は先に書いた通り、「Conversational Presentation」という設計思想です。

　ですが、「これではちっとも聞き手に驚きを起こせないじゃないか！」という声は、実は世界中のPrezi Expertからあがりました。いくらトピックカバーで内側を隠せるといっても、最初から全体像が見えていることでどうしてもダイナミックさに欠けてしまうのは事実だからです。

　Prezi社によると、今後のPrezi Nextのアップデートで開始位置を全体図以外にも設定できるようになるということなので、期待して待っていましょう。

保存 / プレゼン / シェア

Prezi Nextはオンラインのツールです。ネット環境によっては編集中に止まったりすることも考えられますので、編集時はこまめに保存をしておきましょう。保存は［ファイル］→［保存］をクリック、またはCtrl + S（Macでは command + S）ショートカットキーが便利です。

編集中に何らかの理由でネット接続が切れてしまっても、接続が回復するまでデータを保持したまま待機する設計になっていますので、ネット接続が切れたら即データが消える、といったことは通常ありません。それでもテクノロジーに絶対はありませんので、自分でちゃんと保存をしておく習慣を身につけておきましょう。

また、Prezi Nextは保存しても画面が編集状態のままで、［閉じる］というメニューはありません。［保存］ボタンを押すと、画面左上のクラウドマーク内が「書き込み中」を意味する回転する矢印のマークからチェックマークに変わります。チェックマークに変われば、いつブラウザを閉じても大丈夫です。書き込み中マークのままになっている場合は、正しく保存ができていない場合があるので、チェックマークに変わるまで何度か試してみましょう。

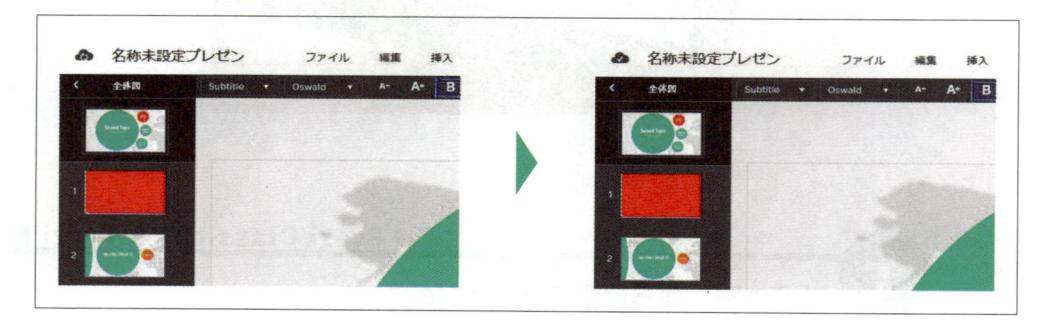

保存時に書き込み中マークのままなかなかチェックマークに変わらないときは、［保存］を何度も押すだけよりも、どこか一部を変更してから、もう一度［保存］を押してみましょう。テキストの位置をちょっと変える、というだけでOKです。これで保存が正常に行われやすくなります。

プレゼンをする場合は、画面右上の［プレゼン］ボタンをクリックします。市販のプレゼンリモコンもほとんどのものが対応していますし、カーソルキーで進めてもOKです。

　プレゼンモードにすると、まずこのように下部にボタンとバーが表示されます。この表示は数秒で消えますが、カーソルを画面下部にもってくると再度表示されてしまうので、気になるときはカーソルを画面左上隅などに寄せておきましょう。

　先ほどのコラムで述べたように、Prezi Nextは、トピックをクリックするとそこからそのトピックのプレゼンを始められます。もちろん制作時にはプレゼンの流れを決めているわけですが、これはあくまで仮のものと考えましょう。実際は、プレゼンをしながら聞き手の反応を見て、また聞き手に直接話しかけて、相手の聞きたい情報を、聞きたい順序でスクリーンに映し出していくと、Prezi Nextの持っているポテンシャルを十分に発揮できるはずです。

　iPadなどのタッチパネルに対応しているデバイスでは、指でタップ、ピンチなどの動きで必要な個所を拡大縮小することもできます。

全体像からメイントピック以下の階層に行くと、画面左下にこのような矢印アイコンが表示されます。これをクリックすると1つ上の階層に戻るので、プレゼン中に素早く全体図まで戻りたい際に使いましょう。また、プレゼン中に自分が今どこにいるのか混乱してしまったときにもこのボタンでまず全体図まで戻れます。もしものときの安全ボタンとして覚えておきましょう。

 　Prezi Nextには、4:3という画角はありません。制作したものはすべて16:9のワイド画角になります。

iPad/iPhone/Androidで使う

　Prezi Nextを編集するのはPC上で行いますが、プレゼン用の再生だけであればiPad/iPhone/Androidで可能です。それぞれのデバイス用に、「Prezi Viewer」という無料アプリが用意されています。

　こちらをインストールしてログインすることで、PCで制作したpreziがすべて同期されるようになっています。

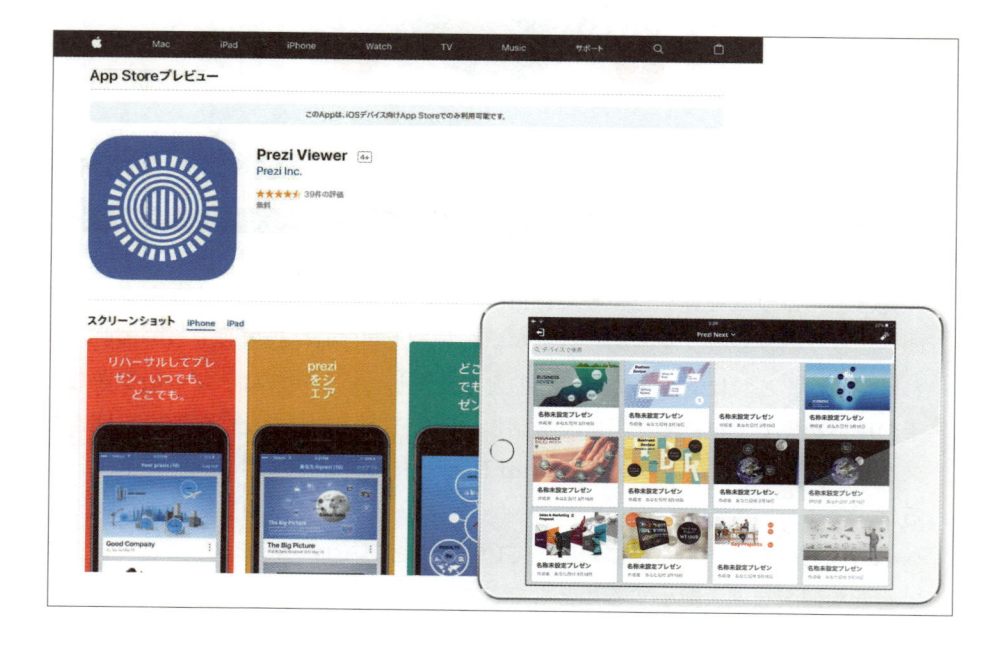

また、このアプリ上でpreziを開いて［オフラインで継続］ボタンをクリックして読み込んでおくことで、ネット接続のない状態でもプレゼンを行うことができるようになります。

　Prezi Nextの解説の最後として、管理画面からの各種機能について説明しておきます。Prezi Nextのダッシュボードから、［…］ボタンを押すことで、このようなprezi単体での管理画面に切り替わります。この画面上でpreziをシェアしたり、閲覧用のリンクを作成することができます。

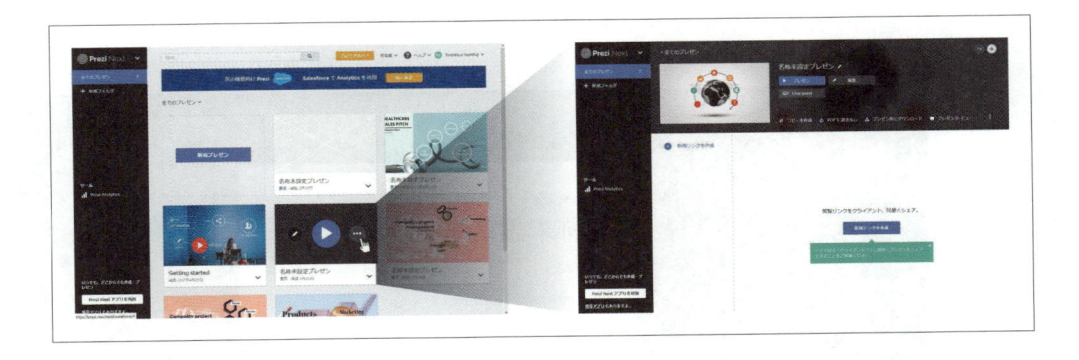

◎ Preziアカウントを持っている人を共同編集者に追加する

　これは「2-1-4　オーソドックスな「編集画面」」において編集画面上からの設定方法を解説しましたが、管理画面からも同じように共同編集者の追加が可能です。管理画面の右上の［＋］ボタンをクリックすると、このような画面が表示されます。

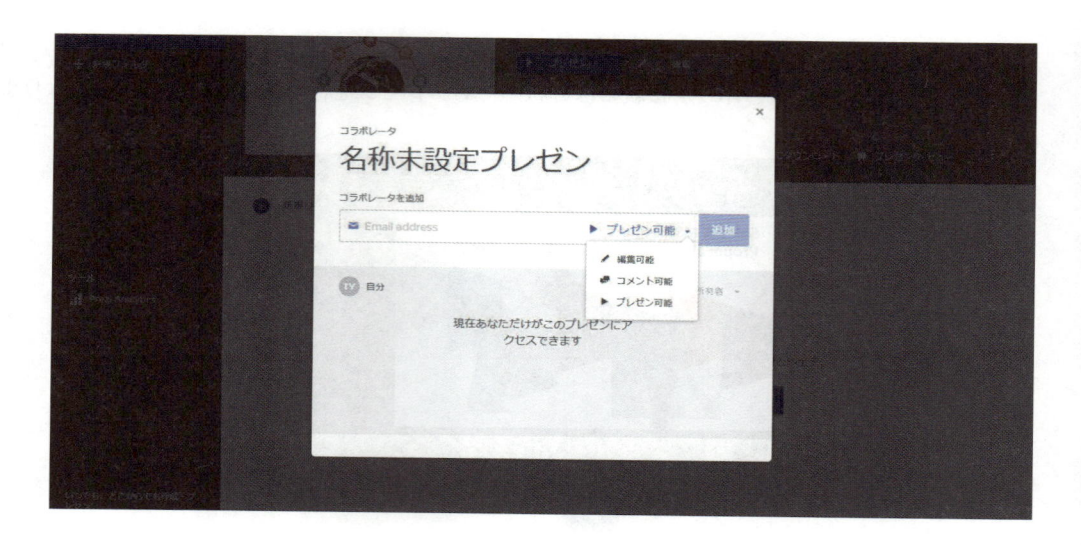

　Preziを共有したい相手のPreziアカウント用メールアドレスを入力し、［編集可能］［コメント可能］［プレゼン可能］から1つを選択して、［追加］をクリックします。

　かならず、シェア相手がPreziアカウントに使用しているメールアドレスを入力してください。Preziアカウントに使用されていないメールアドレスでは、共有ができません。

　相手先にはpreziシェアを知らせるメールが届き、自動的に相手のダッシュボードに共有されたpreziが並びます。

◉ Preziアカウントを持っていない人にPreziをチェックしてもらう

　画面中央の、［新規リンクを作成］をクリックします。

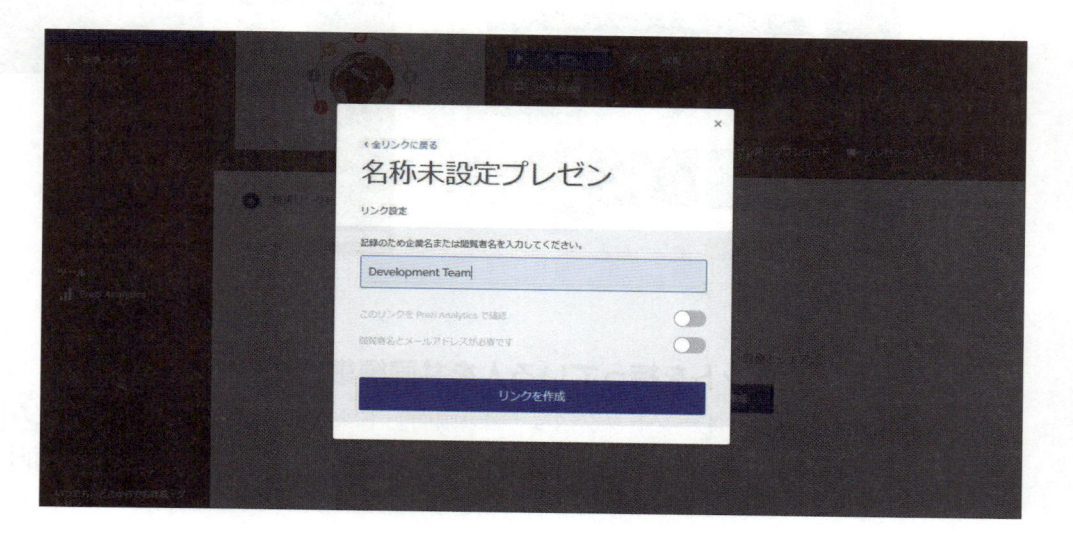

［記録のため企業名または閲覧者名を入力してください。］の欄には、リンクをシェアする相手を区別するための名前を入力します。ここでつけた名前は相手側にはわからず、あくまで自分の管理用の名称です。

この［新規リンクを作成］で作ったリンクからは、Preziアカウントを持っていない方でもPreziを閲覧することができます。

無料のBasicプランでもリンクの作成は可能です。ただし、一度作ったリンクを削除したい場合には、Standardプラン以上でないとできません。

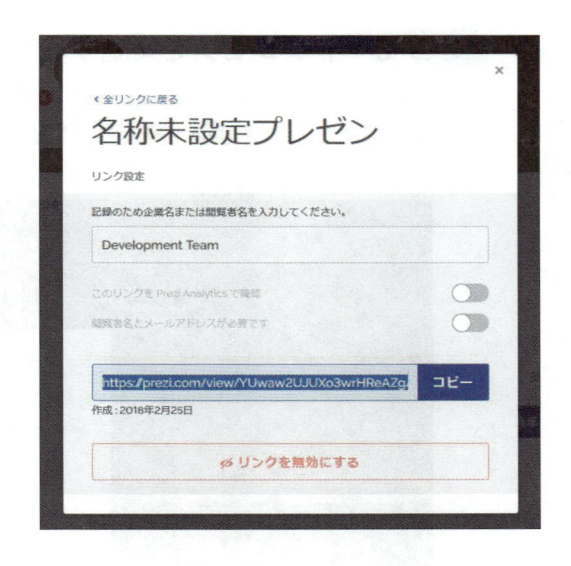

また、Premiumプランではシェアしたプレゼンのデータ分析ができるAnalytic機能を使うことができます。いつ閲覧が開始されたか、パスごとの閲覧時間比較など、かなり細かい点までがわかるため、閲覧傾向からマーケティング情報を得ることも可能です。

この時に、シェア相手ごとにデータを比較したい場合は、シェアする人数分のリンクを作成して、それぞれ区別できる名前をつけておきましょう。

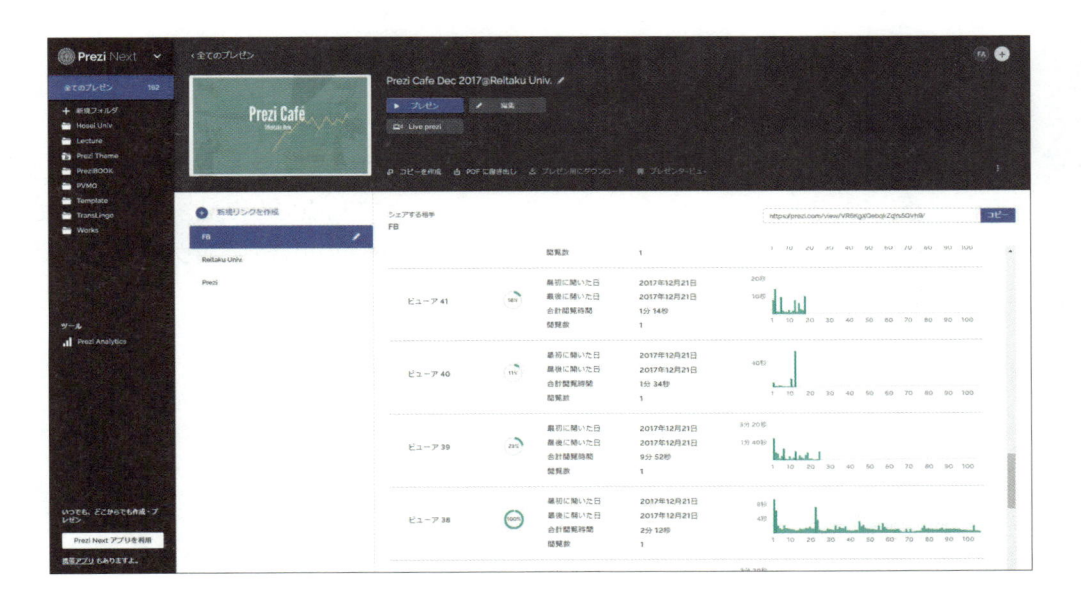

リモートプレゼンを実施する

Plus以上のライセンスであれば、離れた場所からPreziの画面をリアルタイムで共有してプレゼンをするLive Prezi機能を使うことができます。

[Live prezi] ボタンを押して作成されたリンクを、プレゼンの閲覧者に送付します。向こうではこのリンクをブラウザで開いてもらうだけです。Preziの動きが同期していますので、こちらで動かした画面が、シェア先でも同じように動きます。

作ったpreziをコピーする

Preziにはファイルの概念がないので、「今日までのデータをいったんとっておきたいな」という場合、[コピーを作成]をクリックして現時点での複製を作ることができます。何日にも分けてpreziを作る場合などは特に、万が一の場合のバックアップとしてこの処理をしておくと安心です。

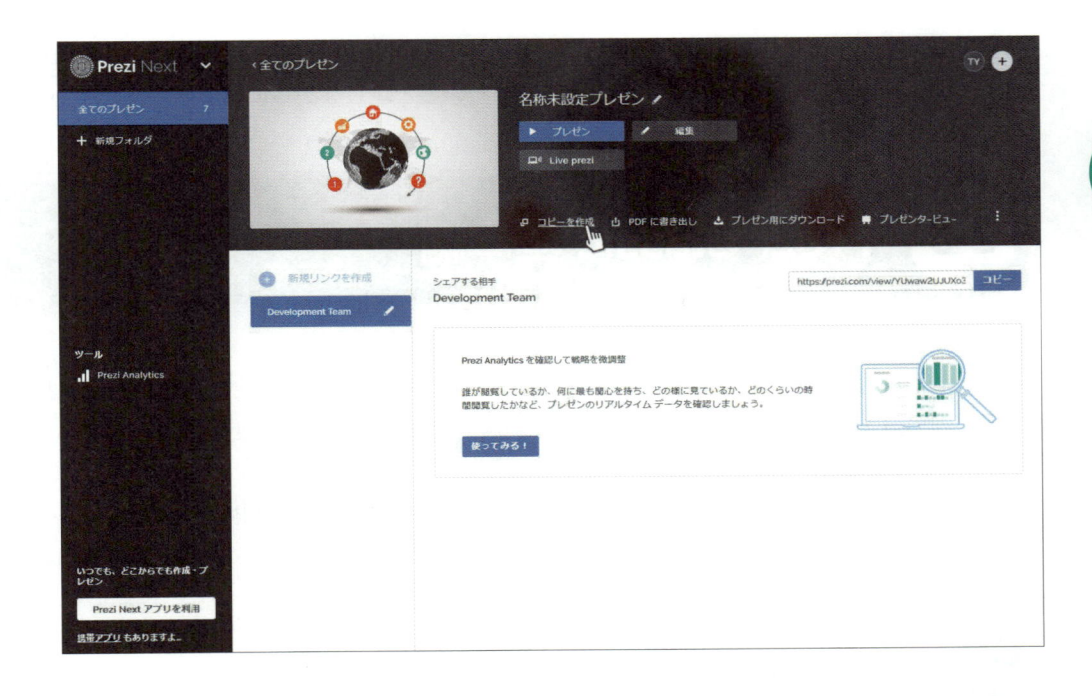

プレゼンタービューを利用する

　これは Plus 以上のライセンスで提供されているオフラインアプリ（インストール版）でのみ利用できる機能です。

　PowerPoint のスライドショーのように、手元PC用の画面「プレゼンタービュー」を表示することができます。このプレゼンタービューには読み上げ用のメモが書き込めたり、プレゼン開始からの経過時間や次に表示される画面が表示されるようになっており、特にPowerPoint でのプレゼンに慣れた方には安心感があります。

プレゼンタービュー（手元の PC 画面）

プレゼンモード（スクリーン画面）

以上、かなり長くなりましたがPrezi Nextの応用編の機能と操作をすべて網羅しました。細かい部分もありますが、まずはいろいろと試しながら慣れてみてください。

2-3　Prezi Classic 基本編

　Prezi Classicは、現在では新規アカウント取得はできないので、2017年4月以前からPreziアカウントをお持ちの方のみが利用できます。ここでは使用方法をおさらいしておきましょう。

　Prezi Classicの細かな操作や設定については、拙著『Preziで極めるビジュアルプレゼンテーション』（日経BP社）にてより詳しく解説していますので、そちらもよければご覧ください。

2-3-1　ダッシュボード

　Prezi Classicのダッシュボードはこのようなデザインです。Nextとよく似ていますが、カラーリングが異なりますね。左上で、Prezi ClassicとPrezi Nextの切り替えができるようになっています。

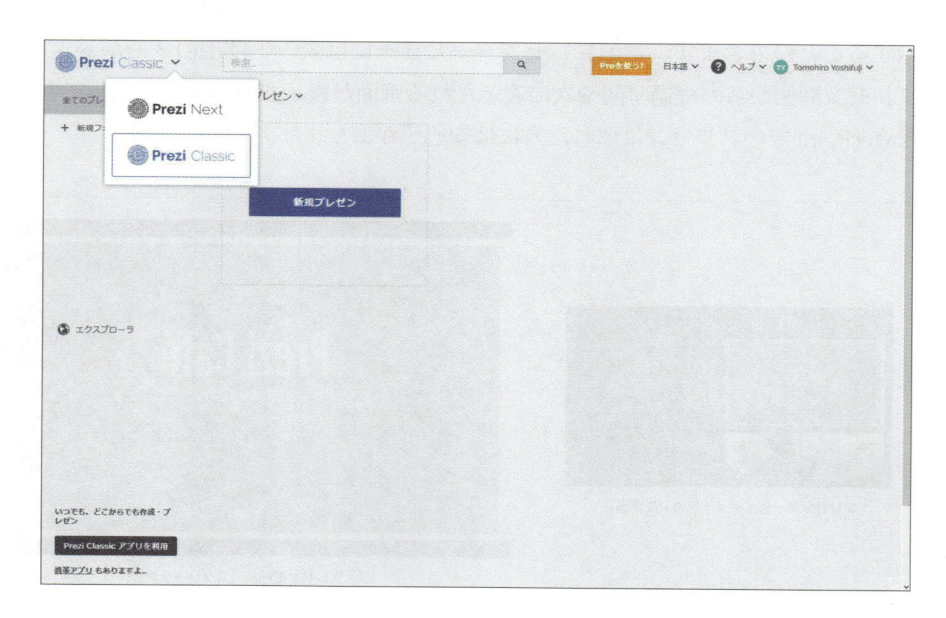

2-3-2 Prezi作成

　ダッシュボード内の［新規プレゼン］ボタンをクリックすると、このようなテンプレート選択の画面が出てきます。

　左上部の［Latest］だけだと種類が少ないですが、［More］をクリックするとすべてのClassic用テンプレートを見ることができます。どれか1つ選択したら、［テンプレートを使用］をクリックしましょう。テンプレートが不要な方は、［白紙Preziを開始］をクリックします。

　これで編集画面が表示されます。テンプレートを選んだ場合は、構造をを確認するために画面右上にある［プレゼンモード］を押して、プレゼンを再生してみます。カーソルキー［→］や、画面下部のボタンを押すことでプレゼンを進めることができます。

　まずは、このテンプレートを元にしてどの部分を書き換え、何を追加しようか、ということを考えておきます。プレゼンをいったん終了して編集画面に戻るには、キーボードの［Esc］キーを押しましょう。

2-3-3 編集画面

　Prezi Classicの編集画面はこのようになっています。

[挿入] メニューから画像や線、矢印などを呼び出すことができます。

テキストを書きたいときは、画面上のどこかをクリックするだけでテキストボックスになります。

挿入したテキストや画像は、四隅をドラッグすることで簡単に拡大・縮小・回転することができます。

また、Prezi Classicで特徴的なのが、左上にある［フレーム］のメニューです。最初は［丸フレーム］になっていますが、下のドロップダウンリストをクリックすると、［括弧］

［丸］［長方形］［非表示］が選択できます。

Prezi Classic ではこのフレームで表示エリア（いわゆる「スライド」の枠）を決めていきます。カメラのフレームだと思うと考えやすいですね。4種類のフレームのうち、おすすめはプレゼン時に表示領域が見えなくなる［非表示フレーム（インビジブルフレーム）］です。よりプロっぽい仕上がりを目指す方はこれを使ってみてください。フレームそのものを回転させて配置することも可能です。

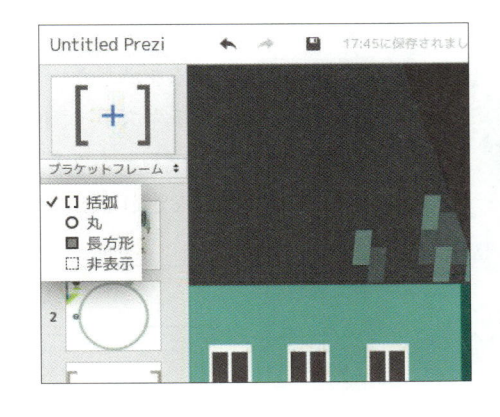

ここで決めたフレームの表示順序が、左側のエリアに並びます。Prezi Classic ではこの表示順のことを「パス」と呼んでいます。

下部の［パスを編集］をクリックすることで表示順の入れ替えや、テキストや画像に直接パスをつけることも可能になります。

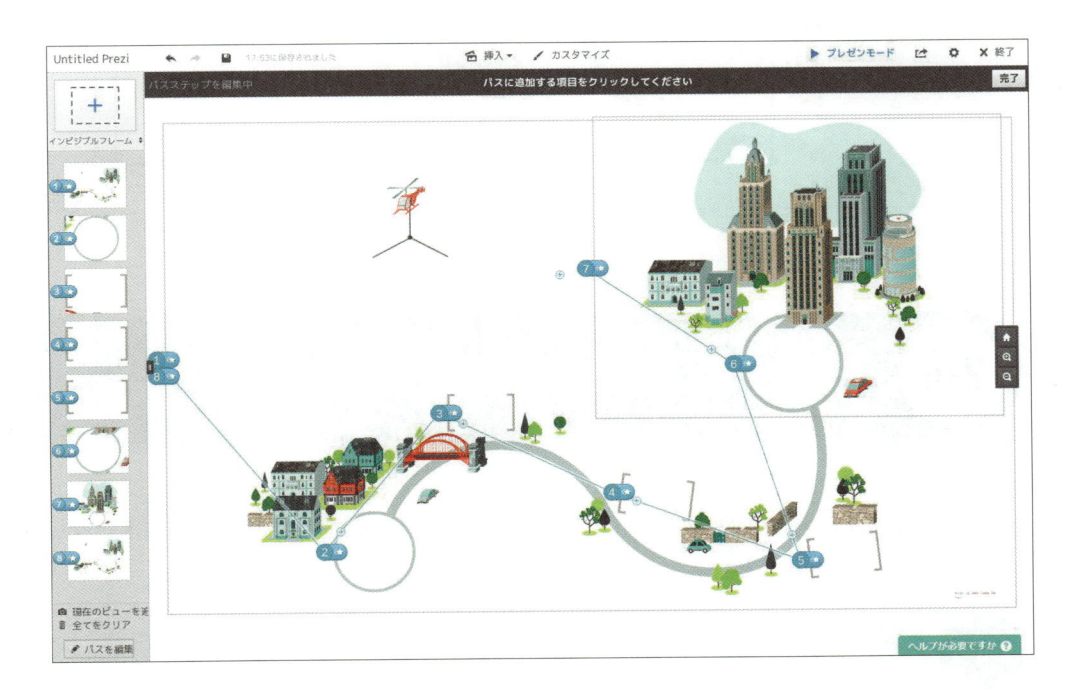

パスの編集が終わったら、右上の［完了］をクリックすると、通常の編集画面に戻ります。Prezi Next とは異なり、プレゼン全体の表示順がこのエリアにすべて並んでいくので、

よりシンプルでわかりやすいですね。

　なお、フレームを消したい場合、フレームを選択してからDeleteキーを押すと、フレームの中に置いたテキストや画像などもまとめて消去されてしまいます。フレームだけを消したい場合は、フレームを選択して、上部の［タイプ］ドロップダウンリストから、［フレームを削除］を選びましょう。

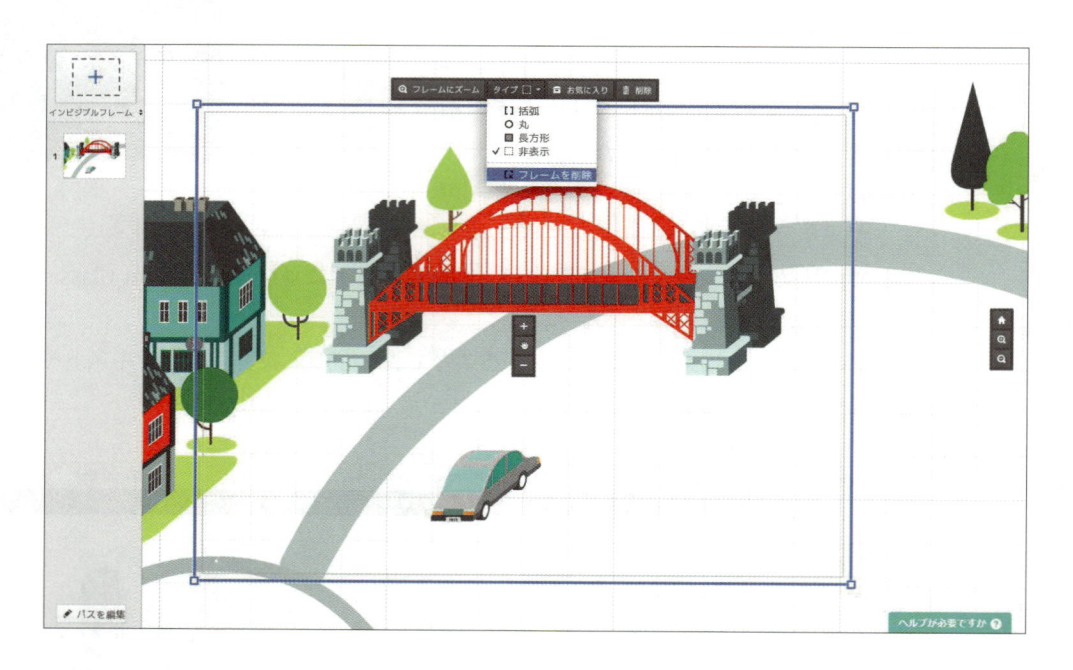

2-4　Prezi Classic 応用編

　Prezi Classicを使いこなすうえで、ぜひ知っておいていただきたい応用テクニックをいくつかまとめました。

2-4-1　フェードイン

　Prezi Classicが持っているアニメーション機能は、フェードインの1種類しかありません。これを使用することで何もない空間にふわっとテキストや画像を浮かび上がらせるこ

とができます。

　設定方法は、まずフェードインをかけたいテキストや画像を囲むようにフレームを配置します（どの種類でもOK）。次に画面左下の［パスを編集］をクリックして、次にフレームの左側に出てくる、小さな星マークをクリックします。

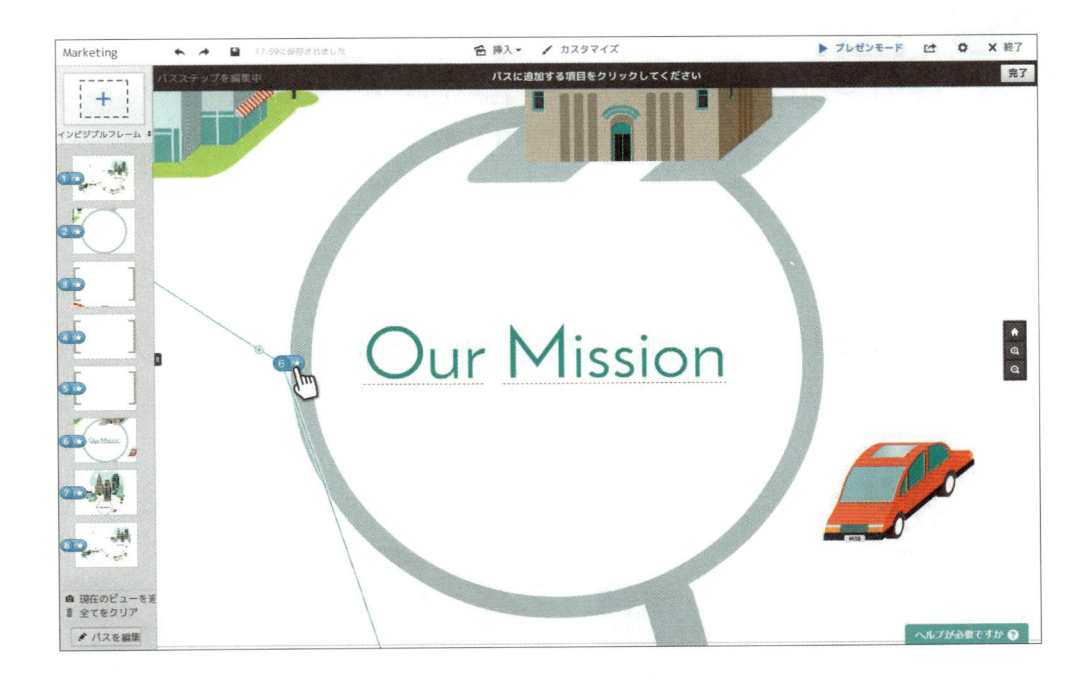

　するとこのようにアニメーション設定画面になるので、フェードインさせたいテキストや画像を順にクリックします。

クリックする順番が、フェードインの順序になります。間違えた場合は、左上の［Reset］をクリックして設定をやり直しましょう。設定が終わったら右上の［Done］をクリックします。

2-4-2 フレームの動き

フレームは、何気なく配置してもそれぞれが勝手に「ぐいーん」というモーションでつながります。このスピードや動きの幅などを数値で設定することはできないのですが、いくつか配置のパターンで動きをコントロールすることができます。このテクニックを覚えておくことで、イラストなどの視覚情報とPreziのモーションをリンクさせることができるので、プレゼンの効果をより大きくすることが可能です。

●回転させずにほぼ同じ大きさで近くに配置 ➡ ズームせずにシュッとスライド

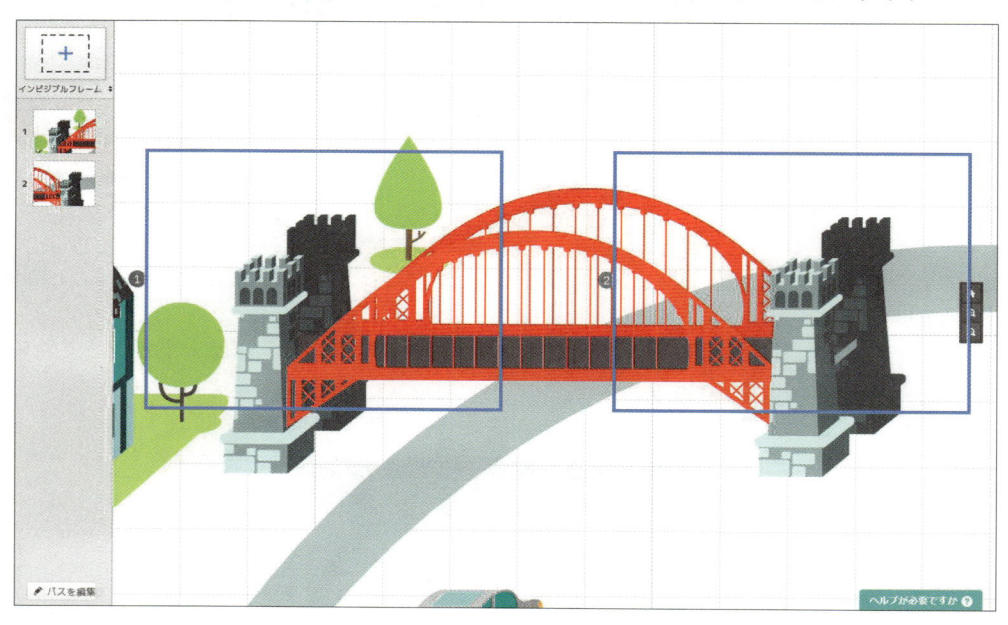

この例では、橋を渡るように横スライドします。

●回転させてほぼ同じ大きさで近くに配置　➡　画面が回転

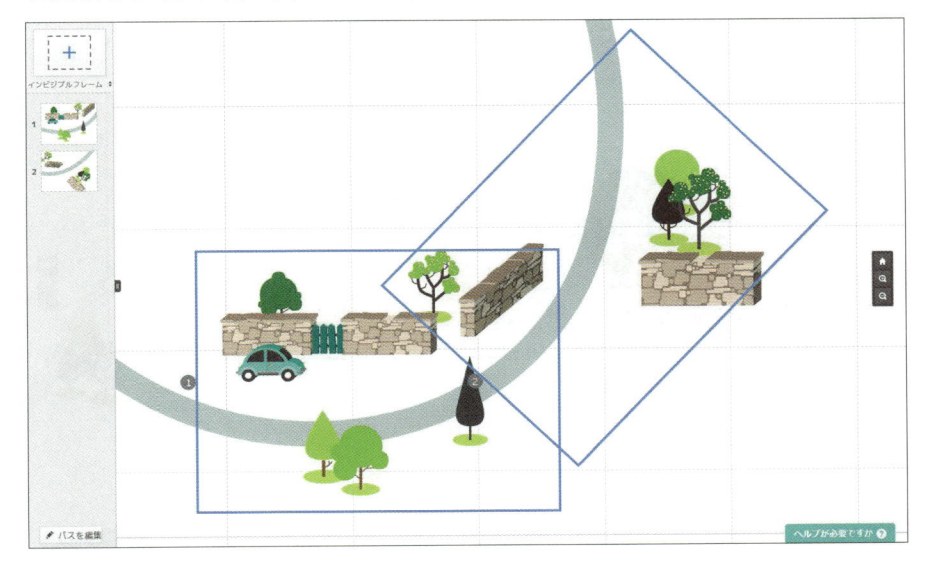

この例では、道のカーブに沿って画面が回転します。

●大きさを変えて近くに配置　➡　ズームイン/ズームアウト

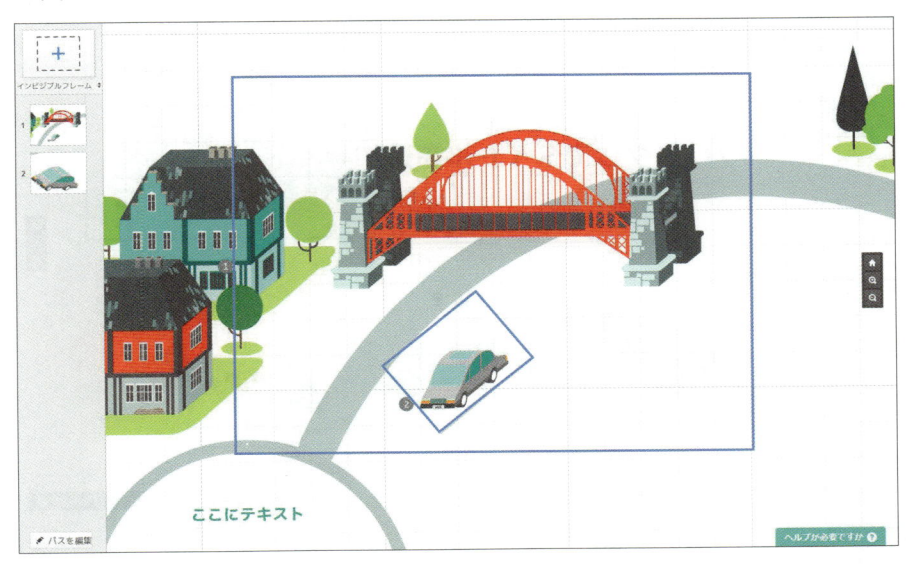

　この例では、全体像から、車にいっきにズームします。フレームを回転させなければシンプルなズーム、回転を加えると、ひねりを加えたズームになります。

●少し離れて配置 ➡ 小さくズームアウトしてズームイン

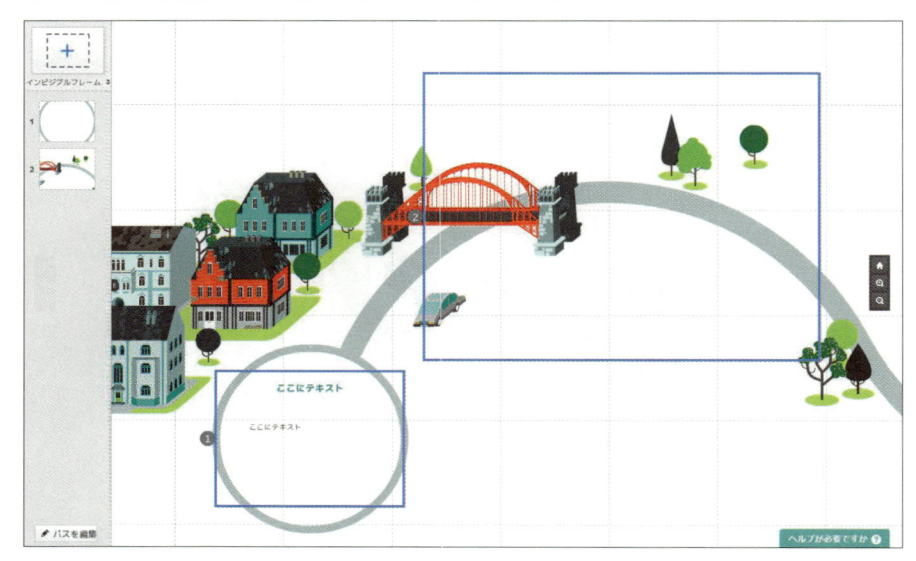

●大きく離れて配置 ➡ 大きくズームアウトしてズームイン

　2つのフレームの距離とサイズ差が大きければ大きいほど、大きなモーションがつきます。さらにフレームを回転させてその角度の差が大きいほど、さらにモーションは大きくダイナミックになります。

「Prezi酔い」を防ぐ

　Preziのズームと回転は非常に楽しいので、ついつい無意味に回転させたり、ズームイン/アウトを繰り返したりしがちです。すると、聞き手はぐるぐるまわる画面を見て目が回ってしまう、ということがしばしばあります。「Prezi酔い」と呼ばれるこの症状が起こってしまうと、せっかくのプレゼンの中身が伝わらなくなってしまうので、逆効果です。

　Prezi酔いを防ぐためのコツは、「ここぞ、という場面転換以外はあまり大きく動かしすぎない」です。フレームをなるべく近くに配置する、あるいは部分的に重ねて配置すると、モーションが大きくなりすぎず、スマートな動きを演出できます。

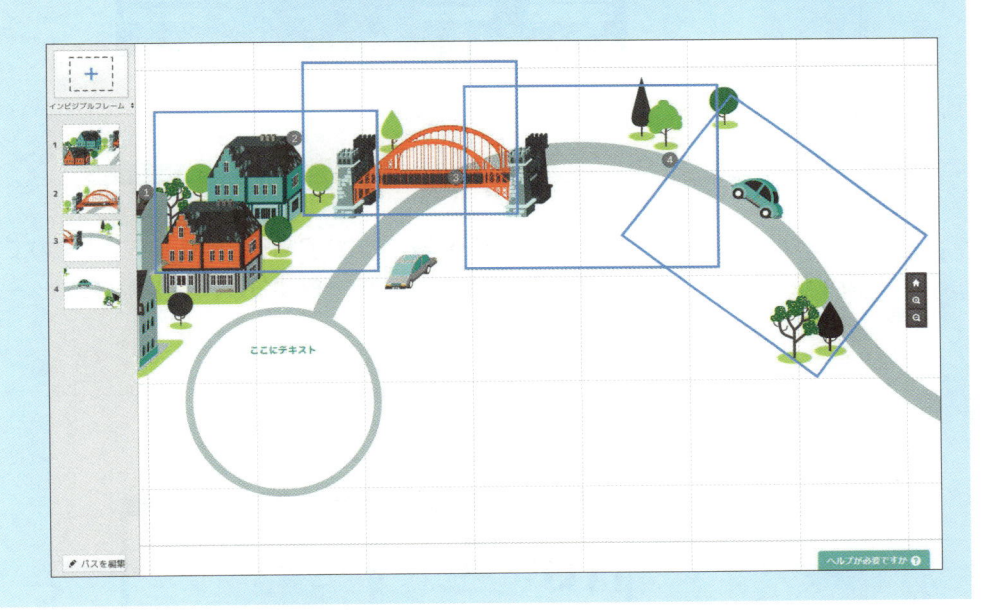

2-4-3　カラーカスタマイズ

　背景画像や各種カラー設定は、［カスタマイズ］→右側下部の［上級設定］を選択することで設定ができます。

　RGBのカラーコードで色設定をすることに慣れている方はこちらでよいのですが、この設定が難しい場合は、左下の［Wizard］をクリックすると、より簡単にカラーパレットから色を選択することができます。

［3D Background］で画像を設定すると、自動的にパララックス効果が適用されるので、テキストや画像が浮かび上がったような動きをみせることができます。左下が［Wizard］の場合は1枚だけですが、［Advanced］の場合は3枚の背景画像を設定することができ、ズームの深度にあわせて自動的に背景画像が切り替わるようになります。うまく使うにはアイディアが必要なのですが、ほかのプレゼンアプリにはないPreziに特有の機能なので、ぜひ使ってみてください。

　［Advanced］の画面下部の［Use the Prezi CSS Editor］をクリックすると、CSSでカラーや透明度を細かく設定することが可能です。CSSの知識が必要ですが、Webサイトの編集などに慣れた方であれば使いやすいと思います。

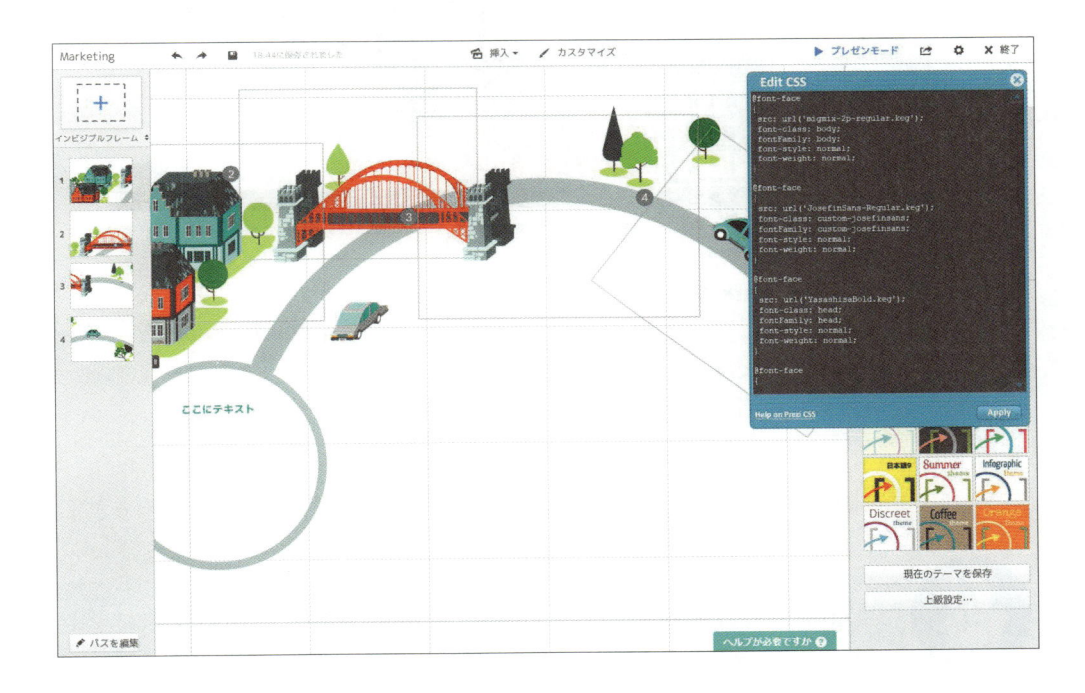

2-4-4　Preziの保存

　編集中は、［保存］ボタンまたはCtrl + S（Macでは command + S）キーでこまめに保存しておくことをおすすめします。

　プレゼンをする場合は、画面右上の［プレゼンモード］ボタンを、編集を終える場合は、［終了］をクリックします。

　保存をしていれば、いつブラウザを閉じても大丈夫です。

2-4-5 管理画面

［終了］をクリックすると表示されるprezi単体での管理画面では、プレゼンのタイトル変更や、シェア設定などを変更することができます。

この画面は、ダッシュボードから各preziをクリックすることでも表示できます。

Prezi Nextと同様に、「今日までのデータをいったんとっておきたい」という場合は、この管理画面で［コピーを保存］をクリックします。制作中のpreziが複製されるので、わかりやすいタイトルをつけておきましょう。万が一の場合のバックアップとしても安心です。

シナリオをつくる
簡単につくるストーリー

Preziの使い方を覚えたところで、それではプレゼンの中身に移っていきましょう。この章では、プレゼンの構成、つまり「シナリオ」について解説します。

　本書で改めて書くまでもなく、さまざまなプレゼン関連書籍には、「プレゼンにはストーリーが何よりも大切！」と書かれています。これは間違いありません。シナリオといったりストーリーといったりして少々ややこしいですが、本書では、プレゼンの最初から最後までの話の設計図のことを「シナリオ」、そしてその中で実際に語られる物語性やメッセージ性のある話の起伏のことを「ストーリー」と呼んで解説していきます。

　ただ、「じっくりシナリオを考えましょう」と言っても、なんだかそういうのはまどろっこしかったりしますし、ビジネス上ではとにかく今あるデータをかき集めてすぐにデータ制作を進めないと、ということが現実には多々あります。

　そもそもプレゼン制作のリアルなところとして、ストーリーの練りこみに主眼を置いてプレゼンを作っていくのはとても時間のかかる作業ですし、すべてのプレゼンに適応できる魔法のようなルール、というのは残念ながらありません。プレゼンはすべてがオートクチュールなので、ひとつひとつのプレゼンをじっくりと考えてシナリオを作る必要があります。

　本当はどのプレゼンでもこれだけの手間がかけられるとよいのですが、現実的な話として、すべてのプレゼンがスティーブ・ジョブズのiPhone発表やTEDのようにセンセーショナルな話題に満ちているわけではないので、日々のプレゼンでそうした大きな驚きやシナリオ上の工夫を演出するのは難しいし、実際、それはそんなに求められてもいなかったりします。感動や共感も大切ですが（もちろんできるに越したことはないのですが）、本質としては**伝えるべき情報が正確に伝わればよいだけ**です。

　そこで本章ではこの本質に立ち返って、いろいろなプレゼンの理想像（と呼ばれるもの）はひとまず置いておいて、Preziを作るときに最も大切なこと、

「ぐるぐるまわるだけのPrezi」ではなくて「わかりやすくてクリエイティブなPrezi」に仕上げる

という現実的なPrezi制作のポイントに的を絞って、そのためのシナリオ制作のエッセンスを解説しようと思います。

3-1　とにかく瞬発でシナリオをつくりたい

仕事で一刻も早くプレゼンを作らないといけない、というときのために、手早く数分でシナリオを決めてしまうテクニックをまずは解説します。

プレゼンのシナリオメイキングにおいて、大切なポイントはこの2つです。

1. 時間がないときは、とにかくシンプルでプレーンな構成で十分
2. 最初から最後まで論理的に話がつながっているかどうかを意識する

このためのシナリオ構成のステップは次の3つ。慣れれば10分くらいでできます。

3-1-1　話したいこと・話さなくてはならないことのカテゴリ分け

これは、実際には既存のPowerPointのスライドを吟味するところから始まるという方も多いかもしれません。話すべきコンテンツを洗い出して、手書きでもPCでもいいので、数個のカテゴリに分けます。あまり多くてもまとまりきらないので、5つ以下くらいを目安にしましょう。

たとえば、これは新卒採用イベントでの、商社の会社紹介の例です。

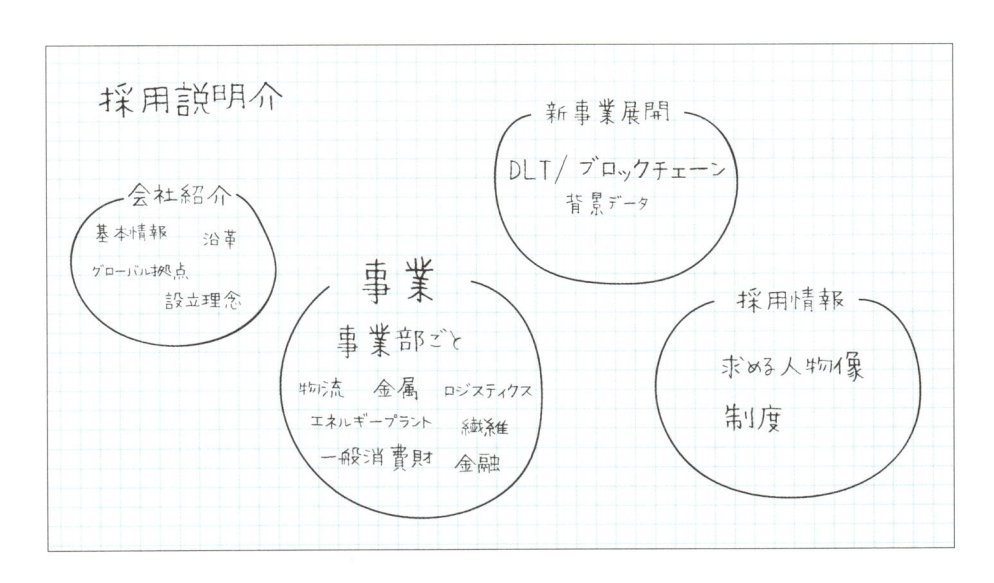

会社の概要と、事業部ごとの内容紹介、そして話題性のある新事業、そして採用情報、というベーシックな構成ですね。

　こちらは医療機器メーカーの新製品のお披露目用プレゼンの例です。

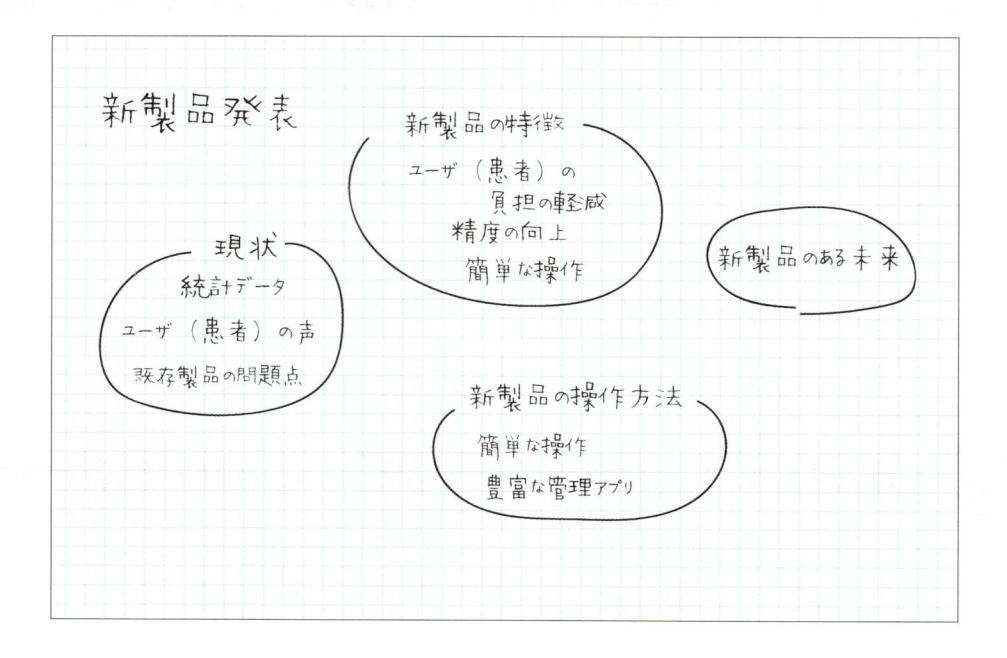

　こちらは、現状のデータ、それに対する新製品の紹介、操作のデモ、そしてこの新製品によってやってくる未来、という内容です。

　どちらも特別難しいことはしておらず、ただざっくりと大きなカテゴリにまとめただけです。

3-1-2　最終目的を考えて見直し

　プレゼンをやるからには、必ず最終目的があります。この工程では、先ほど作ったカテゴリ分けにこの観点を加えていきます。最終目的というのは、「本音の目的」と言い換えてもいいですね。たとえば製品やサービス紹介のプレゼンであれば、最終目的は「販促」です。就活イベントでの会社紹介プレゼンであれば、「いい人材・会社にマッチした人材の確保」ですし、スタートアップのコンテストであれば「投資の獲得」です。

　このポイントを踏まえて、カテゴリ分けしたものをもう一度眺めて、何か足りない要素はないかを考えます。先ほどの例を見直してみましょう。

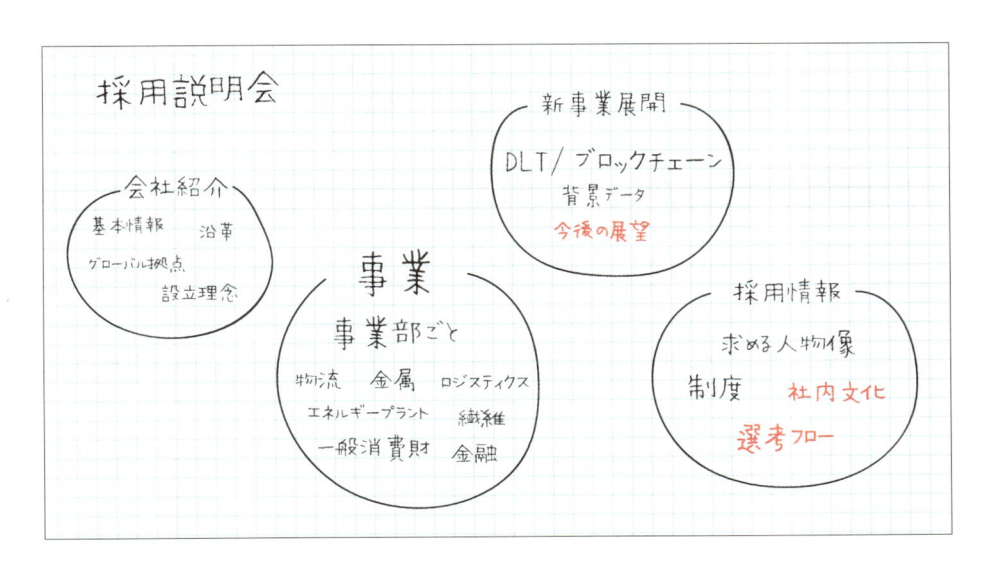

　まずは最初の例から。もともとは学生に新事業を紹介するだけにとどまっていたので、その先にある未来がどうなるか、会社に入って一緒に作ってもらいたい「今後の展望」という項目を付け加えました。また、会社側から求める人物像だけだったのを、学生とのマッチングという意識をもって「社内文化」という項目を入れています。さらに、「選考フロー」の項目をきちんと加え、興味を持った学生がエントリーしやすいように、プレゼンの次のアクションにつながりやすく、と考えています。

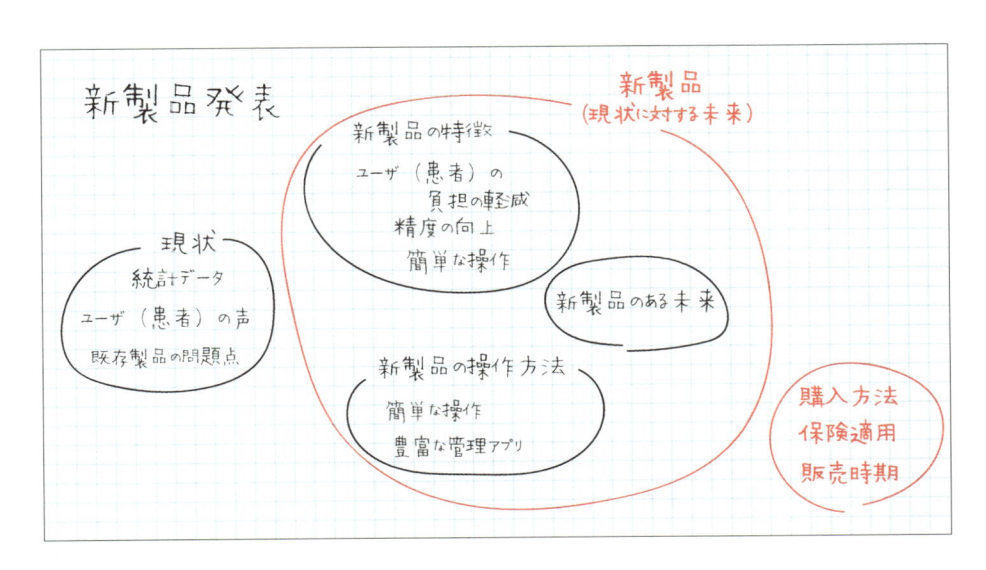

　2番目の例では、具体的な製品の購入方法や、医療機器では重要になる保険適用などの具体的な購買情報を加えてました。さらに、新製品に関して3つのカテゴリに分けていた

ものを、「現状⇔新製品」という対応を考えて、新製品をひとつのカテゴリでくくりました。これでより構成がすっきりしましたね。

3-1-3 接続詞で論理的につなぐ

　最後は、それぞれのカテゴリがどのようにつながってひとつの話の流れにおさまるのか、というポイントを考えます。このときにおすすめなのが、「接続詞」を入れて仮に話を作ってみる、ということ。たとえば、最初の例では、こんなふうに言葉を補って考えます。

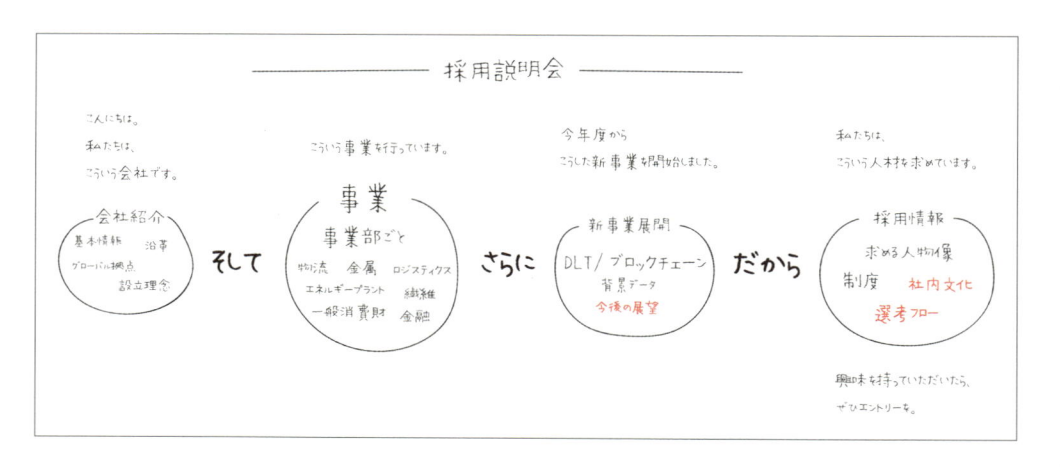

違和感なくつながっていますね。
こちらも同じようにやってみます。

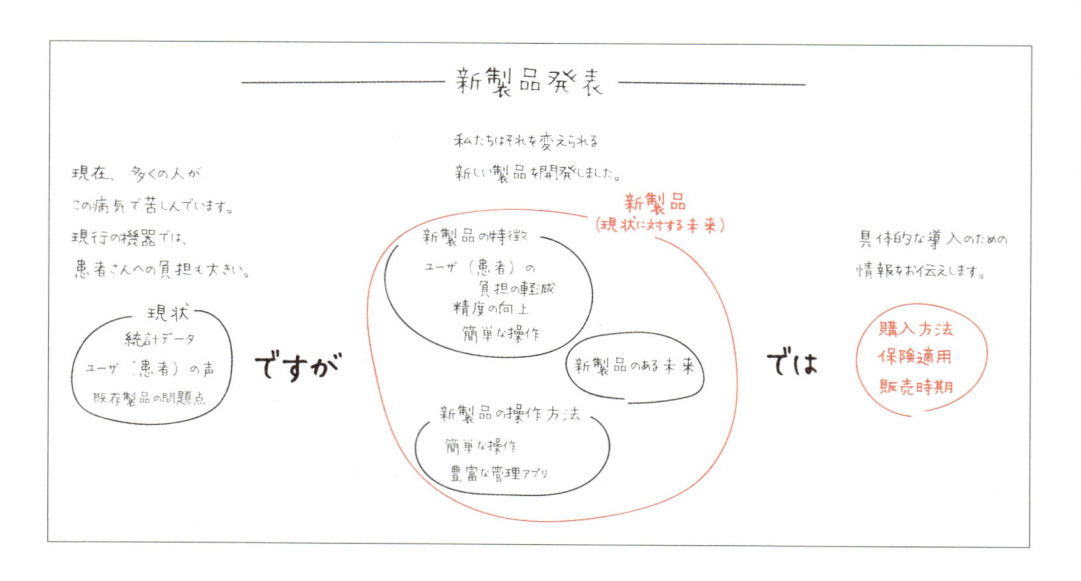

こちらもちゃんと接続詞でつながりますね。

どちらも取り立ててものすごい起承転結などは入っていないのですが、まずはこれで最初から最後まで、違和感なく話がつながったシナリオができました。これがすべてのプレゼンのシナリオの基本であり、実務レベルでのプレゼンであれば、案外これで十分と言えます。また、実際のプレゼン本番で話をするときにも、この接続詞を意識していただくと、画面遷移のタイミングで自然な流れで話を続けることができます。

①カテゴリ分け→②見直し→③論理的につなぐ

の3段階、わずかな時間でできるものなので、ぜひ意識してやってみてください。

もう一段階細かいところまで目を向けるときは、カテゴリ分けした中のそれぞれの要素を接続詞でつないでみると、さらに自然な流れのシナリオにすることができます。

3-1-4 Prezi Nextにする

これはシナリオ制作の次の工程になるのですが、ここで説明しておきます。なんとなくお気づきの方もいらっしゃると思いますが、ここまであえて手書きのスケッチの例を出してきたのは、Prezi Nextではこれがそのままトピックとして使える、というところをお見せしたかったからです。このように。

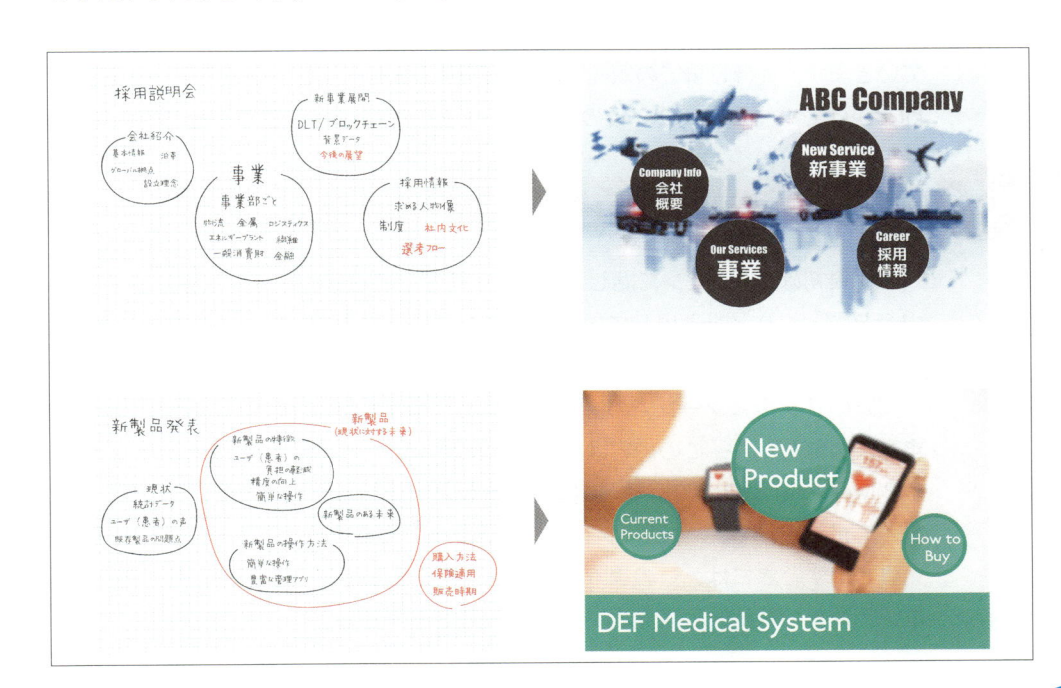

簡単なスケッチレベルではありますが、このシナリオができていれば、あとはそのままの構造でPrezi Nextのトピック、サブトピックを作っていけばよいだけです。

ところで前章では、Prezi Nextは聞き手と会話をしながらプレゼンを進めるので、順序はその場で決める、とお伝えしました。なので、ここで決めたシナリオは絶対的な順序ではなく、あくまで仮のものとして柔軟に考えておくとよいでしょう。

ただし、仮であってもこのシナリオがあることは非常に重要です。仮の流れを想定しておくことで、もし聞き手の反応に大きいものがなければこの流れを踏襲すればよいわけですし、あるいは聞き手の反応に合わせてプレゼン中に順序を変えた場合にも最終目的を見失うことなく、最後まであわてずに聞き手を誘導できるというメリットがあります。地味な利点に思えるかもしれませんが、プレゼンを実際にやってみると、シナリオの構造を頭に入れているプレゼンは本番で慌てたりすることが少なく、落ち着いて話を進めることができます。

3-2　じっくりとシナリオをつくりたい

ここからは、Prezi用のシナリオを本当にじっくりと作りたい場合のプロセスを解説していきます。先ほどまでの短縮版をより詳細に積み上げていくイメージで、こちらは少し時間をかけていくのでここ一番のプレゼンなどの際に参考にしていただければと思います。

3-2-1　コンテンツの分析

まず最初は、プレゼンで話したい内容、話さなければならない（書かなければならない）内容をざっくりと書き出していくところから始めます。思いつく限り、話したい内容を書き出してみましょう。

実際のビジネスシーンでのプレゼンでは、自分の頭の中から書き出すだけではなく、さまざまな部署から「この内容は必須」「これも追加してほしい」などのリクエストや、前回のPowerPointからの流用など、いろいろな要素があると思います。まずはそうした候補をすべて書き出して、「今回のプレゼンに入れるべきかどうか」を切り分けていきます。

書き出すときには、このような表の中に書き出してみましょう。たとえばこれはアプリコンテンツの新サービス発表プレゼンの例です。

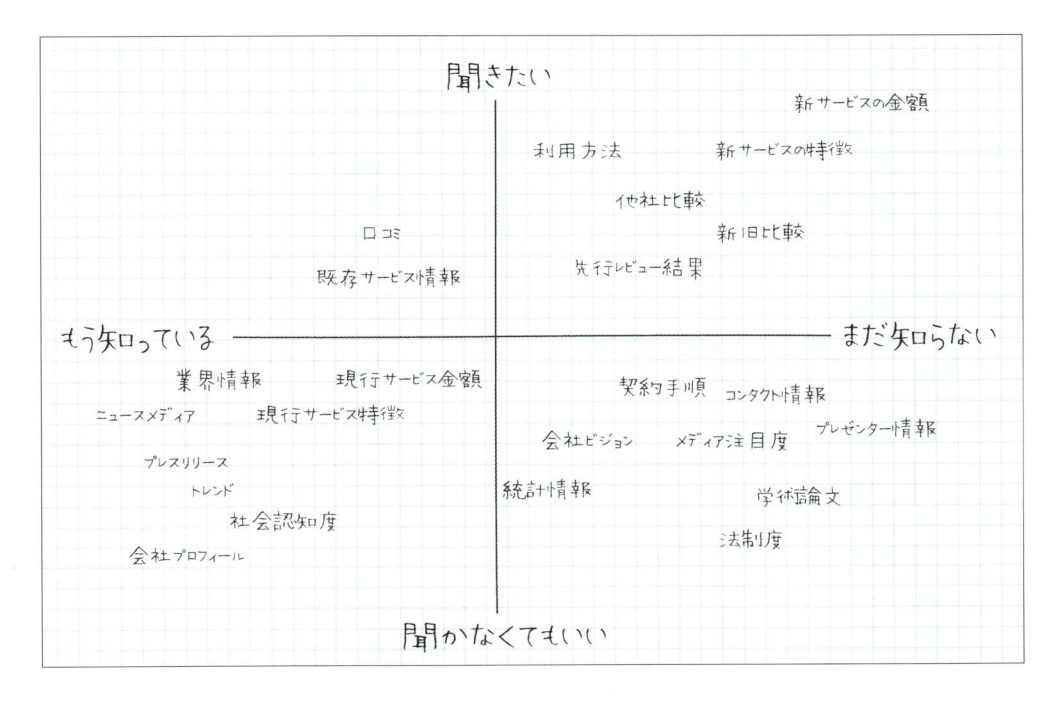

　ここで使う表は、縦軸に（聞き手にとって）「聞きたい」⇔「聞かなくてもいい」、横軸に（聞き手が）「まだ知らない」⇔「もう知っている」というマトリクスになっています。

　ここで大切なのは、このマトリクスが、プレゼンター側の「伝えたい」⇔「伝えなくてもいい」という判断軸を使っていないということ、すべてを聞き手視点で考えていることです。ということは、このマトリクスに書き出していく段階で、聞き手のことをきちんと認識して、調査しておかなくてはいけないということになります。

　既にいろんなプレゼン関連の書籍に書かれていることですが、プレゼンの最初には、まず聞き手のことを考えるところから始めることがやはり非常に大切です。

　この例として取り上げたプレゼンでは、新サービス発表のリアルな会場内にはニュースメディアなどの取材陣が多かったのですが、ストリーミング中継で広く一般ユーザーも見ている、というタイプのものでした。新サービスの発表なのである程度「誰にでもわかるように」なのですが、より具体的には、こうした内容の取扱いに慣れているメディアと、そしてストリーミングを自発的に見ている方々が対象となるので、「程度の差はあれ、このサービスに興味がある人」という、ベースのリテラシーがある程度共通するというのが、今回の聞き手になります。

　ここからは、この聞き手の情報を踏まえたうえで、書き出したそれぞれの情報を「プレゼンに必要かどうか」という観点で絞り込んでいきます。

プレゼンのコンテンツとしては、まず右上の「聞きたい」×「知らない」に入る内容はほぼ確実に話す価値があります。これがプレゼンのシナリオの中心になる部分で、プレゼンで最も時間を割いて伝えるべき内容になります。

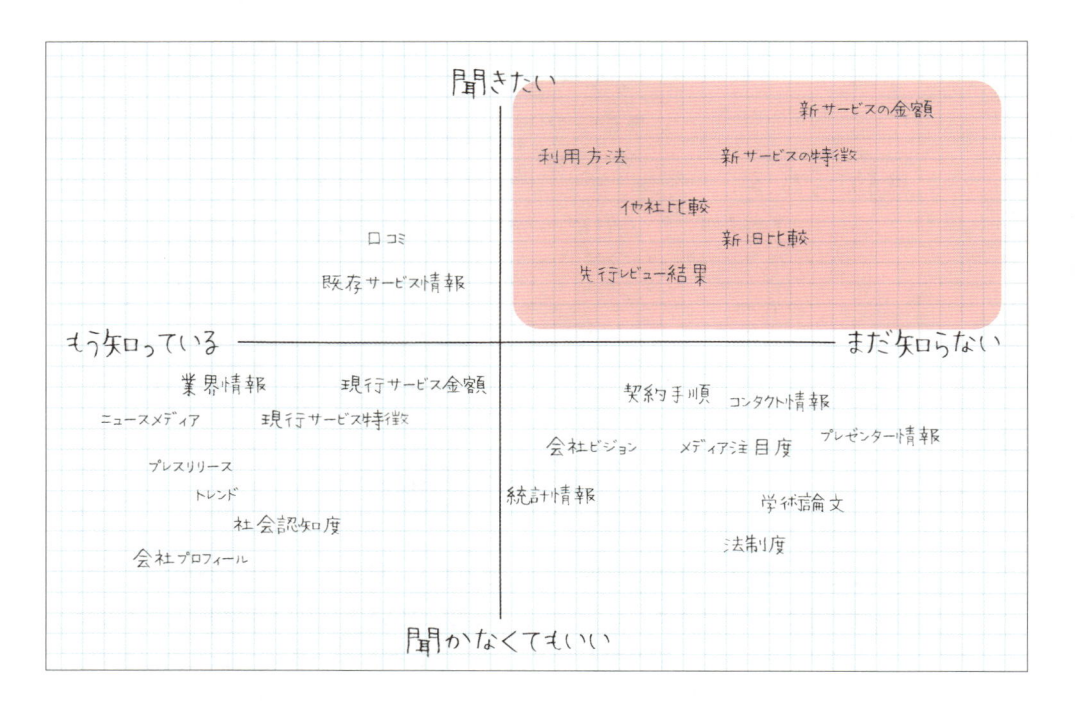

　次に見るのは左の上下です。「もう知っている」×「聞きたい」、「もう知っている」×「聞かなくてもいい」に入る内容は、聞き手がすでに知っているわけで、当然あまり話す必要はない、ということになります。ただし、ここに入っている内容をまったく使わないかというと、実はそうでもありません。

　この部分は、プレゼンの導入部分などで「みなさんご存知のように〜」と、聞き手との現状認識を共有したり、「〜をお使いの方もいらっしゃるかと思いますが」のように、身近なところから話を始めたりする場合に、「きっかけ」として活用しやすいコンテンツです。シナリオ上はプレゼンの冒頭部分で使うことが多いです。

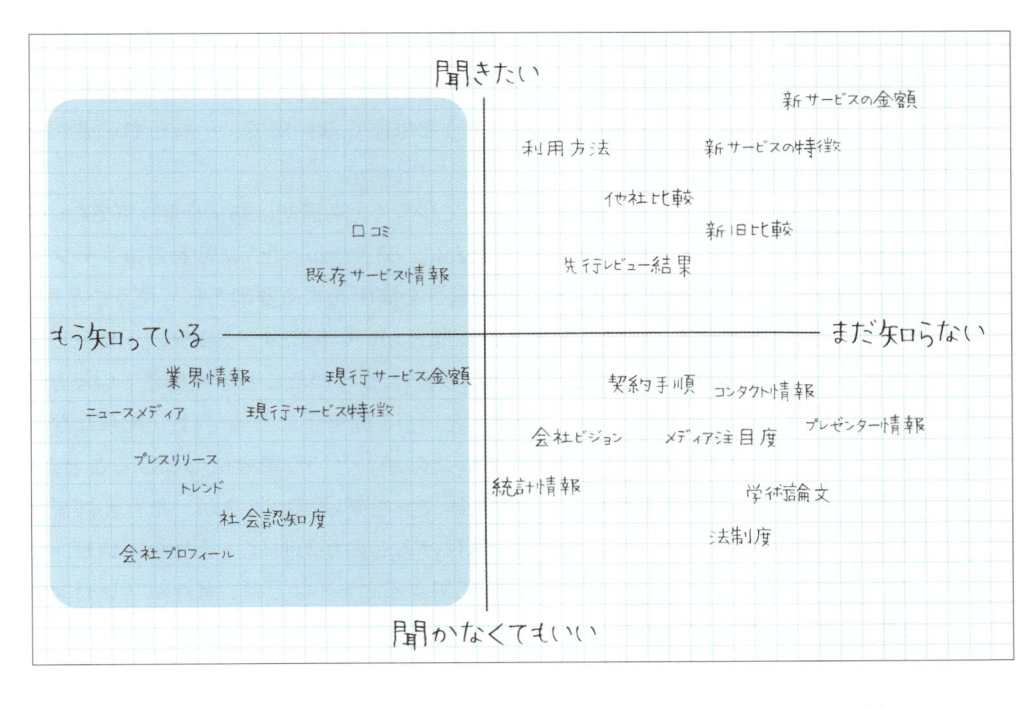

そして最後に右下。「聞かなくてもいい」×「知らない」の部分。ここは非常に重要なエリアです。

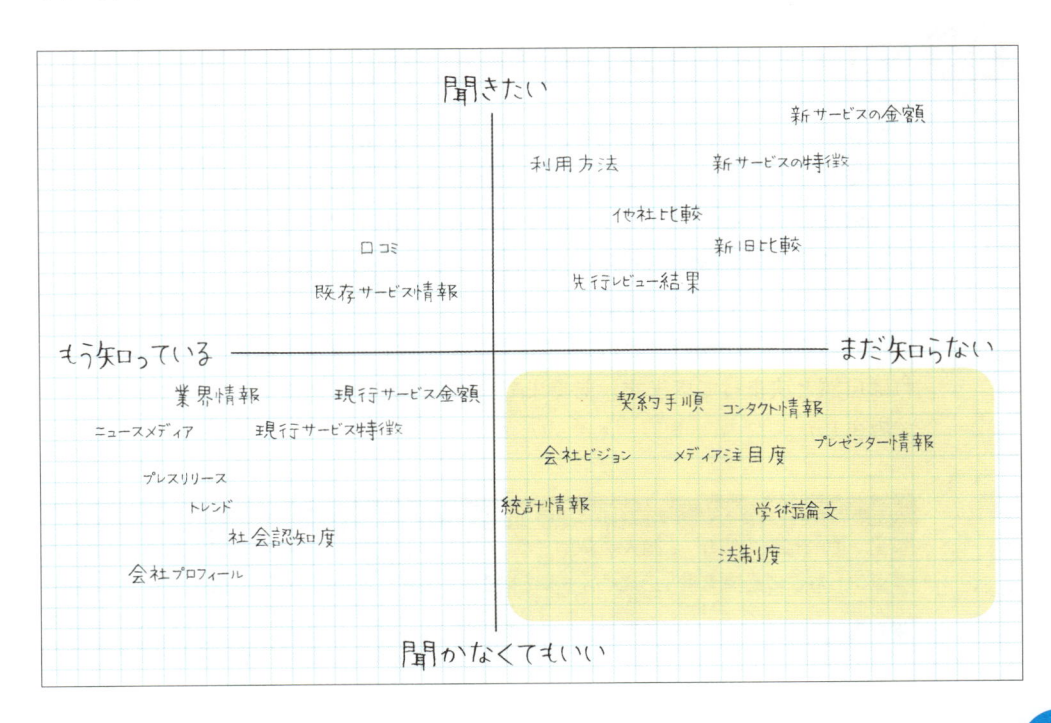

ここには、「聞き手が意識していないだけで、"そんな内容があると知っていたら聞きたかった（聞いておいてよかった）"コンテンツ」が入ってくる可能性があります。このエリアに入っているコンテンツのすべてがそうとは限らないので、それぞれの要素をよく検討してみましょう。

　この部分のコンテンツは、聞き手にとって少なくとも最初はあまり乗り気でない情報である可能性が高いです。その分、「聞いたとたんに"聞きたかった"に変わるコンテンツ」として、プレゼンのシナリオを作る際に意外性や驚きを演出をする要素として使うことができます。

　たとえばこの例では、「会社ビジョン」などがいい例です。「こういうサービスを作ってリリースしているけど、実はもっと先の未来の、こういうことを見据えているからこそ、今こういうサービスを出しているんです」という、聞き手にとっては、「知らなかったけどそうだったのか」「そんなことまで考えていたのか」という驚きにつなげることができます。

　ここでは「メディア注目度」や「学術論文」を挙げていますが、たとえばまだ一般に知られていない尺度でサービスの価値を裏付けるものがあれば、それをプレゼンに織り込むのも効果的です。「ハーバード大の研究結果よると〜」などは、海外のプレゼンではしばしばみられる言説ですね。

　この部分は、シナリオ上はプレゼンの最後の方に持ってきて、盛り上がりを演出するために使うことが多いです。会社ビジョンを最後に大きく打ち出してイメージを盛り上げて終わるというのは、企業の対外的なプレゼンでよく見られるクロージングのパターンです。

3-2-2　コンテンツの並び替え

　コンテンツの精査を終えたら、シナリオの流れができるように並べ替えていきます。短縮版でやったように、いくつかの大きなカテゴリに分けて考えるとやりやすいです。

　この並び替えをスピーディーにやるには、「最後の内容」を最初に決めてしまうことがポイントです。短縮版でも考えたように、プレゼンの「最終目的」を意識して、そこから最後の内容を決めてしまいましょう。

　最終目的が何か悩むときは、「プレゼン終了後に、聞き手に期待するアクション」を考えれば自然と決まってきます。あくまで一例ですが、参考までにいくつかのパターンを挙げてみました。

内容	聞き手に期待するアクション	最後のコンテンツ
製品 / サービスの紹介	購入 / 契約	価格 / 購入方法 / 契約方法の案内
イベントなどの基調講演	企業イメージの向上	企業ビジョン / メッセージ
学生向け会社紹介	採用エントリー	採用サイトのURLやエントリーシートの送付手順などの具体的なフロー

内容	聞き手に期待するアクション	最後のコンテンツ
B2B会社紹介	ビジネス展開	企業ビジョン / メッセージ コンタクト情報
ピッチコンテスト	資金提供・投資	企業ビジョン / メッセージ コンタクト情報
社内営業戦略	営業部員用の新マーケツールの 使用方法周知	説明書資料の閲覧方法
社内稟議	上司決済	数値的裏付け情報
社内勉強会	新領域の自発的学習	参考サイト 参考書籍

このようにして最後のゴールを設定したら、マトリクスの内容を踏まえながら、順にさかのぼるようにしてコンテンツを並べ替えます。ここでは短縮版で覚えていただいたテクニックを使って、カテゴリ分けと、接続詞を使用したつなぎも同時にやってみましょう。

この例では、次のようなシナリオを作ってみました。マトリクス上のそれぞれの内容がシナリオ上でどこに使われているのかがわかると思います。

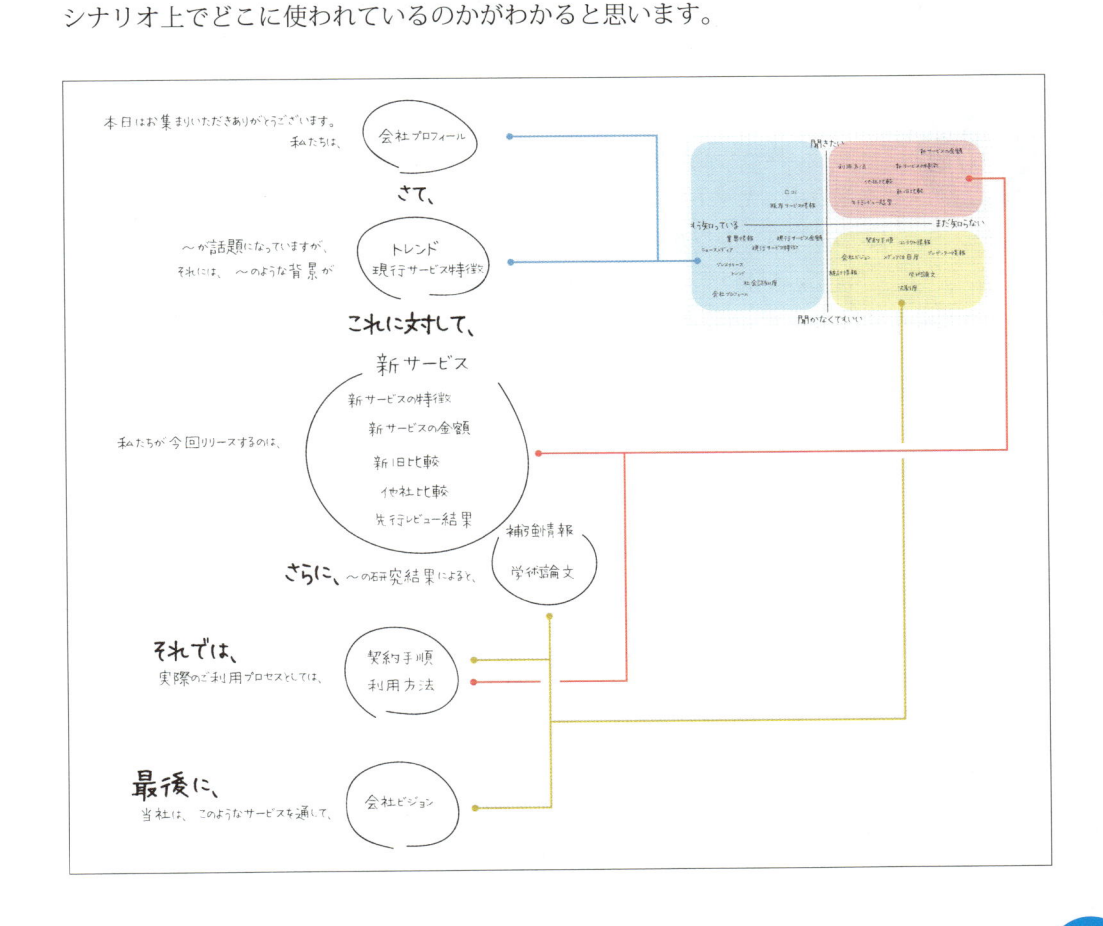

この図の段階でプレゼンのおおよそのシナリオが定まっているのがおわかりいただけるかと思います。この手法を使うメリットは、最初は文字情報であったプレゼンのコンテンツが、順序と階層構造を持った視覚情報に変わる、ということです。そしてこれをPrezi上で再現すると、「話にあわせて動かせる視覚データ」が出来上がります。

　もしも読み上げ原稿が必要な場合は、この段階から作り始めると作成がしやすいです。つなぎに使った接続詞を使うことで、それぞれの話が無理なくつながるはずです。

　参考として、プレゼンでよく使われる接続詞のパターンをピックアップしてみました。

接続詞	使い方	プレゼン時の使い方の例
それでは、	冒頭 / 話題を変える	それでは本日の最初のトピックを〜
ところで	話題を変える	ところでみなさん、最近話題の〜
そして	追加情報 / 並列情報	そしてこの話題の背景には〜
さらに	追加情報	さらにこのサービスには〜
ですが、	逆説	ですが現行サービスではこのような問題点が〜
そこで	転換 / 結論	そこで今回リリースするのが〜

　もし、作った並び順がうまく接続詞でつながらない、と感じる場合は、コンテンツを書き出したマトリクスに戻って、つながらない箇所同士の間のクッションになるようなコンテンツがないか探してみましょう。

　また、プレゼンをアップデートしていて新しい要素を追加しなくてはならなくなった場合には、接続詞で前後がうまくつながる場所を探して挿入する位置を決めると、自然なシナリオに仕上がります。

　この例では、最後を「会社ビジョン」で締めることにしています。これについて少し解説をしておきましょう。

　理屈だけでいけば、新サービス発表のプレゼンは、サービスの利用方法や契約方法という具体的な内容でクローズすればよいはずです。しかし、たとえ論理的に筋が通っていたとしても、その終わり方ではちょっと微妙な空気で終わってしまう、というのはなんとなく想像していただけるかと思います。特に購入や契約というお金に絡む内容で「買ってください」という意図だけが印象に残ってしまうと、場合によってはプレゼンとしては逆効果となる場合もあります。

　このためにしばしば使われるのが、最後に聞き手の想像力に訴えかける写真・イラスト・メッセージなどを使うことで、聞き手に残る印象をコントロールするという手法です。

製品やサービスであれば、実際に使っている人がいるイメージ写真や動画などを使って、その製品のある未来を予感させるクロージングに。医療プレゼンであれば、多くの人が健康を取り戻した姿で終わるというのもありです。いい写真がなければ、シンプルな画面にして、中央に印象的なキャッチコピーをきれいに配置するというのも印象的な最後になるでしょう。

　また、Preziの場合はズームを使って最後に全体図を見せたり、あるいは最後にもう一度ズームしたり、モーションとあわせて印象的なクロージングを演出することができるため、この手法に非常に向いているプレゼンアプリと言えます。最初から最後までずっとロジカルにストーリーが続いてきたあとで、最後に聞き手の想像力にちょっとだけ訴えかけて終わるというのは、シンプルだけれども非常に効果の高い手法です。

　ただし、これは少々あざといテクニックなので多用は禁物ですし、聞き手が引いてしまうような誇大なものはよくないでしょう。シナリオの最後をスマートに演出するには、CMなどでセンスがいいなと思うものの終わり方を参考にしてみるのもおすすめです。

　　ここで紹介したマトリクスはあくまで分析の補助であり、プレゼンのシナリオも工夫次第です。これが正解、というものはありませんので、ぜひ新しい発想でいろんなシナリオを考えてみてください。

3-2-3　Preziでつくるシナリオ構造

　「3-1-4　Prezi Nextにする」では、各カテゴリをそのままトピックとしてPrezi Next上に配置すればOKとお伝えしました。ここではもう少し踏み込んで、Preziの動きをシナリオにあわせて、より論理性を持ったモーションとするためのPreziでの配置のパターンをご紹介します。

①親子関係

　「新サービス」という親カテゴリの中に、「特徴」「料金」「新旧比較」「他社比較」などの子コンテンツが並ぶ場合は、Prezi Nextでは［トピック］の［プラネット］を使ったり、あるいは［ズームエリアを挿入］で、小さな領域を作るのがおすすめです。

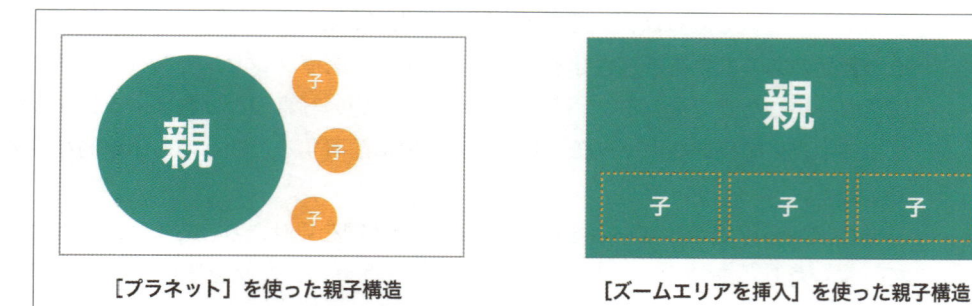

［プラネット］を使った親子構造　　　　　［ズームエリアを挿入］を使った親子構造

親項目の大きな枠からそれぞれの子項目にズームしていく動きになるため、親と子という階層構造が直感的に理解しやすくなります。

②比較関係（並列・強弱）

2つ以上の内容が比較されて論じられるとき、並列の関係なのか、あるいは強弱のある関係なのか、Prezi上ではズームする先の円やグラフィックの大小で視覚的に表現することが可能です。

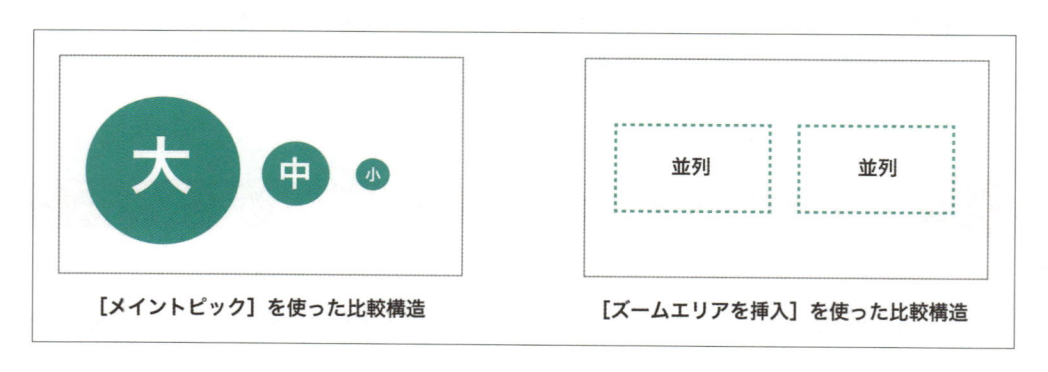

［メイントピック］を使った比較構造　　　　［ズームエリアを挿入］を使った比較構造

大小がある場合はズームする動きとなり、変化のあるモーションとなります。同じサイズで並列させると、横スライドの比較的静かな動きになるため、横並びのイメージをモーションで表現することができます。

③位置・時間関係

画面に表や時間軸を描き、図表の中に入り込むような没入感を作り出す構造を作ることもできます。特に強調したいポイントにズームしていくモーションは他のプレゼンアプリにはない動きなので、聞き手にインパクトを与えることができます。

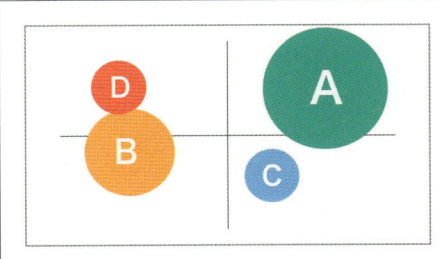

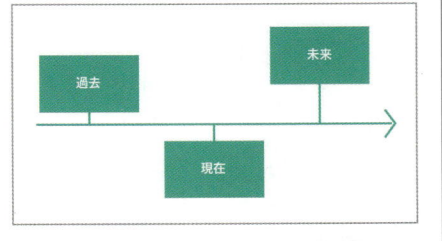

[メイントピック] を使ったマトリクス図 　　　　　　[ズームエリアを挿入] を使った時間軸

以上のように、Preziではシナリオとモーションを組み合わせた相乗効果で表現を行うことができます。逆に言えば、このコンビネーションを考えておかなくてはならない、ということでもあります。この部分を考えて構造を作っていけるかどうかが、「ぐるぐるまわるだけのPrezi」と、「論理的でスタイリッシュなPrezi」の差になってきます。視覚的な動きまで考えるのは一見難しそうに思えるかもしれませんが、ポイントはシナリオを素直に論理的に組み立てているだけです。最初にシナリオを考えるプロセスをちょっと入れておくだけでプレゼンの仕上がりに大きな違いが出てくるので、ぜひ試してみてください。

Prezi をつくる
Prezi らしい Prezi のつくり方

導入と使い方、そしてシナリオで3章まで使ってしまいましたが、それではいよいよPreziづくりのテクニックをご紹介していきましょう。

まず本章では、「PreziらしいPrezi」を作るために、PowerPoint的な作り方からの意識の変え方、そしてPreziだけでスピーディーにデザインを作るインスタントテクニックを解説していきます（サンプルとして日本語フォントの入ったスクリーンショットを使っていますが、Prezi Nextできれいな日本語フォントの文字を挿入する手法は「5-1　Power Point → Preziの保存形式」で解説しています）。

4-1　PowerPointの発想を捨てる

Preziはプレゼンアプリなので、どうしてもPowerPointと同じ発想で作ってしまいがちです。まずここで、2つの例を見ていただきましょう。

最初は、PowerPointで作ったプレゼンの作例です。よくある感じのプレゼンですね。

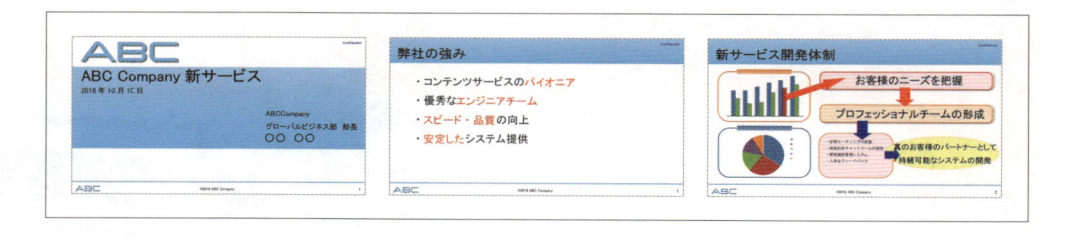

それでは次に、同じ内容をPreziで作ってみた例です。

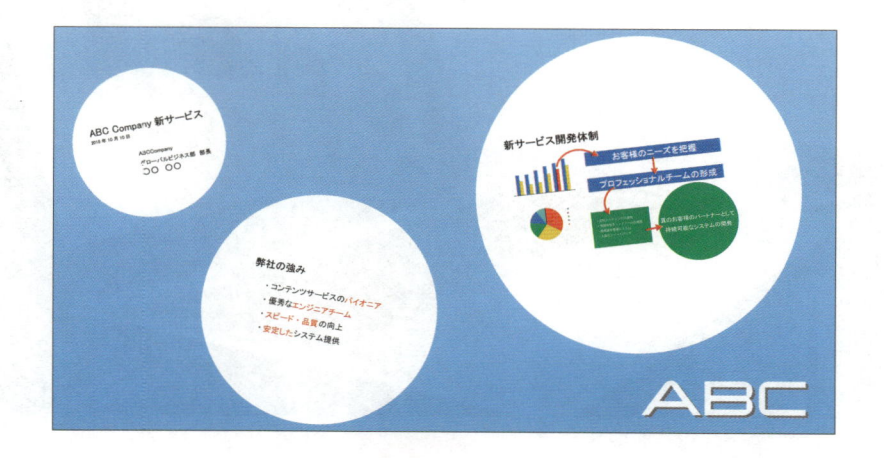

一見それらしくなっているように見えますが、実はこれは残念なPreziの例です。なぜかというと、もしこれをプレゼンモードで再生した場合、こうなってしまうからです。

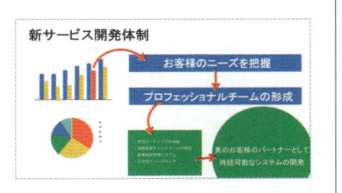

　多少色合いや矢印がPreziのフォーマットに準拠したものになっているだけで、PowerPointで作ったときと構成が全く同じです。それぞれのパスが表示されるまでの画面遷移が、「ぐいーん」「ぐるぐる」と動くので、最初だけは目新しいですが、結局は「ぐるぐるするパワポ」。これでは聞き手もすぐに飽きてしまいますし、「意味のない動き」と指摘を受けることもあるでしょう。

　PreziでいろいろやってみたけどどうしてもPreziっぽくならない、という方は、この状態に陥っていることがほとんどです。ここからは、これを解消するための3つのテクニックを紹介します。

「タイトルと本文」という意識をなくす

　PowerPointでは、各スライドの上にかならずタイトルが入り、下には本文が入るようになっています。どのテンプレートもおおよそこのようなレイアウトになっていますね。

　また企業用のテンプレートだと、すべてのスライドで上下に帯があって、このように会社ロゴとページ番号が入るのが通例です。

> **弊社の強み**
> ・コンテンツサービスの**パイオニア**
> ・優秀な**エンジニアチーム**
> ・**スピード・品質**の向上
> ・**安定した**システム提供

ですが、Preziでは必ずしもこの「タイトルと本文」というセットを使用しなくてもいいのです。これが、「Preziらしさ」を生み出すための最初のテクニックです。Preziを使うときは、PowerPoint的な画面構成を積極的に捨ててしまってください。たとえば、実際のPreziの画面をいくつか挙げてみます。

見事にどれもバラバラですね。タイトルと本文、という組み合わせになっているものもあれば、メッセージ的に一言だけ書かれている、というものもあります。数字が強調されていたり、イラストに文字が添えるように配置されているものもありますね。

複数のpreziの例を挙げましたが、たとえばおなじpreziの中でも、それぞれのパスごとにレイアウトに統一性が**「ない」**のがPreziの特徴です。

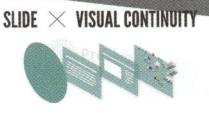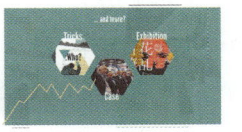

ご覧いただいてわかるとおり、

すべてのページで、文字の配置はバラバラ

ですね。これこそがPreziのレイアウト上のセオリーです。

　PowerPointのようにすべてのページできっちり同じ位置にタイトルを置く、ということは、そもそも設計上想定されていません（逆にきっちりそろえようとするとものすごく大変です）。このレイアウトの自由度が、「Preziらしさ」を演出している最も大きな要素です。

　Preziを使うときは、決まったレイアウトという意識を忘れて、自由なレイアウトを楽しんでみましょう。

Preziもテンプレートは PowerPoint 風

　Prezi ClassicおよびPrezi Nextのテンプレートをご覧いただくとわかるとおり、テンプレートでは「タイトルと本文」というレイアウトが用意されているものが多くあります。PowerPointほどきっちりしているわけではないですが、それでも大きめの文字と小さめの文字のテキストボックスが用意されています。

　これはあくまで位置決めのアタリをつけるためのものであり、またPowerPointを普段お使いの方がエントリーしやすいようにこのようになっているのですが、ある程度Preziに慣れてきたら、このレイアウトを無視してしまった方が、より「Preziらしい」見栄えのものができます。

　テンプレートにあるレイアウトはあくまで仮。自由に楽しんでいただいて大丈夫です。

箇条書きを箇条書きしない

　次の「Preziらしさ」のテクニックは、プレゼンでは必ず出てくる「箇条書き」の処理です。どんなプレゼンでも必ずと言っていいほど出てくる要素ですね。

　もう一度PowerPointの例を見てみましょう。よくある箇条書きの画面構成はこのようになりますね。

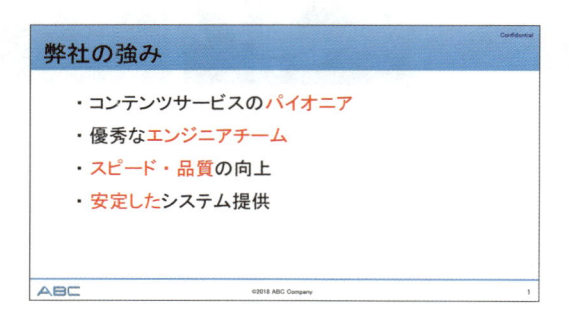

　この箇条書きは、たとえばこんなふうにして表現すると「Preziらしさ」が出ます。

　同じことを書いているだけなのですが、まったく違う印象になりますね。四角ではなく円を使ってもよいですし、アイコンを使うのもいいですね。レイアウトにもいろいろなパターンがあります。

ポイントは、「点を打って文字を書く」という発想から離れて、それぞれをブロックのように扱うことにあります。こうすることで、一見するだけで強みが4つあることがわかります。より情報量の多い視覚情報になっているということです。

Prezi Nextでは、それぞれをサブトピックとして作ったり、あるいは［ズームエリアを挿入］して話の流れにあわせてそれぞれの箇条書き要素に視点を寄せて動かしていくようにすると、モーションも含めてPreziらしい表現になります。

ズームすることを前提にしているので、横に長く伸びてしまう文章そのままよりも、「ブロック」としてレイアウトするほうがPrezi上では扱いやすいわけです。なお、箇条書きの各要素にズームしていくときは、最後にもう一度全体が映るようにすると聞き手が各要素を再確認できるのでおすすめです。

もちろん、「こんなことをしていると手間がかかるじゃないか！」という意見もあると思います。これはまったくその通りで、文字を書くよりは確実に手間がかかります。このため、シナリオ上で手間をかける価値のあるパートかどうか、という観点で使いどころを見極める必要があります。「プレゼンの都合上どうしても掲載しないといけないけれども、実際にはさらっと流すだけ」のような箇所については、あえてこのようなレイアウトにはしなくてもよいわけです。

このテクニックは、特にプレゼンのメインの部分、サービスの特長であったり、自社の特色であったり、聞き手に強く印象を与えたいパートでは非常に効果が高くなりますので、そうしたシーンを選んで使ってみていただければと思います。

4-1-3　言いたいことは、まとめるよりも「分解」

「Preziらしさ」を作る最後のポイントは、箇条書きの処理を発展させたテクニックです。たとえばPowerPointでありがちな例として、このようにたくさんの要素を1枚のスライドに詰め込んでいる場合があります。

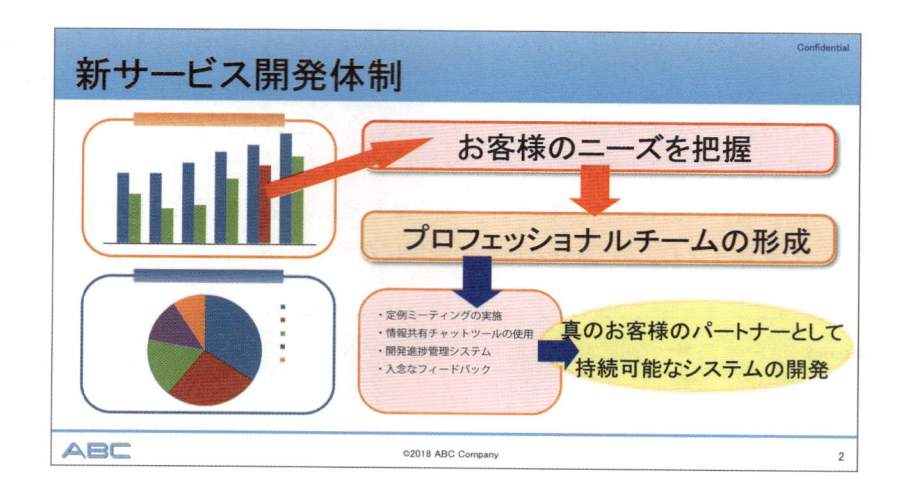

　グラフがあり、そしてグラフを分析した結果があり、さらにそこから次のアクションである「チームの形成」があり、さらにはその先の目標までが掲載されています。いわゆる「ポンチ絵」などと呼ばれるもので1枚の中にデータがあり文字があり、ストーリーの展開が矢印で表現されています。

　これをPreziらしく表現にするには、このように…

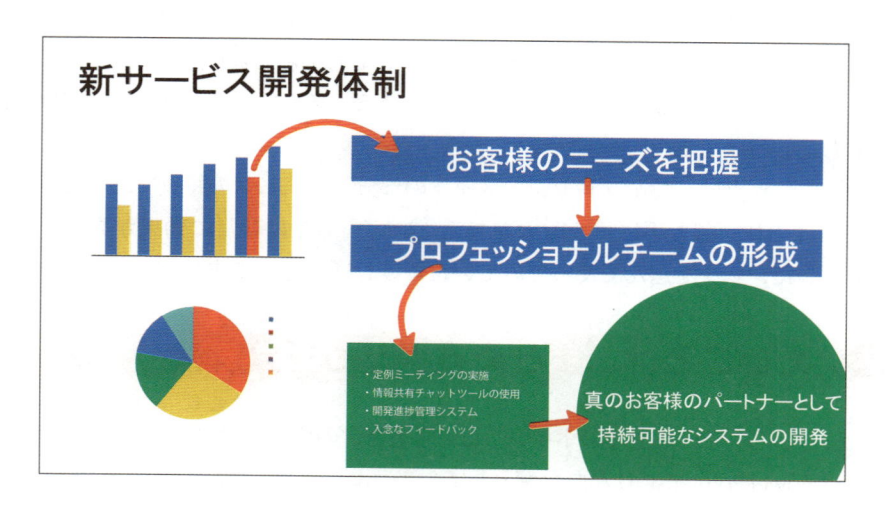

　…ではないですね。これではただ色が変わっただけです。

　「Preziらしさ」を出すためには、この1枚にまとめられている複数の内容を、それぞれの要素別に**「分解」**していきます。これが最後のテクニックです。考え方としては、第3章で解説したシナリオづくりを思い出してください。このスライド1枚の内容を、カテゴリに分けて考えてみましょう。

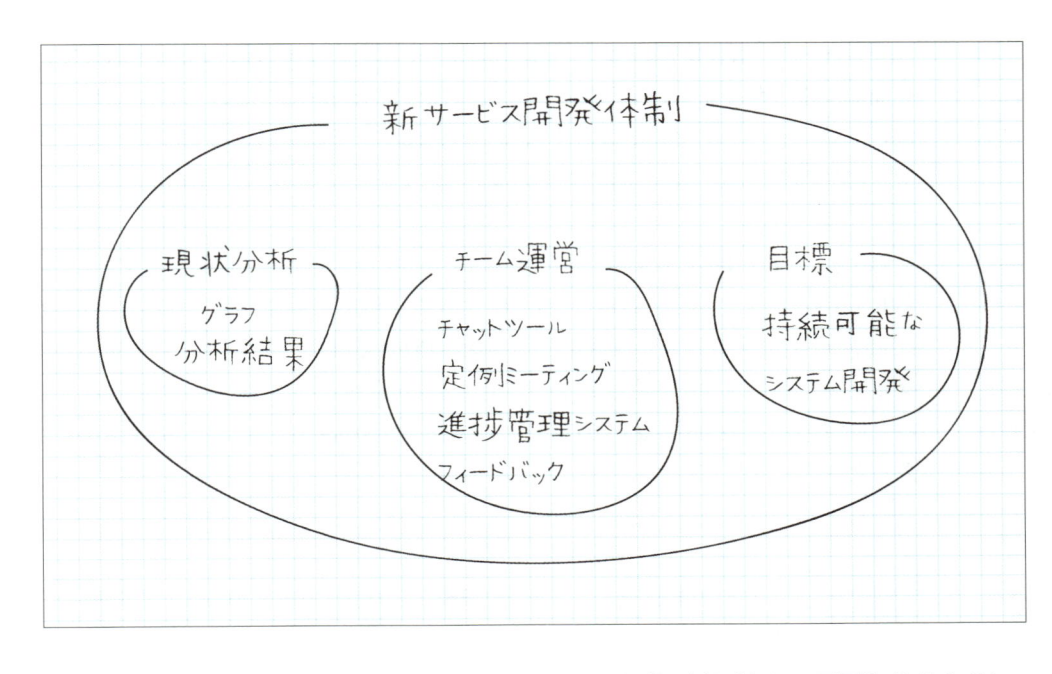

　書き出すと構造がよく理解できますね。そしてこれを要素ごとに1画面を作るように、Preziで再現してみましょう。一部だけですが、たとえばこのように表現できます。

　たとえばこのように3つのサブトピックに分けて、それぞれの中で話を掘り下げる構造に分解して表現してみました。

要素を分解し論理的な構造を再現することで、シナリオの流れを順を追っていくような画面が出来上がります。そしてこんなふうに要素を分解していくことで、レイアウトは自然と「タイトルと本文」ではなくなっていきます。それぞれの要素を大きく見せていくので、「文字がギュウギュウ詰めで読めない」ということも起こりません。

以上が、「Preziらしさ」を作っていく最後のテクニック、「分解」です。こうしたPreziらしい使い方をすると、PowerPointに比べて圧倒的に画面遷移が多くなります。PowerPointでは1スライドで5分話すところを、Preziでは同じ5分間の話でも10〜20パスになっているというケースもよくあります。プレゼンターの話にあわせて画面が細かく変わるというのがPreziの特徴であり、そのスピード感が演出できてこそ、Preziを使う意味があると言えます。

以上、「タイトルと本文をなくす」「箇条書きしない」「まとめるよりも分解」と3つのテクニックを見てきましたが、PowerPointとの見せ方の違い、おわかりいただけたでしょうか。本質はどれも同じで、**言いたいことをできるだけ論理構造で小分けにする**というのがポイントです。Preziは見た目のクリエイティブさやカジュアルさが際立つプレゼンアプリですが、中身は理詰めで論理的に組み立てていく本格派です。

PowerPointの使い方に慣れていると、こうしたPreziの特徴には最初はとまどうかもしれませんが、Preziとはこういうものだと割り切ってやってみましょう。きっと新しいプレゼンの可能性につながると思います。

4-2　Preziインスタントデザイン

ここからは、「PreziらしいPrezi」をサクッと作るための具体的な手法を解説していきます。世の中にはいろいろなデザイン理論やプレゼン理論がありますが、プレゼン制作は常に時間との勝負。小難しい話はひとまず置いておいて、すぐにそれっぽい見た目を作ることのできるテクニックを厳選しました。素材データを準備する手の込んだ手法は次の第5章で解説しますので、まずここではPreziだけを使って編集が完結する簡単テクニックをご紹介します。

文字だけでもできる

　見栄えをよくするために、必ずしも画像データを用意する必要はありません。文字だけでも十分キャッチーな画面を作ることができます。ポイントは、文字を「文字情報」としてではなく、「グラフィック」としてとらえてみること。特に日本人にとって効果の高いテクニックは英語とのコンビネーションです。

　たとえば、正直に日本語だけを置くと、このようになります。

　もちろんこれはこれでシンプルでよいのですが、どうしても用語を1つポンと置いただけでは、画面がさみしい印象になったり、少し知性に欠ける印象になったりします。特に、もともと英語で作られているテンプレートに日本語を置いても、なかなか決まりにくいものです。

　そこで、こういうテクニックがあります。英語と組み合わせてみましょう。

情報という意味では文言はどちらかだけでよいのですが、英語が入っているだけでなんとなくおしゃれ感がでますね。日本人にとっての"英語マジック"とも言うべき感覚を利用したテクニックです。

　デザイン的には画面の密度感が高まるため、よりきちんと手を入れた印象を生み出すことができます。長い英語の文章を作る必要はないので、キーワード的に1単語か2単語を入れることができればそれだけでOKです。

　ここでのレイアウトのポイントは、英語と日本語の文字のサイズ差を大きめにとること。英日を同じサイズにしてしまうとダサくなってしまうので注意しましょう。また、英語と日本語の文字間の空き具合に変化をつけると、より軽やかな印象になるので効果的です。文字間を広げたいときは、スペースを1文字、2文字入れて広げるのが手軽です。

　さらにもう一段階手を加えて、今度は細めの四角形を間に入れてみました。日本語と英語はどちらが上でも下でもそれらしくなります。

　単純な図形を置いただけなのですが、このわずかな要素の差で、「テンプレートの文字を置き換えただけ」のプレゼン画面から、「きちんと手を入れている」という印象に変えることができます。このテクニックはPreziに限ったものではなく、PowerPointなどでも使えます。

　なお、英語だけでなく、Preziではフランス語・ドイツ語・イタリア語・スペイン語・ポルトガル語のアクセント表記（アクサンテギュ、ウムラウトなど）の表示が可能ですので、そうした言語を使ってみるのもおもしろいでしょう。

　文字を使うテクニックとしてもう1点紹介しましょう。次は「文字を傾ける」というものです。たとえば、箇条書きの画面をこのようにPreziでレイアウトしたとします。

　見栄えをもうひとひねりしたいとき、文字を傾けてみましょう。文字や画像を傾けるときは、対象の文字をクリックして、

Ctrl ＋ Alt ＋ 四隅をドラッグ（Macの場合はcommand ＋ 四隅をドラッグ）

で自由に回転させることができます。Ctrl ＋ Alt（command）を押したままマウスカーソルを四隅の四角形に近づけると、このように両矢印のアイコンに変わるのでドラッグしてみましょう。

たとえば、斜めにして箇条書きブロックの位置を変えてみます。スピード感が出て、アクティブな印象になりますね。

　斜めでは少し遊びすぎな印象になる、という場合には、90°の回転もおすすめです。

　こうすると垂直方向への視線の流れが強調されるので、変化がありつつも斜めよりも端正な印象になります。ビジネス用途で画面の見せ方を演出したいときなどに有効です。
　これを応用して、文字だけでグラフィックを作ることもできます。

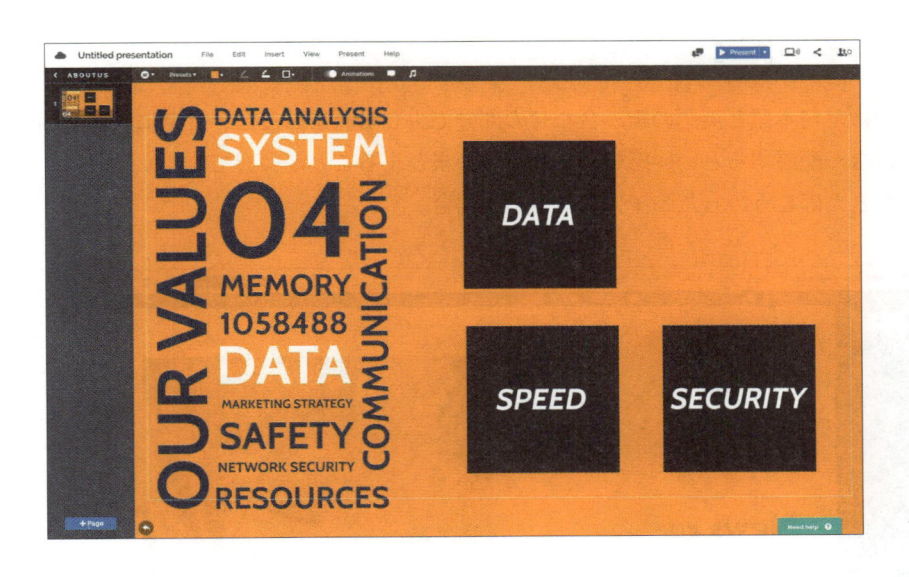

　プレゼンのテーマにかかわる単語を羅列するとそれらしくなりますね。ところどころアクセント的に色を変えてみると単調にならずに仕上げることができます。さらに思い切って全面に文字を配置して各ブロックにズームしていけば、文字が作る世界の中に飛び込んでいくような動きになります。

　文字だけでもいろいろな表現のバリエーションがありますね。文字をあえて「画像」としてとらえて、画面の密度をコントロールするパーツとして利用すると、それだけで手軽にデザインを楽しむことができます。

四角形でアクセント

　先ほど日本語と英語の組み合わせの部分で少し触れましたが、文字に加えて四角形をさりげなく配置するといい感じにデザインがまとまることが多いです。

　たとえばこういったレイアウトがある場合。

　これもシンプルで悪くないのですが、ここに小さな四角形を足して、レイアウトを少し変更してみましょう。

雑誌やWebサイトのような余白を設けたスマートな画面になりますね。ここでは、［挿入］→［図形］から四角形を挿入し、形を横に細長く伸ばしました。ラインの場合は末端が丸いのでシャープさが出ないため、あえて四角形を挿入して形を細長くしています（かなり細めに入れる場合であれば、ラインでも四角形でも遠目には差はあまりありません）。

　ちょっとしたアクセントで手軽な方法ですが、この四角形が意外とプレゼンの見栄えを底上げしてくれます。文字だけを書いたときになんだか少し物足りない…という場合には、四角形を足してみましょう。英単語＋四角形や、アイコン＋四角形、というコンビネーションだとさらに効果が高まります。

4-2-3　読めない文字があってもいい

　PowerPointでは、「文字は遠くの人も読めるように、ぜんぶ大きく！」というのが鉄則です。ですが、その大原則もPreziではあまり気にしなくてもかまいません。

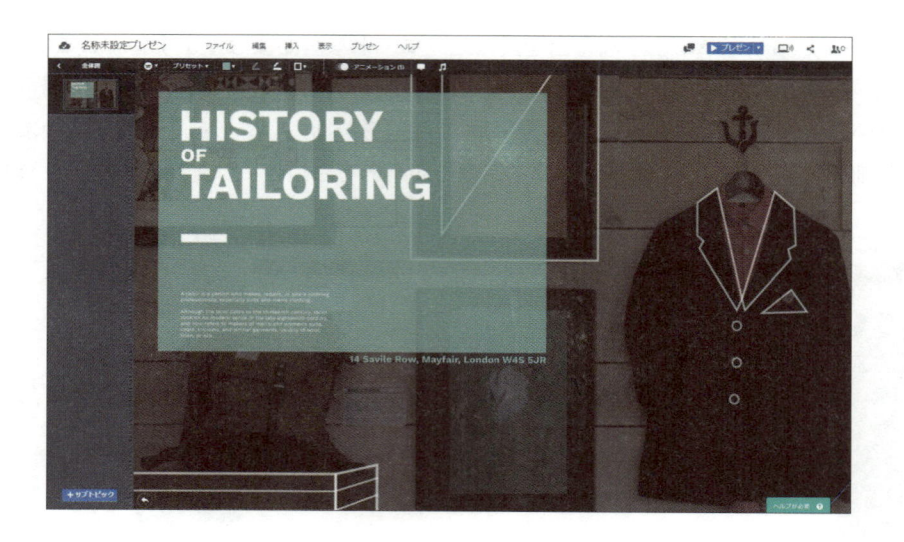

小さな文字を入れておいても、ズームすればいいだけです。

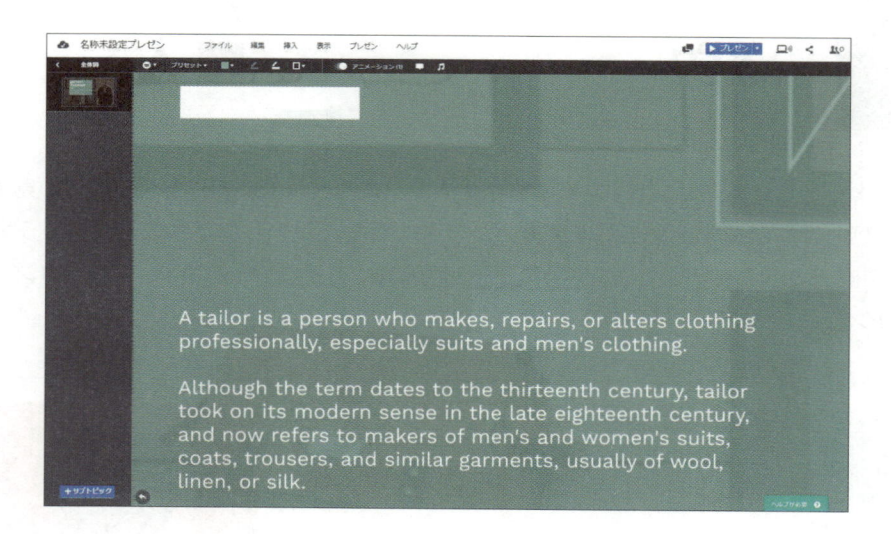

　ズームする場合は、［アニメーション］ウィンドウから、［ズームエリアを挿入］で設定しましょう。

　画面上に同じようなサイズの文字ばかりがあると、もっさりした印象になってしまいますが、**Preziでは大きな文字と小さな文字の対比のレイアウトを作ることができる**ので、すっきりとした画面レイアウトに仕上げることができます。このように文字の比率（ジャンプ率といいます）に変化を持たせて画面にメリハリをつけるのは、雑誌のレイアウトなどでよく使われるテクニックです。

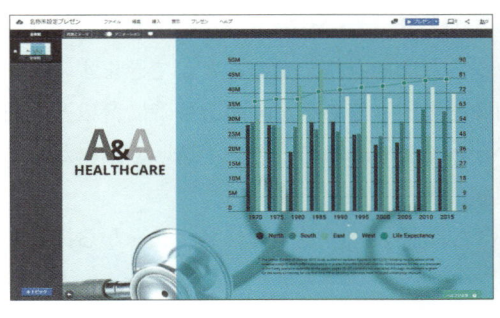
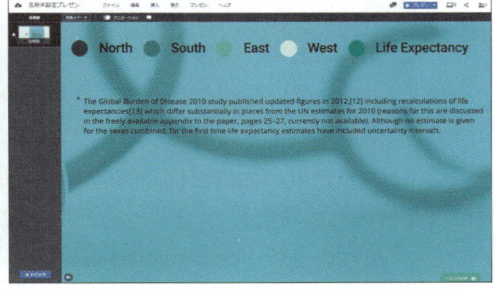

　発表などの際の脚注、あるいはグラフなどの注意書きなど、補足的に扱いたい情報がある場合にも使えます。

4-2-4 半透明をつかう

　特に Prezi Next のテンプレートでは、背景に写真が使われているものが多くあります。そしてもちろん自分でも好きなように画像を変更できます。こうした背景写真を活かして画面をスタイリッシュに見せる方法が、「半透明」です。

　実はこのテクニック、いくつかのテンプレートでは最初から設定されています。それがこちら。

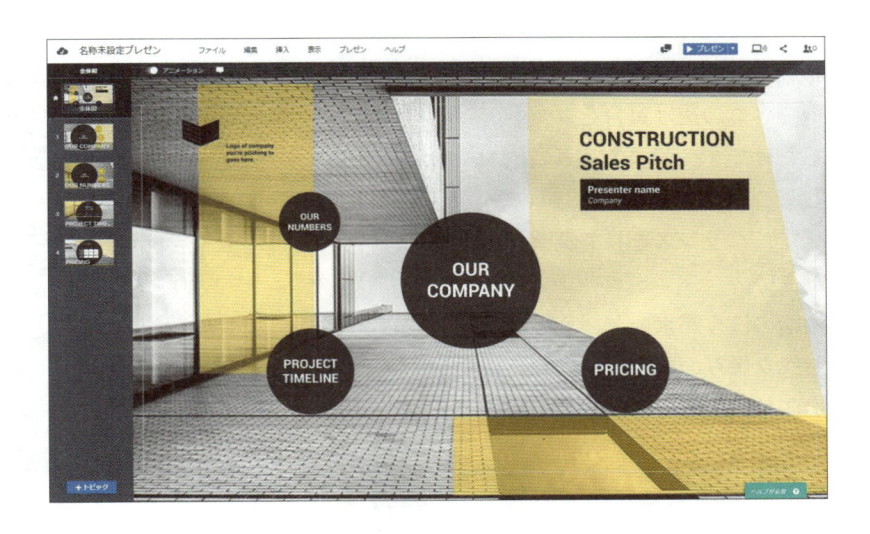

　トピックの円が薄く透けるようになっていてスマートな印象ですね。背景に写真素材を使うとき、写真の上にそのまま文字を置いてしまうと読み取りにくくなるケースがあります。そうしたときに、まずベース（デザイン用語で、「ザブトン」と言ったりします）を配

置して、その上に文字を置きます。このとき、このザブトンをベタ塗りではなく半透明にすることで、スマートでスタイリッシュな印象を持たせることができます。

第2章で解説したように、背景画像を設定してあると画面遷移時に背景と手前の図や文字がずれて動くパララックス効果がかかります。このときに半透明の素材があると、よりこの効果が強調されて画面内の世界観に奥行きが出ます。

設定方法は、トピックカバーの場合も、[挿入]→[図形]メニューから挿入する図形の場合も同じです。

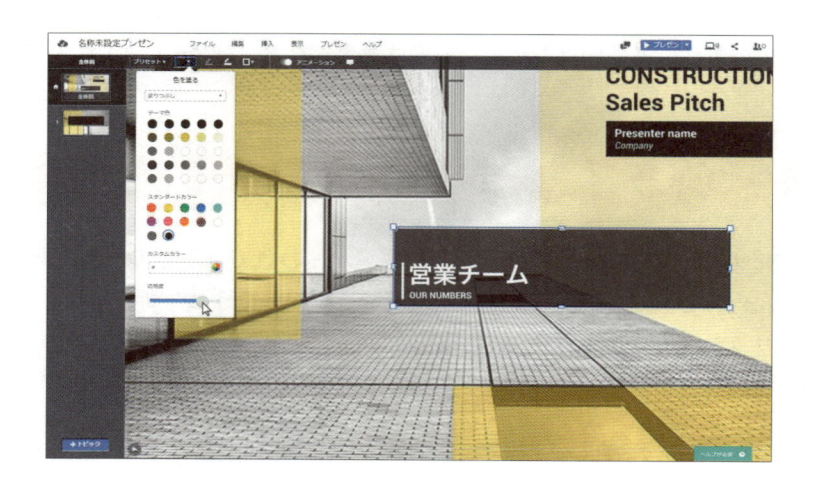

カラー設定の下部にある[透明度]スライダーで写真の透け具合をコントロールするだけです。背景の写真の色や柄、そしてこのザブトンそのものの色にあわせて、バランスを見て調整してみてください。

常に半透明のほうがよいというわけではなく、ベタ塗りの場合にはソリッドで力強い印象が出るので、聞き手に与えたい印象に合わせて使い分けましょう。半透明の場合は軽快な印象で、Preziのモーションとあわせてバーチャルな空間を移動している感覚をより強く表現することができます。

もし、ベタ塗りにしたときに画面から受ける印象が少し重いなと思ったら、ぜひ試してみてください。

　また、ザブトンを使う時のヒントですが、中央に大きく文字を配置してしまうよりも、余白をとって配置するほうがスタイリッシュな印象になります。

　応用として、こんなふうに半透明とベタ塗りを組み合わせても効果的です。

　また、半透明を思い切って大きく使うのもいい効果を生み出します。特にモノクロの写真にカラーの半透明を重ねると、手軽にクールさを演出することができます。自分で撮った写真がちょっとイマイチなときでも、モノクロにして半透明と組み合わせるだけでぐっと表情が変わって見えるので、試してみてください。

さらに、半透明を複数重ねるのも手軽な手法です。ここでは前のページの例と同じデータに、写真全面を覆うような半透明の白を追加してみました。半透明の白の上で右クリックして、[背面に移動]をクリックして重なり順が手前の赤の半透明よりも後ろ側になるようにしています。

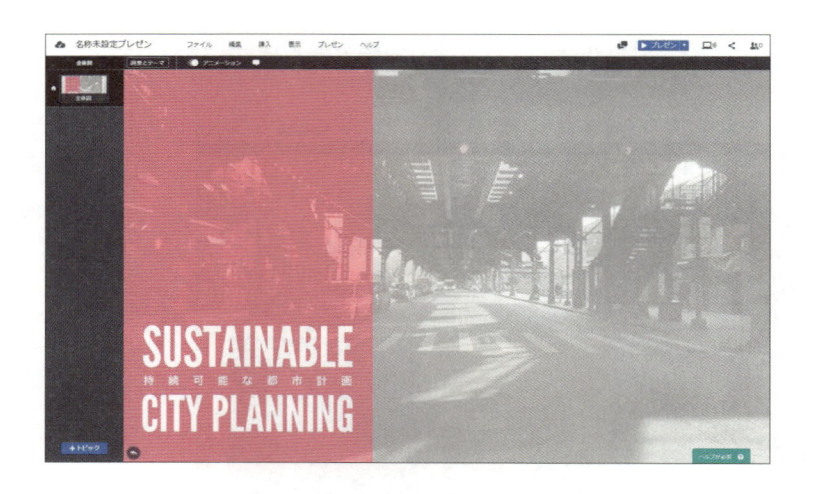

　これだけで画面の印象がいっきに明るくなりましたね。写真加工の煩わしい手間を省いて、図形の透明度の調整だけで見栄えを変えるテクニックです。

　塗り部分の半透明と枠線部分のカラーを組み合わせることで、バーチャルな世界観でよくある吹き出しのデザインを作ることもできます。このときは、枠を透明にせず、塗りだけを半透明にします。四角形から延びるラインは、枠線と同じ色、同じ太さにしています。

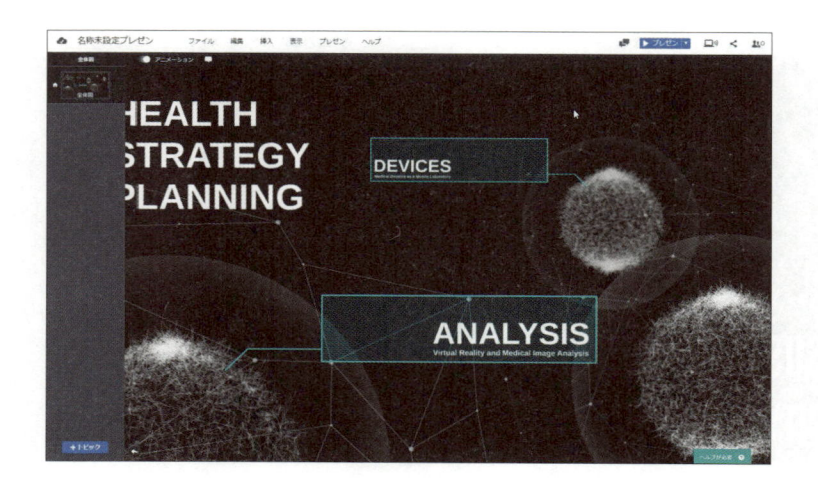

漫画のような古典的な「吹き出し」の形状よりも、ちょっとクールめな演出になりますね。

遠慮せずに重ねる

　Preziらしいレイアウトの際に意識しておくとよいのが、「重ねる」という発想です。2つだけではなくて、3つ、4つと、複数の要素を重ねてレイアウトしてみましょう。

　たとえばこのテンプレートのこのトピックカバー。

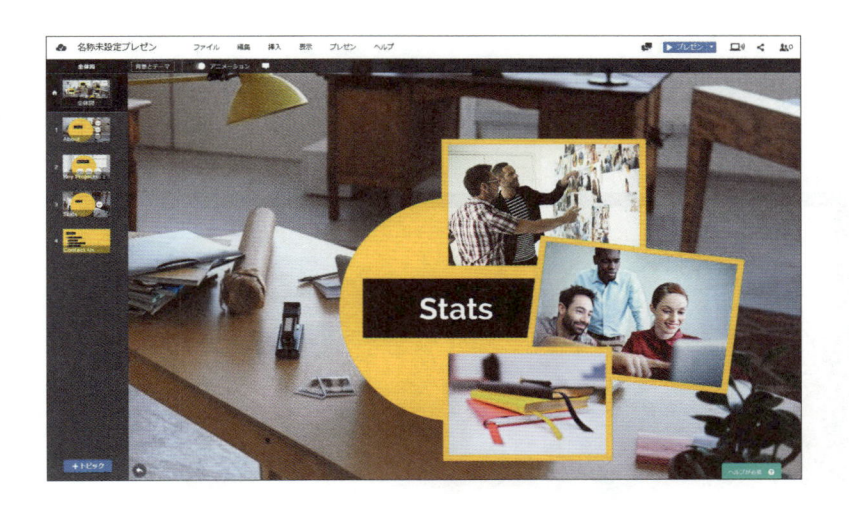

　ここだけで、背景も含めると9つの要素が重なり合っています。

PowerPointやWordを使い慣れていると、どうしても写真は写真、文字は文字、図形は図形、というふうにきれいに整列させて並べたくなるものです。ですが、Preziでは思い切って重ねてみると、アクティブな印象を生み出すことができます。

また、この例での重ね方のポイントは、円から写真が大きくはみ出していること。写真を無理に円の中に収めようとすると、非常にこじんまりとした印象になってしまうのですが、ここではあえてはみ出すことで躍動感のあるイメージを作り出しています。写真が少し傾いているのもいい感じですね。このようなラフでランダムなレイアウトはPreziのモーションと非常に相性が良く、画面が動いたときの浮遊感を高め、プレゼンへの没入感を増してくれます。

重ねるテクニックにはこういうアイディアもあります。

文字を写真から半分ほどはみ出すように重ねます。ただこれだけでおしゃれ感がでますし、重なりがあることで画面空間に奥行きを感じさせることができます。

配置したテキストや図形、画像の重なり順を変更するには、右クリックして表示される

[前面に移動]
[背面に移動]

を使います。ただし、この機能にはまだ多少のバグがあり、うまく重なり順が変わらないときがあります。もし、[前面に移動]がうまくいかなければ、もう一方のアイテムを [背面に移動] する、あるいはその逆など、何度か試してみるとうまくいくことが多いです。

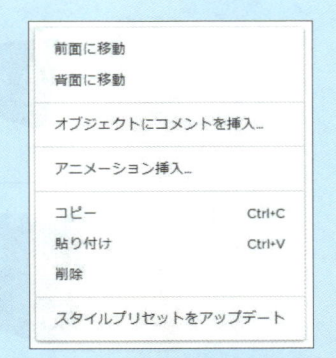

前面に移動	
背面に移動	
オブジェクトにコメントを挿入...	
アニメーション挿入...	
コピー	Ctrl+C
貼り付け	Ctrl+V
削除	
スタイルプリセットをアップデート	

4
章

4-2-6 素材は一度使うだけではもったいない

最後に写真やイラスト素材を使ったテクニックをご紹介します。まずサンプルとして、こちらは写真を用いたPowerPointスライドの例です。

写真が左側に、そして新製品の特長が右側に並んでいます。この例のように、写真やイラスト1つで複数の要素を解説するスライドというのは、PowerPointでよくあるパターンですね。それではこれをPreziらしく表現してみましょう。

　これは一例ですが、特徴が4つあれば、4つの特徴の分だけ画面遷移をしています。製品の細部にズームしていって、それぞれの特徴を表示していく流れですね。PowerPointでは静かだった見せ方も、Preziでは非常にダイナミックになります。先に解説した「分解」の考え方を応用しているのがおわかりいただけるかと思います。

　Prezi Nextの編集画面ではこのようになっています。

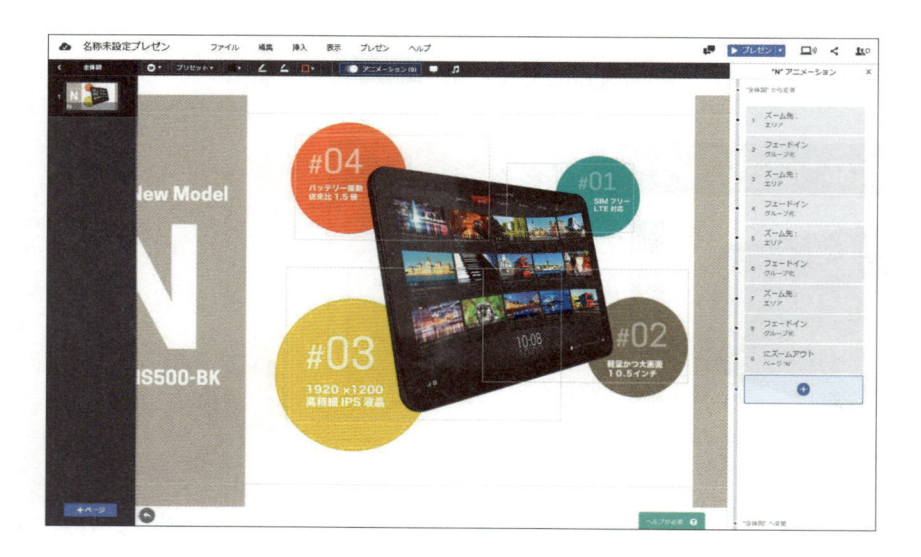

　アニメーション設定で、［ズームエリアを挿入］し、次にズームした先での図形（この場合は円）と文字列を［フェードイン］設定します。これを #01〜#04 まで繰り返し設定しています。この設定で、製品の細部にズーム → 特徴がフェードイン、という順序で表示が進みます。

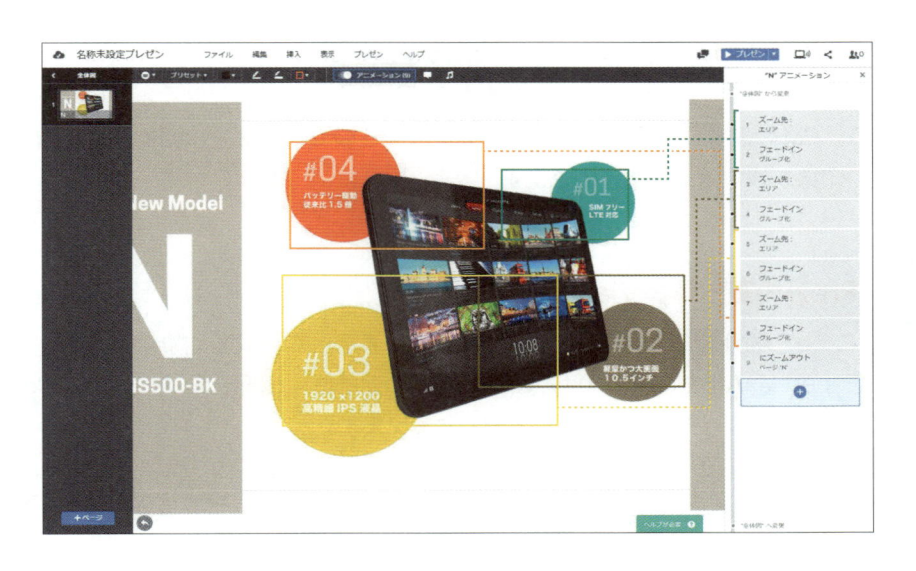

そして最後に、［ズームアウト］を追加して、この製品の全体像をもう一度眺める動きを入れています。

　細部にズームした時は、最後にもう一度引きの画面で見直しをするワンクッションを入れておくことで、聞き手が聞いた内容を振り返ることができるため、記憶にとどまりやすくなります。またプレゼンターにとっても、「以上、新製品の特長をご説明しました。」というまとめのセリフを入れるタイミングとしてちょうどよい画面ができます。

　解説するパーツへのズームは、思い切って製品が大きく画面から大きくはみ出すようなレイアウトにするとインパクトが増します。また、この例では円を製品の後ろ側にレイアウトして、製品の輪郭が際立つようにしました。このように写真をきれいに切り抜く方法は、「5-2-9 製品写真×機能紹介」にて解説しています。

　このように、Prezi Nextでは1ファイルの画像データやイラストデータを、［ズームエリアを挿入］を使うことで何通りにも見せることができます。Prezi Classicをお使いの場合は［インビジブルフレーム］を使いましょう。

聞き手に届けたいメインコンテンツの画像であれば、1回使うだけで終わりにしてはあまりにもったいないので、いろんな角度から、いろんな細部を見せるように設定してみましょう。CMのような躍動感のあるプレゼンになるので、聞き手の記憶により強く、そして良い印象を残す効果も期待できます。

Preziの基本は、Visual Continuity

このような1枚の画像を何度も場所を変えて表示していく画面構成のことを、Prezi Expertは Visual Continuity（ビジュアルの連続性）と呼んでいて、これがPreziらしい動きを演出する最大の要素と言われています。

最初にメインのタイトルと画像を出したあとで、次からはカメラが移動するようにその画像の一部が表示され続けることで、「ずっとメインタイトルと関連のある情報が画面に流れている」という意識を聞き手に視覚的に伝え続けることができます。実はこれができるからこそ、Preziでは必ずしもタイトルが必要ない、と言えるわけです。

実はこのVisual Continuityの動きは、Prezi Classicのほうがより広範囲で構成することができました。Prezi Nextでは、［ズームエリアを挿入］ができるトピック内だけに限定されるので少しダイナミックさが削がれた感は否めないのですが、その分作りやすくなっています。

Preziらしさを出したいときは、このVisual Continuityを意識してみましょう。イラストだけで構成するPrezi Classicの例では、このようにひとつの大きなイラストとして作り込んだキャンバスの中をインビジブルフレームで動き回るように設計しています。

Preziをじっくりつくる
素材からつくるPrezi

本章では、よりじっくりとPreziを作りこむテクニックを解説していきます。ただし、プレゼンの内容がロジカルに構成されていれば加飾的な要素がなくても十分に聞き手に伝わるプレゼンテーションを作ることができる、ということを覚えておいてください。シンプルでミニマルなデザインのプレゼンであれば、第4章までの内容で事足りると思います。

この点を踏まえたうえで、それでも現実的には「もっとインパクトが…」「もっとカッコよく…」「他と違うように…」というのがプレゼンの現場でのリクエストです。また、作るかどうかは別としても「作り方は知っておきたい」という声をいただくことも多くあります。本章ではそうしたニーズに対して、よりじっくりと素材から作ってオリジナリティを出していくテクニックを解説します。

本書の冒頭で、プレゼン制作ではプレゼンアプリとは別のアプリで素材の準備をしています、という話をしました。ここからは、「なんとなくPreziだけを使ってすべてを作ろうとしていた」というところから脱却することを目的に、素材準備の詳細な工程をお見せします。

	いままで	本書	プロ仕様
素材準備	なし （または、なんとなく プレゼンアプリで加工）	P	Ai Ps Ae An etc.
プレゼンアプリでの 組み上げ		Prezi	
仕上がりイメージ	簡素な仕上がり 思ったほどクリエイティブにならない	手軽に見栄えよく 短時間の編集でクリエイティブに見せる	見栄えがよい クリエイティブな印象・完成度が高い

Web上には有料・無料の著作権フリーの素材がいろいろあるのでそうしたものを使って制作するのももちろん一案です。ですが、素材を探してWeb上をさまよっているだけであっという間に時間が経ってしまったり、あるいはダウンロードしたものの画像形式の関係でPreziに挿入できなかったりと、プレゼン制作の効率が悪くなってしまうことがしばしばあります。本章では「最短で、使いやすい（使いまわししやすい）、Prezi用素材を準備する」という観点で、時短でリッチな素材コンテンツを用意して、プロ仕様にも負けないPreziデザインをする手法を代表的なパターン別に解説しました。

素材づくりには、（ちょっと裏技のようですが）PowerPointをプレゼンアプリとしてではなく、グラフィック制作アプリとして使用します（本書では、Office365サブスクリプションモデルの最新のPowerPointを使用して解説しています）。

まずは、PowerPointで実際にどのくらいの素材準備ができるものかをご覧に入れましょう。たとえばこのくらいのイラストは簡単に作ることができます。

　また写真加工であれば、このくらいのことができます。

お、意外と…と思っていただければ幸いです。PowerPointはかなり高度な描画機能や画像加工機能を備えているので、うまく使えばプロ用のAdobe系アプリ並みのこともできます。また、ここで作っていただく素材ファイルは当然PowerPointやWordでもそのまま使えるので、いろんな場面で流用していただくこともできます。

5-1 PowerPoint → Prezi の保存形式

　PowerPointを使った素材づくりの基本手順として、素材ファイルの保存方法をお伝えします。これはPowerPointを使った素材制作のすべてに共通する保存方法です。

　まずPowerPointで作った素材を選択して、右クリック → ［図として保存］を選択します。複数の図形で構成される素材の場合は、Shiftキーを押しながらドラッグしてまとめて選択してから、あるいはグループ化してから右クリック→ ［図として保存］を選択してください。

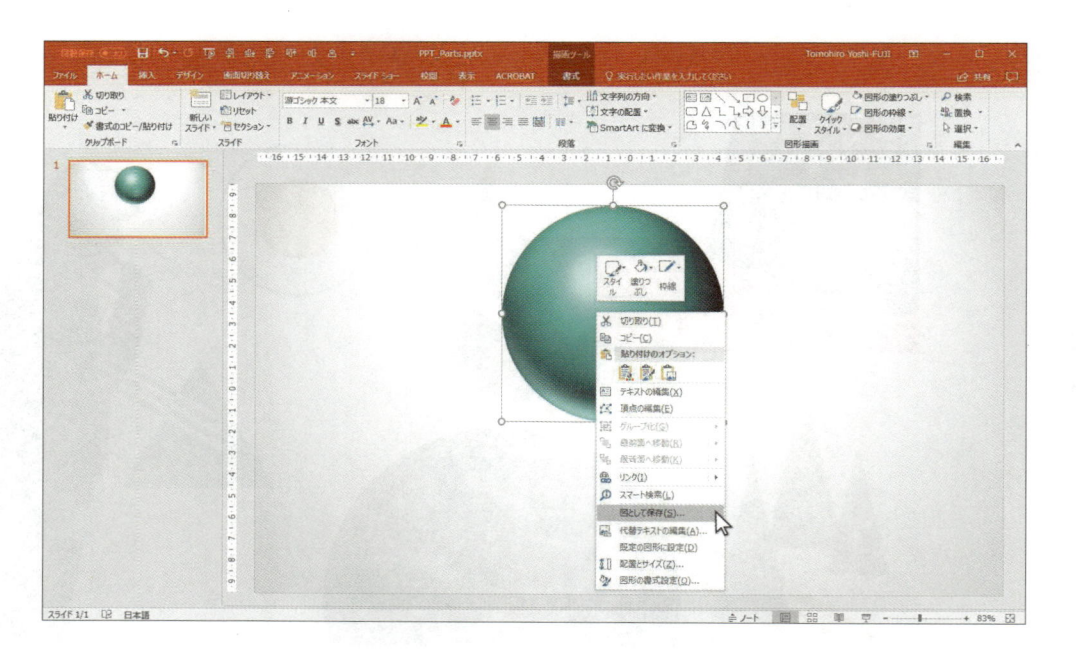

保存用のウィンドウが立ち上がります。

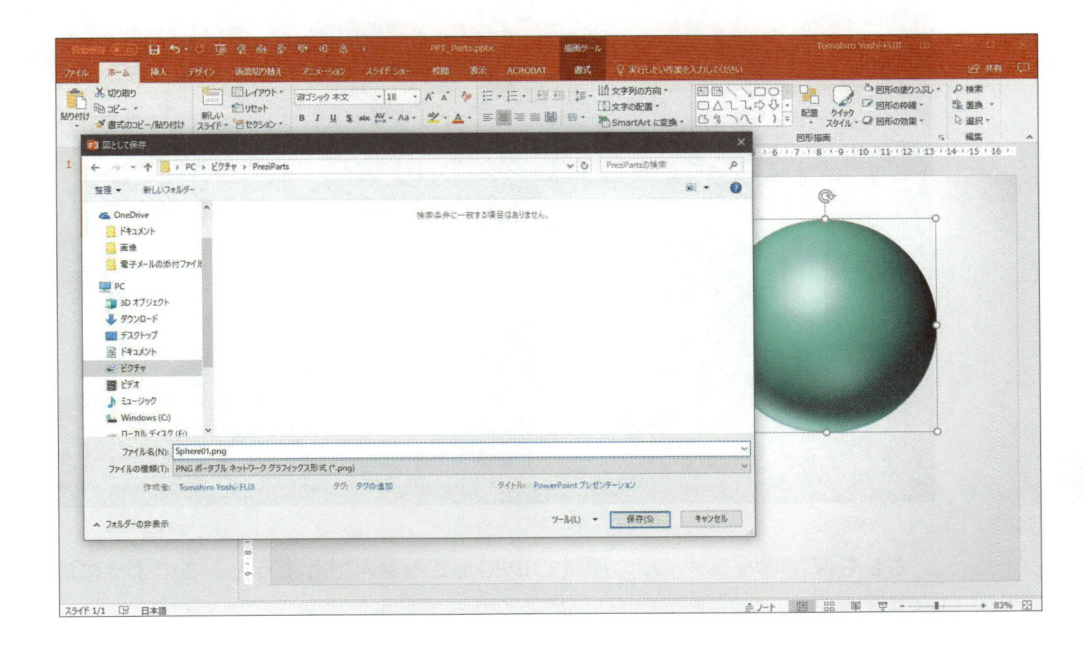

　保存先のフォルダを選択します。［ファイルの種類］の部分が、［PNGポータブル ネット
ワーク グラフィックス形式（*.png)］になっていればそのまま［保存］ボタンをクリック
します。これでイラスト画像が保存されます。

　もし［JPEGファイル交換形式（*.jpg)］などになっていたら、ドロップダウンリストか
ら［PNGポータブル ネットワーク グラフィックス形式（*.png)］を選択して、［保存］ボ
タンをクリックしてください。

　PNG形式というのは画像の保存形式の一種で、写真画像などで一般的に使用される
JPEG形式とは異なり、背景を透過状態にすることができます。

　たとえば、保存してできたPNGファイルをPreziに挿入した様子を見てみましょう。周
囲に余計な部分がなく、きれいに表示されます。

　もしも保存時のファイルの種類でJPEG形式を選んでしまうと、このように周囲に白い
ベタ塗りが入ってしまうので使いにくくなってしまいます。

　日本語をきれいにPrezi Nextに挿入するのも同じやり方です。PowerPoint上で自由にテ
キストを書き、好きなフォントを選択しましょう。そしてイラストと同じように［図とし
て保存］を選択してPNG形式で保存します。

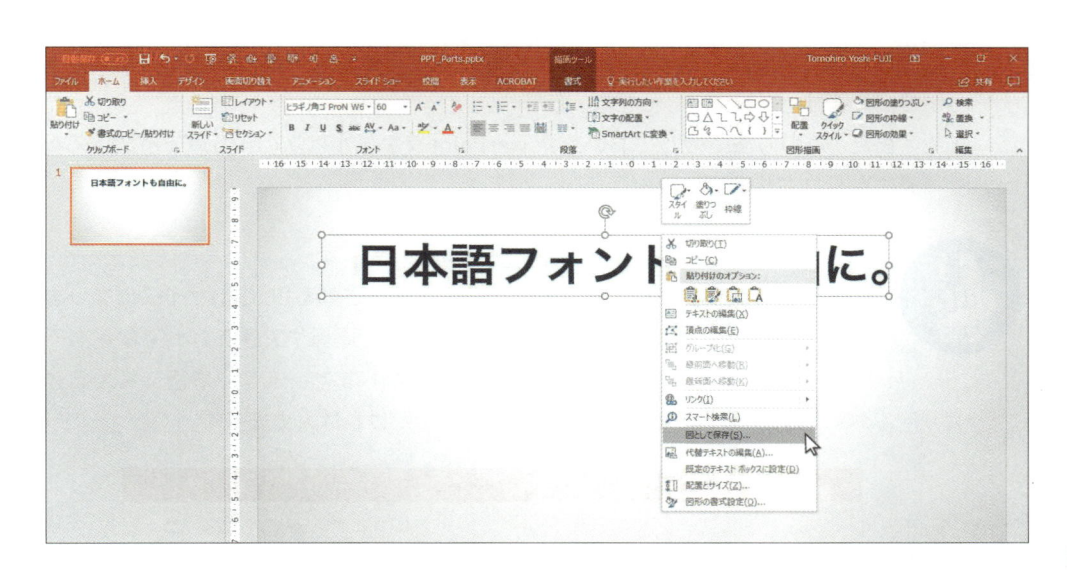

Prezi Nextに挿入するとこのとおり。文字の場合も背景が透過になるため、写真やイラストと重ねたときもきれいですね。以降で解説するPowerPointを使った素材づくりにおいては、すべてこの手法でPNG形式で保存してPreziに挿入してください。

なお、PowerPointで素材を作った場合は、そのPowerPointファイルも保存しておくのがおすすめです。日本語のテキストも1つのテキストボックスを書き換えていくのではなく、すべてを別々のテキストボックスとしてPowerPoint上に並べて保存しておけば、あと

で日本語を直したくなった際にもその部分だけを直して再度［図として保存］をするだけで済みます。

　また、この方法で残しておいたPowerPointファイルは次の第6章で解説する配布資料作成にも役立ちます。

　PowerPoint上でのサイズが、そのまま保存されるPNGのサイズになります。画面の中央にほどほどに収まるくらいのサイズで画像や文字を作って保存すると、きれいでかつ重すぎず、ほどよいサイズ感になります。あまり厳密に考える必要はなく、これくらいの大きさを目途にしていただければ大丈夫です。

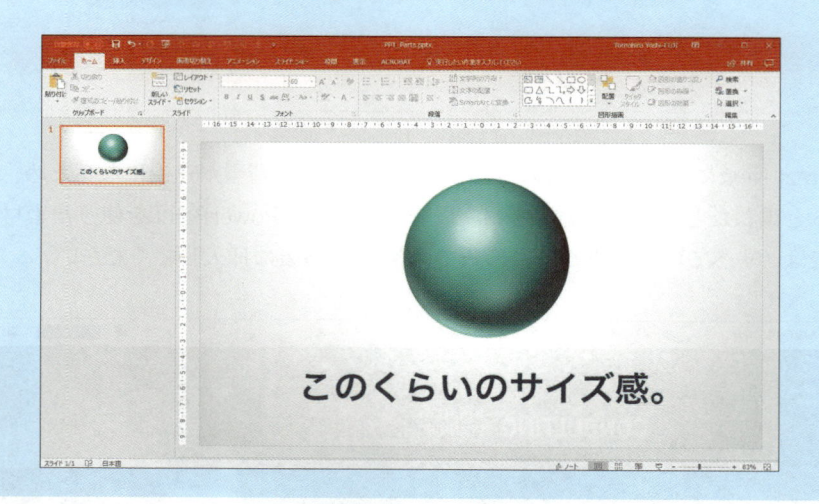

プロの仕事は地味？

　素材を作ったらひとつひとつ保存しなおして、そのファイルをまたPreziに挿入…。けっこう面倒ですね。ただ実はこれ、プロの仕事のプロセスと同じです。世界中のPrezi Expertの多くはAdobe IllustratorやPhotoshopで素材を作っていますが、それを1点ずつPreziに最適化したファイル形式で保存し、そしてそれをまた1点ずつPreziに挿入してレイアウトしていきます。

　1件のpreziプレゼンを作るだけで、素材のファイル数は数百になるのが普通です。Prezi Expertといっても魔法のような自動化テクニックを持っているわけではなくて、実際は地味で気が遠くなるような作業をコツコツ続ける忍耐力が勝負だったりします。

5-2 素材×シーンでつくるPreziパターン

　それではここからは、PowerPointでの素材準備と、その素材を活かしたPreziデザインのパターンを取り上げていきます。

5-2-1 あしらい×統一感

　そもそも「素材」といっても、5分でできるものから100時間をかけた大作のイラストまでさまざまです。ですが、プレゼンという特性上、とにかく早くというのが大切です。短時間で作ることができて、しかもプレゼン全体のイメージを大きく底上げできる要素の筆頭は、「小さくてシンプルなデザイン素材」です。

　これは「モチーフ」と呼んでもいいですし、より日本的に言うと、「あしらい」です。

　プレゼンテーションで大切なのは「シナリオが論理的に無理なく続いていくこと」という話を第3章でしましたが、それと同時にデザイン上も「無理なく続いていく」という視覚要素が非常に重要です。たとえば、冒頭からずっと同じトーンのスライドだったのに、突然まったく違うテイストのスライドが1枚だけ出てきたらどうでしょうか。

　聞き手にとっては、「ほかのファイルからコピペしたのかな」とか、「時間がなかったのかな」とか、どうしてもプレゼンそのもののつくりの粗さに思いが飛んでしまい、ここでプレゼンへの没入感が途切れてしまいます。Preziでは特にプレゼンの世界観に聞き手を引き込むことが重要になるので、最初から最後まで、シナリオも見た目も連続性を演出してあげることが大切です。

　そこで必要なのが「あしらい」。たとえば、こんなふうに。

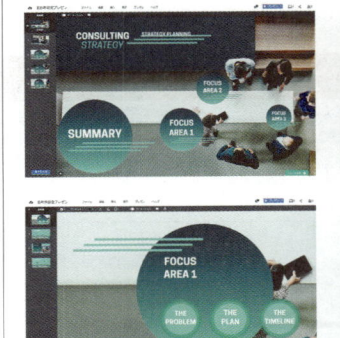

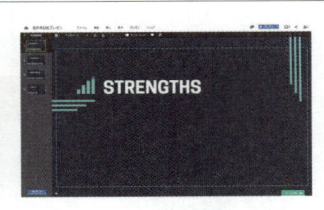

すべての画面に「3本のライン」が入っているのがおわかりいただけるでしょうか。ただこれだけです。これだけですが、最初から最後まですべての画面に存在することでプレゼン全体の統一感を出すことができます。

この「あしらい」のポイントは、

- すべての画面に入れる
- 場所や大きさ、角度をランダムに変える

です。

画面が移り変わっても同じマークやモチーフが使われていることで、視覚的な連続性を作り出すことができます。また配置する場所を統一せずにあえてランダムにすることで、プレゼンの世界観をより躍動感のあるものに見せる、というメリットもあります。

「あしらい」を何にするか、という点を深く考えていくとハマってしまうので、たとえばスピード感やスマートさを出したいならラインの組み合わせ、きちんとした印象を出したいなら四角形の組み合わせ、柔らかい印象を出したいなら円の組み合わせなど、単純なもので大丈夫です。

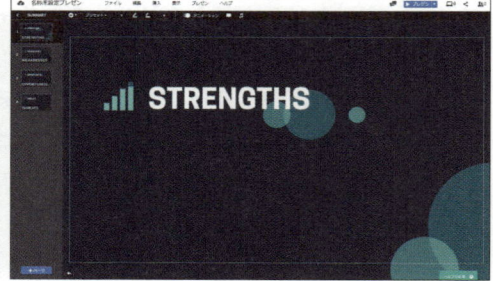

作り方は非常に簡単です。たとえば3本ラインの場合を解説していきましょう。

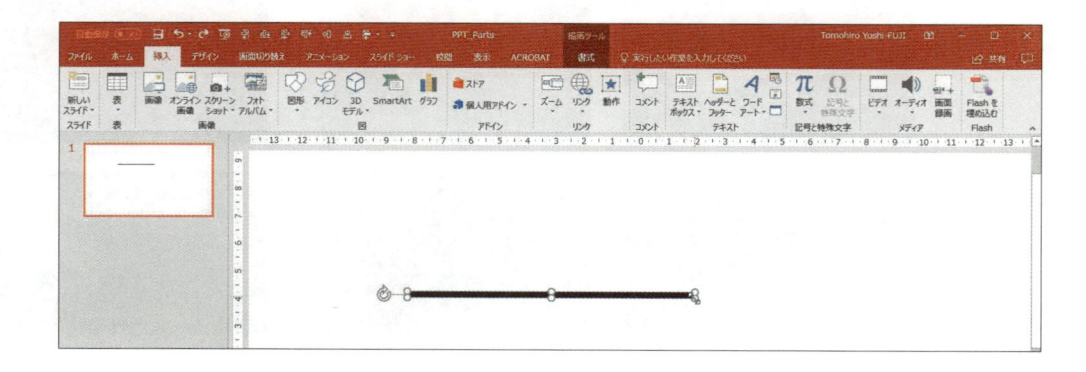

手順①　四角形を描く

PowerPointの［挿入］タブ→［図形］から、四角形を挿入します。細長く描きましょう。1つできたら、あとはコピー＆ペーストで増やします。

手順②　色を決める

色を決めるときは、Preziのテンプレートや会社のコーポレートカラーなど、すでに使われているものからスポイトで取ると色合わせも簡単です。たとえば、Preziの編集画面やWebサイトなど、抜き取りたい色合いが表示されている画面を表示して、Alt + Prt Scrキーを押します（Macではcontrol + shift + command + 3）。

そしてPowerPoint上でCtrl＋Vキー（Macではcommand + V）。これで画面のスクリーンショットがPowerPointの画面上に貼り付けられます。あとでスポイトで色を取るために、貼り付けたスクリーンショットは少しずらして置いておきましょう。

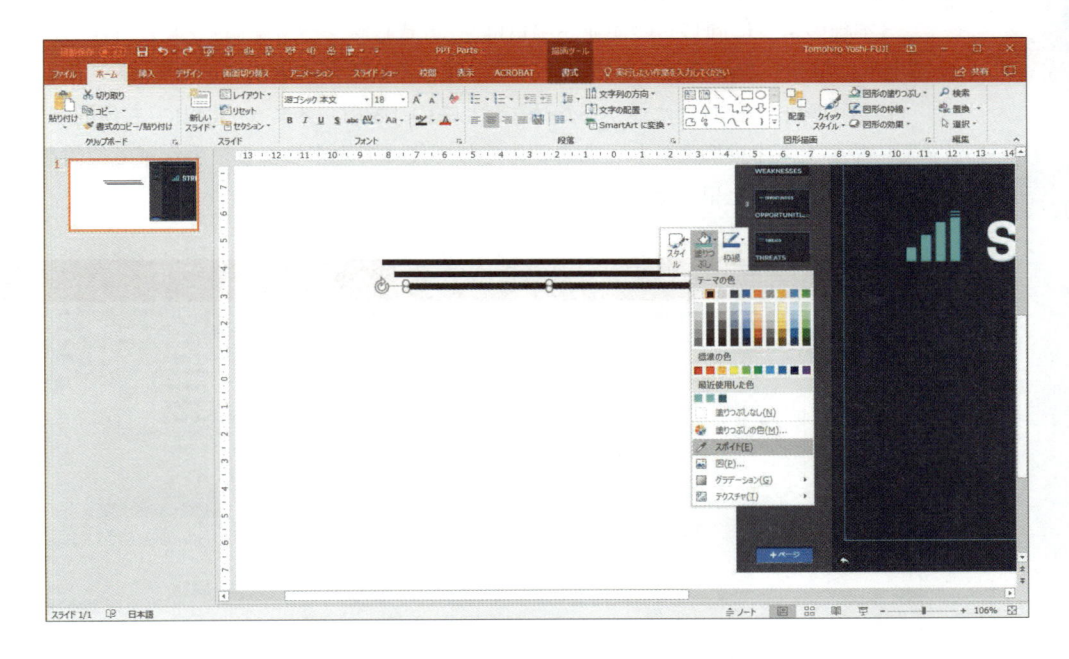

色を変えたい図形を選択して、右クリック→［塗りつぶし］から［スポイト］を選択して、貼り付けたスクリーンショットの中でコピーしたい色のところにスポイトを持っていきます。

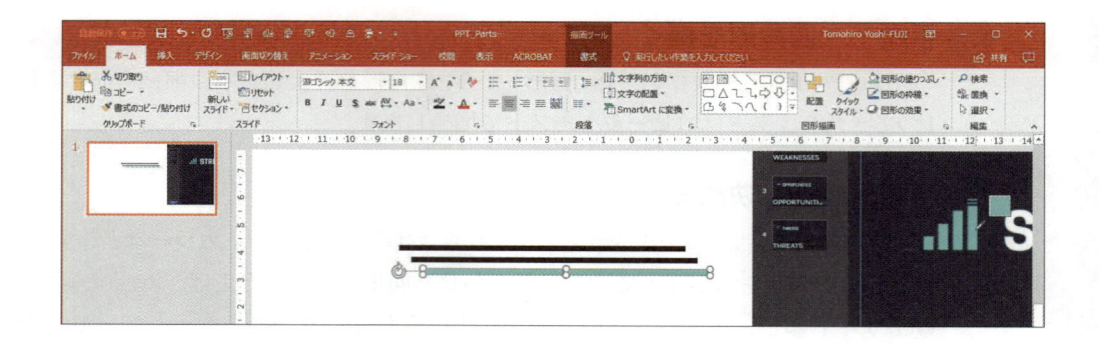

これできっちり色をそろえることができました。色を取ったら、スクリーンショットは削除してしまって大丈夫です。

手順③　整列して仕上げ

3本線のように同じものが並ぶ場合は、［書式］タブ→［配置］から、［左右に整列］と［上下に整列］をかけることで、等間隔に並べることができます。

複数の図形をきれいに並べるためには、この［配置］メニューはとても便利です。［左揃え］や［上下中央揃え］なども必要に応じて使ってみましょう。手作業で位置を調整しているよりもずっと早くきれいに並べられます。

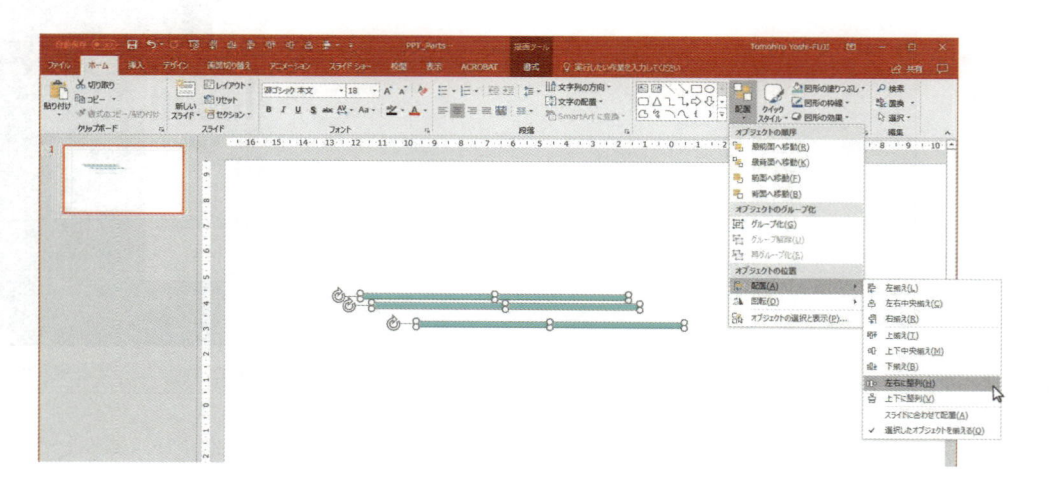

複数の図形を一括選択して拡大縮小すると、サイズや位置関係が崩れてしまいます。そんなときは、いったん［グループ化］してから拡大縮小することで、形を維持したままサイズを変えることができます。

手順④　Prezi上でアレンジ

作った素材を［図として保存］でPNG形式で保存し、Preziに挿入します。素材ファイルはこれ1点だけですが、Prezi上では最初の画面から最後の画面まで、何度も何度も登場させてください。サイズや傾きなどはPrezi上で自由に調整しましょう。

このように、作った1つの素材を何度も繰り返して使うというのも時短につながるテクニックです。シンプルな「あしらい」素材は、傾けたりサイズを変えたりするだけでまるで別の素材のように見せることができます。

特にPreziではマスタースライドのような機能がないため、プレゼン全体での統一感を保つために「あしらい」のデザインを決めておくと効果的です。

5-2-2　ザブトン×箇条書き

次は文字を置くベース、通称「ザブトン」のテクニックです。「4-2-4　半透明をつかう」では、Prezi Nextだけで作ることができる半透明のものを紹介しましたが、今回は箇条書きを例にして見てみましょう。

たとえば、通常Prezi Nextのテンプレートで用意されているシンプルな四角や円を使うとこのようになります。

　もちろんこれだけでも見せ方としては従来の箇条書きとは大きく変わっています。ですが、このシンプルな円をもう少しデザイン的なアクセントのあるものにするとどうなるでしょうか。

　こんな感じです。ほどよい立体感があって、画面全体のイメージも鮮やかで明るくなりました。この素材ももちろんPowerPointで作っています。

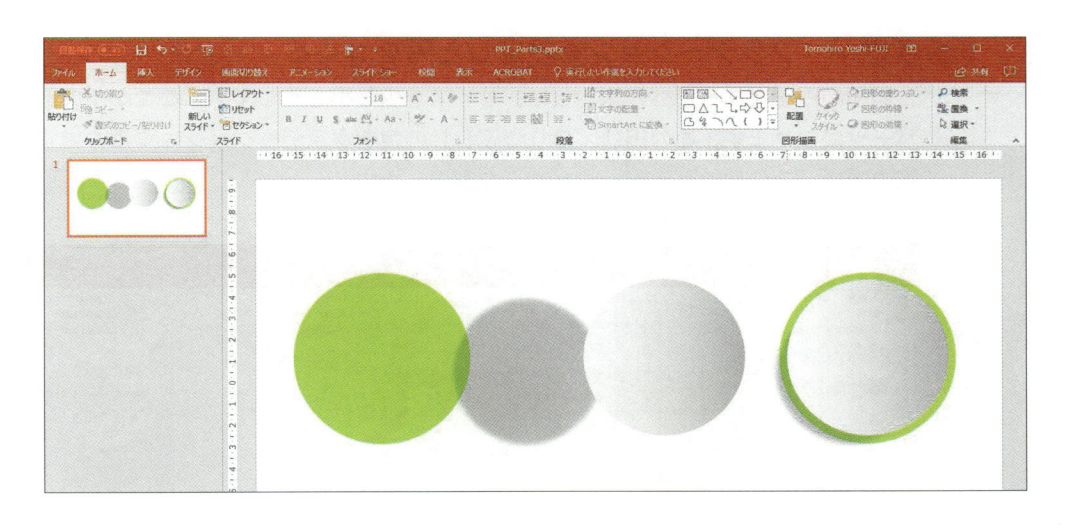

　凝った画像に見えるかもしれませんが、分解すると3つの円を重ねているだけです。作り方を見ていきましょう。

手順①　真円を描く

　まずはPowerPoint上で［図形］から円を挿入します。Shiftキーを押しながらドラッグすることで真円になります。描いたら［塗りつぶし］のカラーを決めましょう。このカラーリングが最終的にフチ部分の色になります。［枠線］の色は、［枠線なし］にしておきます。

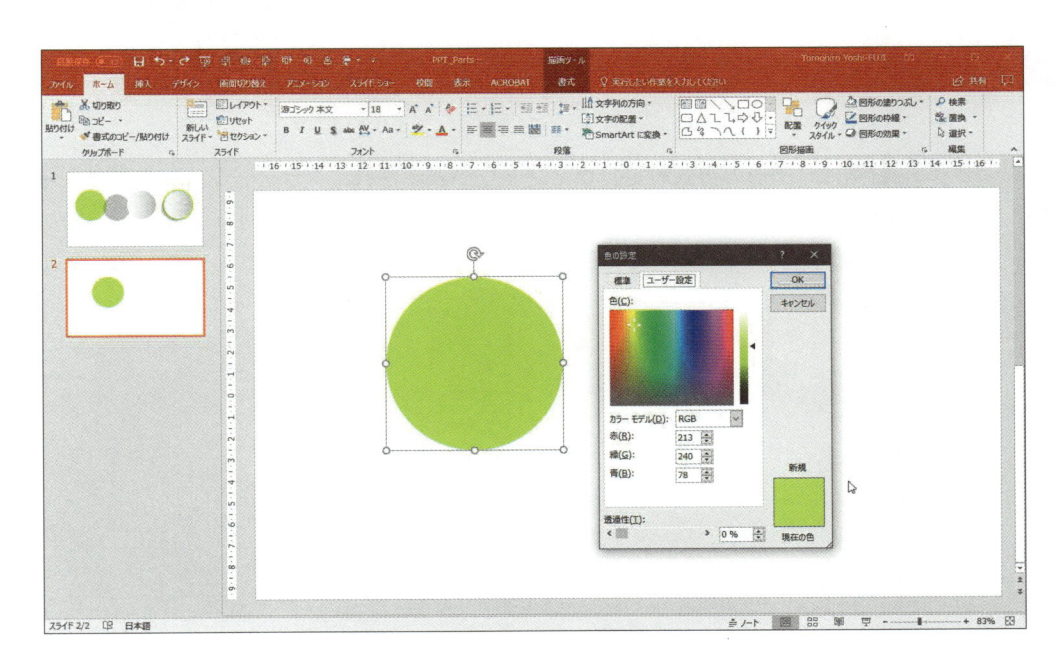

⬤ 手順② グラデーションを設定した円をつくる

　最初の円をコピー＆ペーストして、サイズを少し小さくします。ここが中央部分の白い
パーツになります。この円は［塗りつぶし］の色をグラデーションにするのですが、色選
択の時に［その他のグラデーション］を選択します。

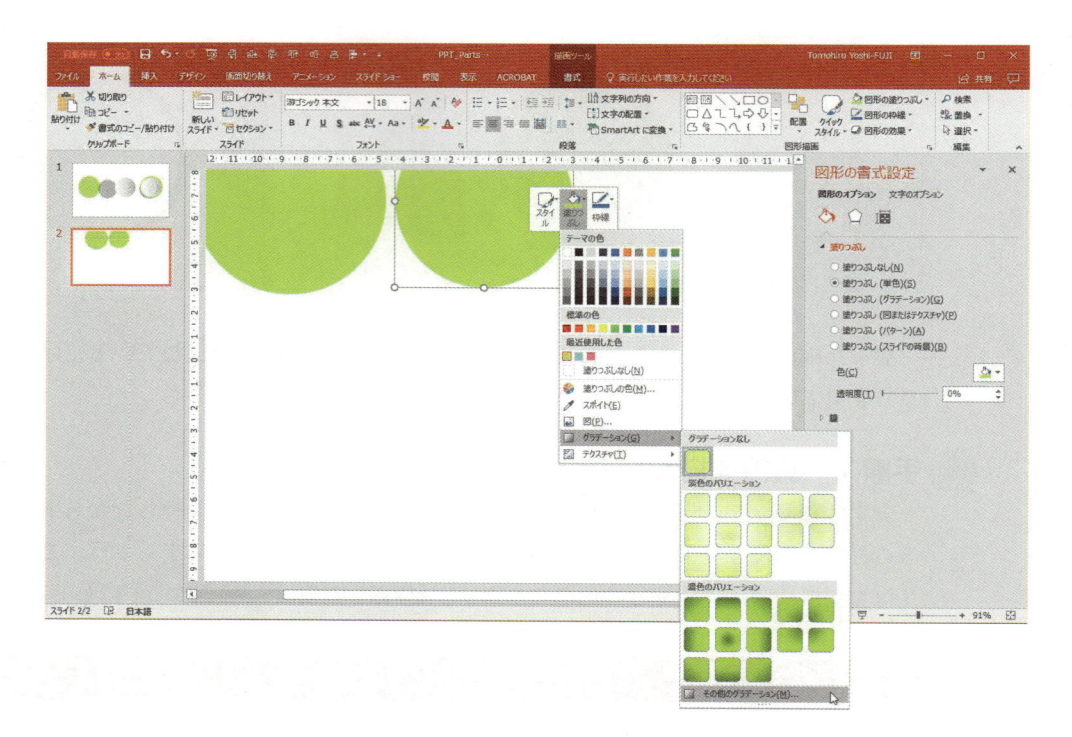

　右側に［図形の書式設定］ウィンドウが表示され、グラデーションの数値を細かく設定
できるようになります。ここではこのような設定にしています。

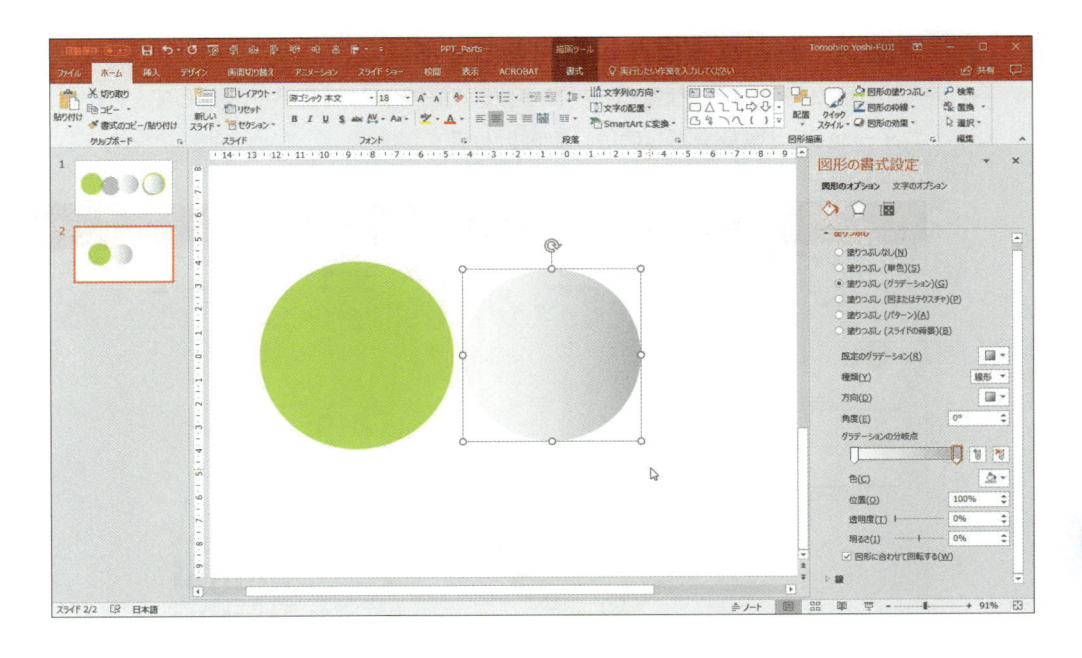

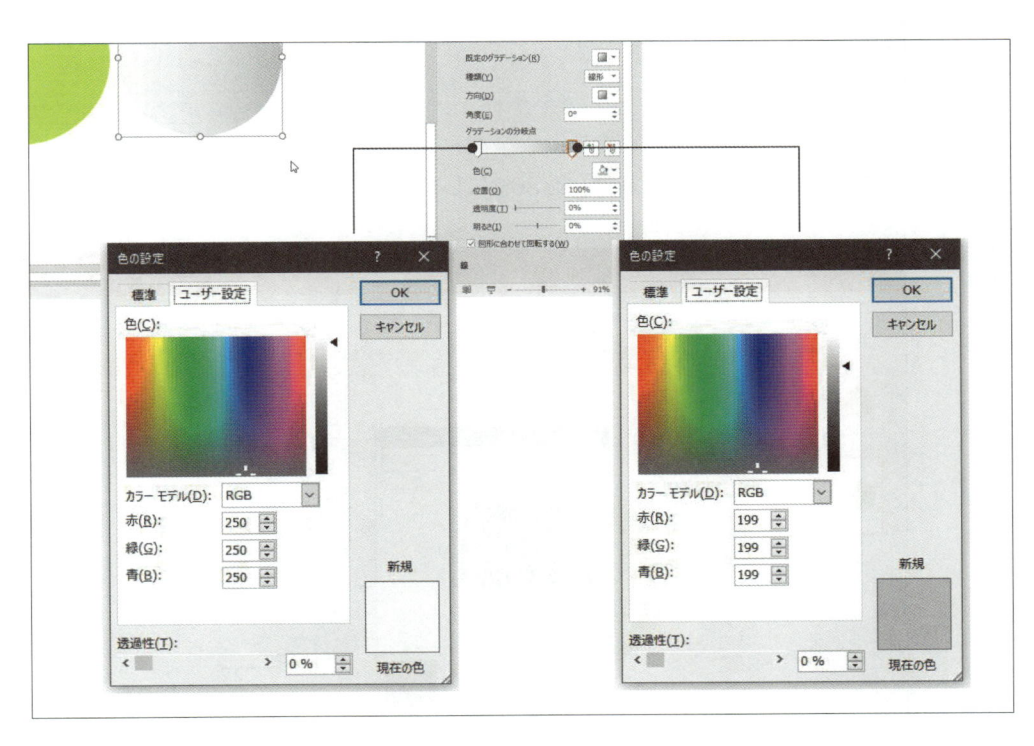

手順③ 影となるぼかしの円をつくる

　3つ目の円は、影になるパーツです。②の円をコピー＆ペーストして、［塗りつぶし］メニューから、［塗りつぶしの色］を選択します。

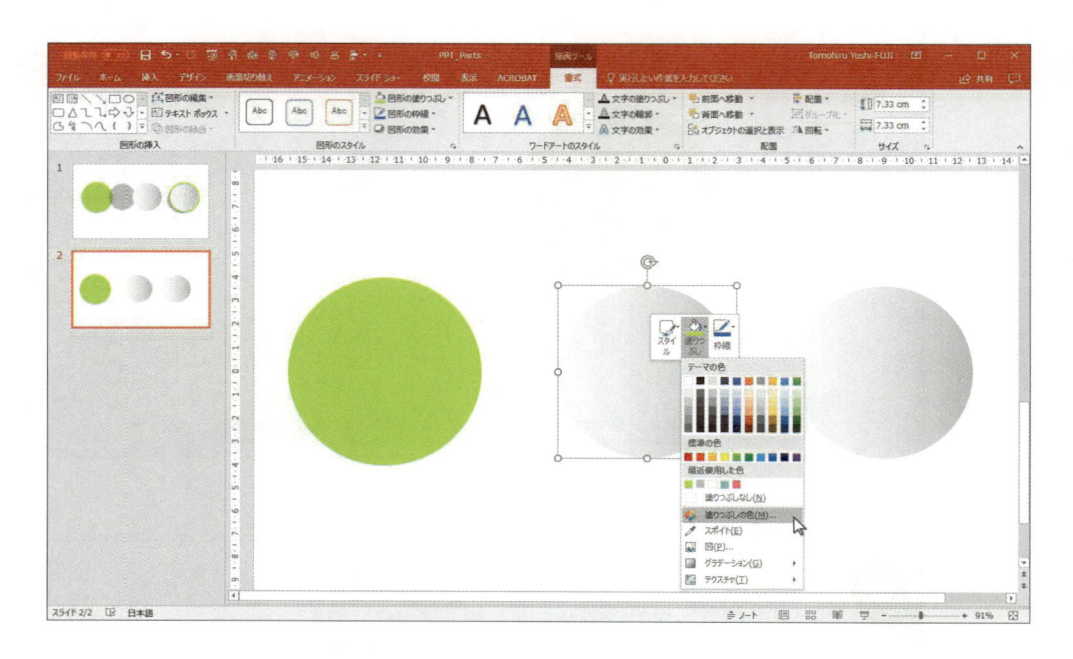

　色は黒に、そして［透過性］を80%にします。

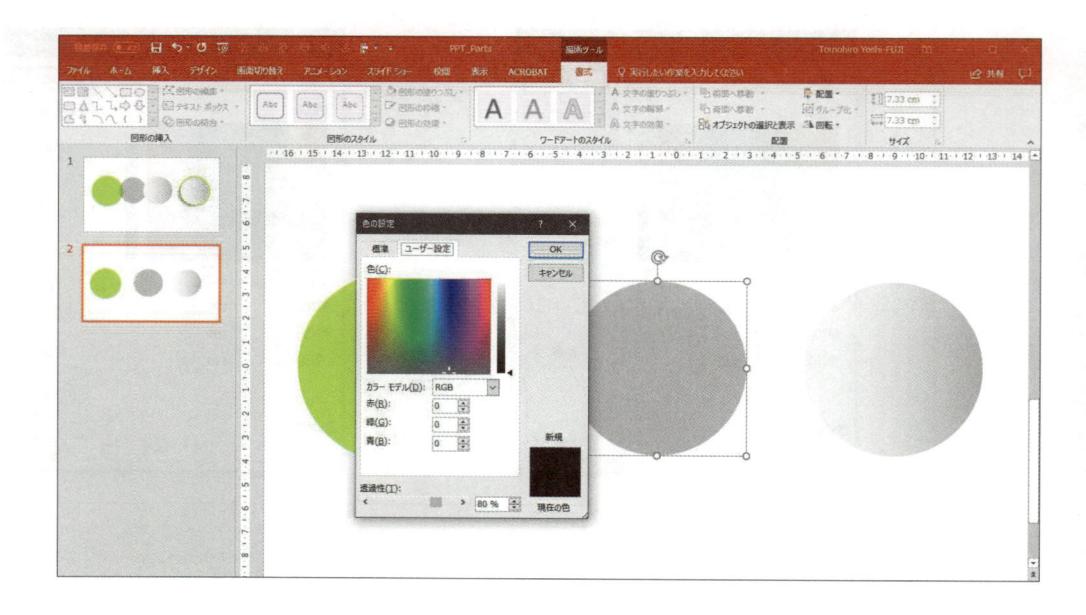

次に、この画像の上で［右クリック］→［図形の書式設定］を選びます。すると画面右側に［図形の書式設定］タブが表示されます。

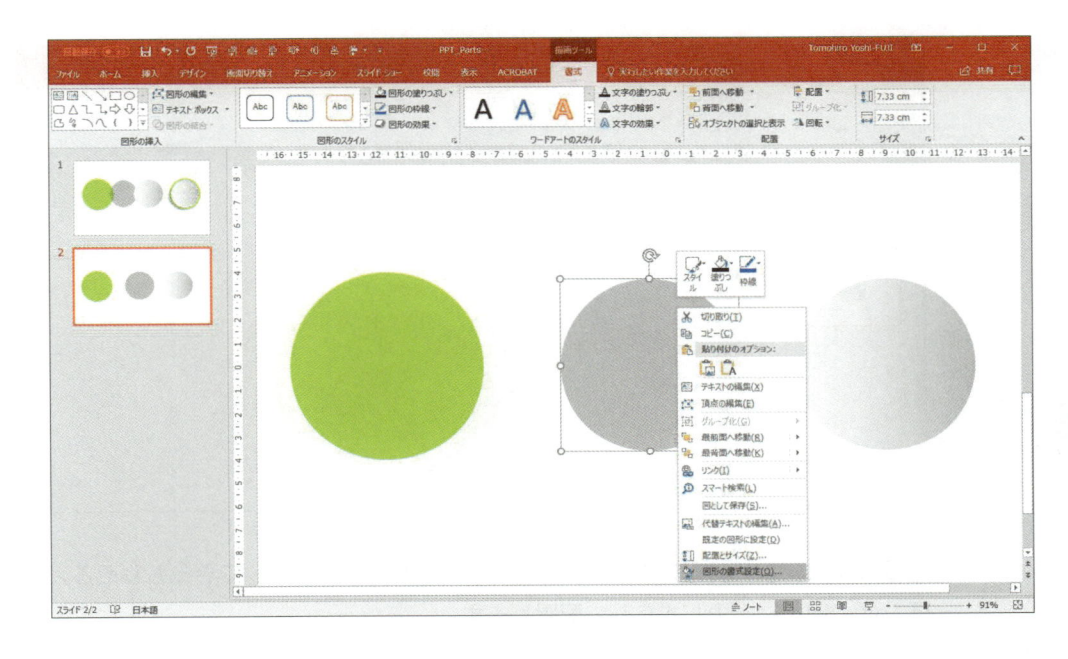

［図形の書式設定］の上部にある［効果］アイコン（五角形のアイコン）をクリックします。

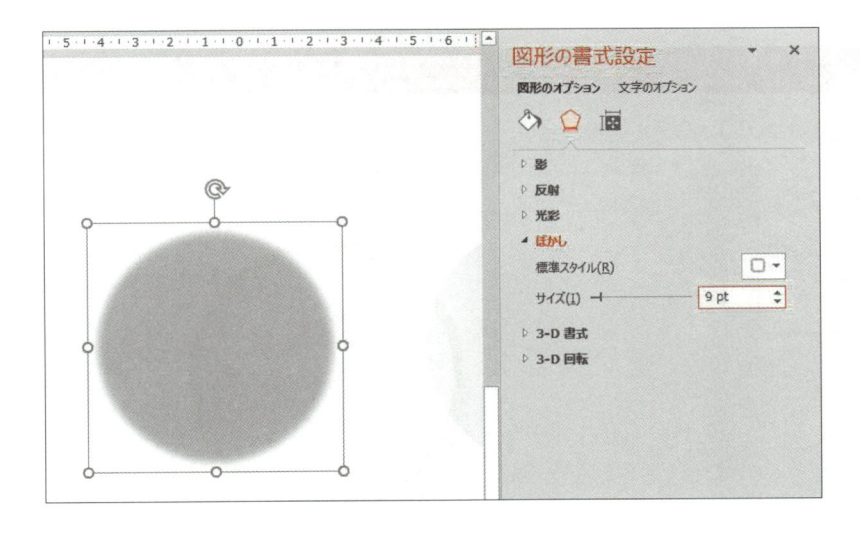

ここで設定するのは、［ぼかし］の数値。数字が大きいほどぼかしが大きくなります。この例では、9に設定しています。

手順④　組み合わせて仕上げ

ここまでの手順①〜手順③で作成した3つの円を重ねます。

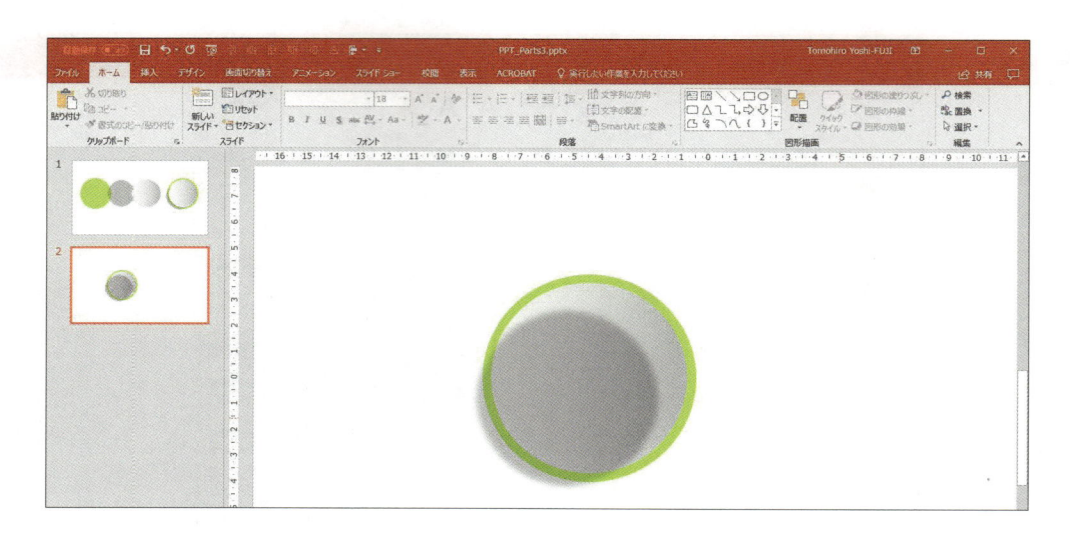

　手順①と②の円は［左右中央揃え］［上下中央揃え］を使ってきっちりそろえておきます。③の円だけ、少しずらして配置します。

　この状態で手順②のグラデーションの円を右クリックし、［最前面へ移動］をクリックします。すると重なり順が変わるので、このようになります。

　これで素材の完成です。グラデーションとぼかしがつくる目の錯覚によって、立体的に

見える「ザブトン」ができました。手順①の円の塗りつぶしの色を変えればいろいろなカラーバリエーションが作れますので、それぞれを［図として保存］しておくと便利です。

◉ 手順⑤　Prezi で配置する

Prezi に挿入したら、［背面に移動］で文字の下側に配置しましょう。Prezi だけでは作ることができない、ちょっとおしゃれに箇条書きを演出するザブトンの完成です。品よく立体的な見せ方になるので、写真の上に配置しても効果的ですし、画面の端に少しだけのぞかせて、「あしらい」要素として使うこともできます。

アイコン×タイトル

プレゼン制作をするときにアイコンを探した経験がある、という方も多いのではないでしょうか。特にアイコンが使いやすいのは、タイトル部分や箇条書きの部分。アイコンのあるものとないものを見比べてみましょう。

文字だけよりも、話の内容がイメージしやすく聞き手にやさしい画面になりますね。何より、プレゼンの見栄えが格段に上がります。

もしOffice365のPowerPointをお使いであれば、PowerPoint内に複数のアイコン素材が用意されています。PowerPointで、［挿入］タブ→［アイコン］を選択します。

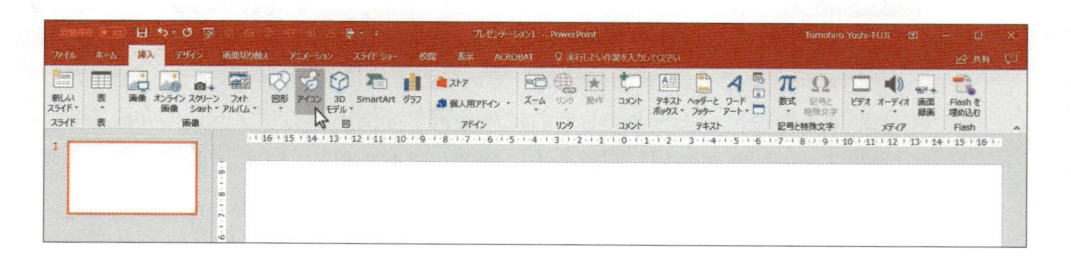

このようにアイコンの一覧が表示されます。シンプルで使いやすいアイコンがそろっています。必要なものを選んで右下の［挿入］をクリックします。また、この機能で呼び出したアイコンは自由に色を変更することができます。

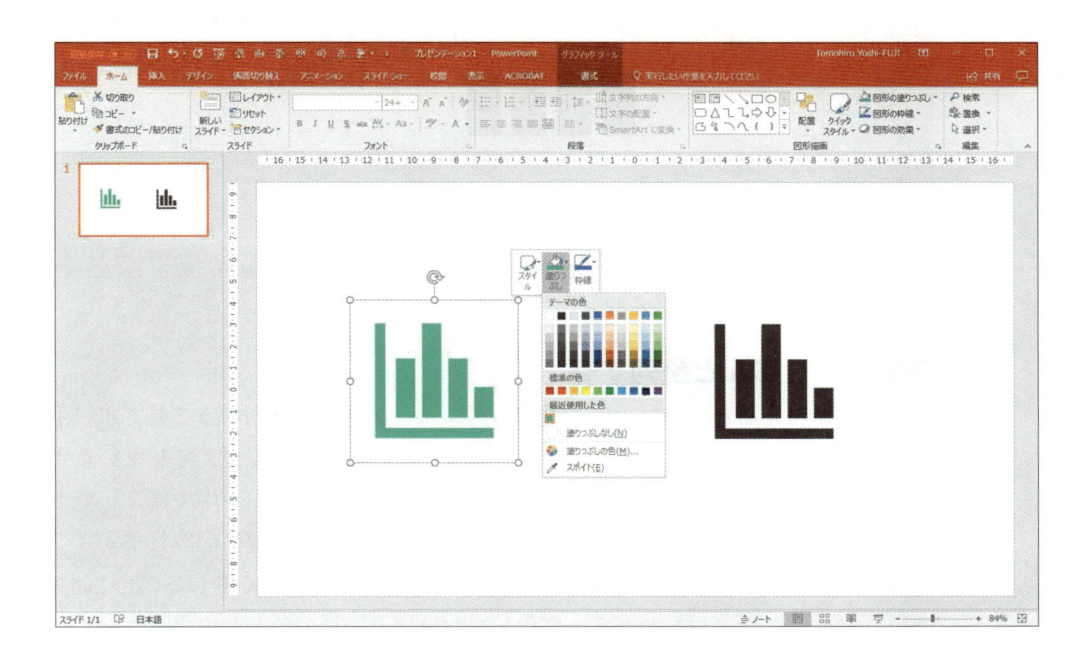

色が決まったら、［図として保存］でPNG形式で保存し、Preziに挿入しましょう。

もしも古いバージョンのPowerPointをお使いであったり、このアイコンリストにぴったりのものがない場合は、思い切って自分で作ってみましょう。単色だけでなく複数の色でカラーリングされた立体的なアイコンも簡単に作ることができます。以下に、自分で作るときの流れを解説します。

◉ 手順① 図形を組み合わせる

アイコンの基本は四角形、三角形、円などのシンプルな図形の組み合わせです。たとえば、バッテリーのアイコンであれば四角形をいくつか組み合わせるだけです。

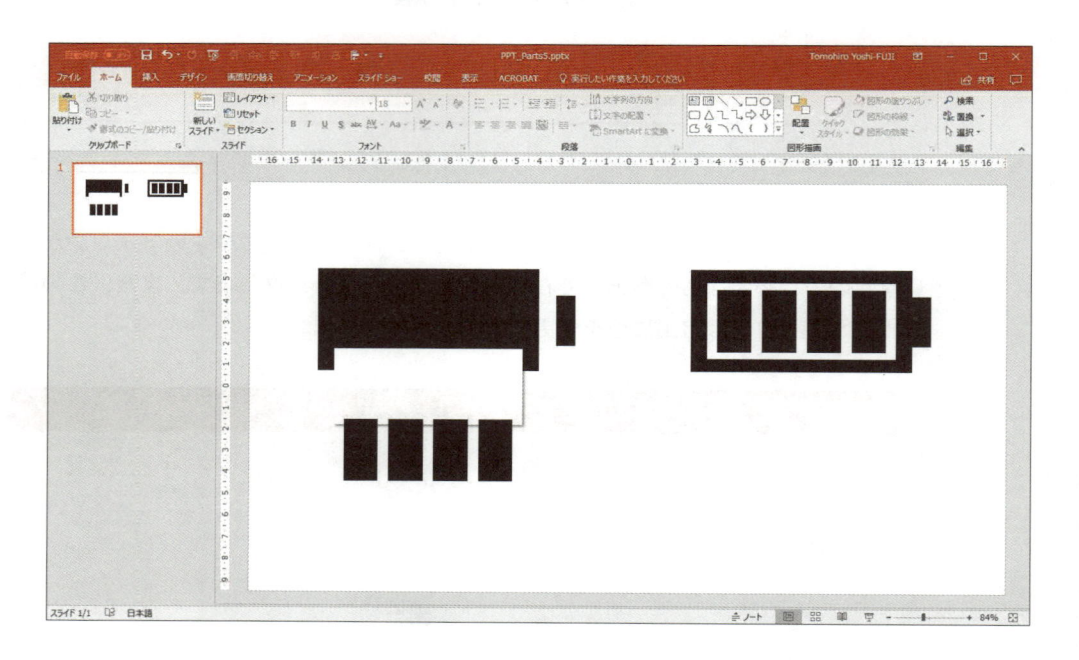

◉ 手順② きちんと整列する

アイコンを作るときのコツは、［配置］メニューを使って整列することです。手作業で並べてしまうとどうしても不揃いになってしまい、完成度が低く見えてしまいます。たとえばこの例のように同じ形のものを複数並べるときは、まず［上下中央揃え］で水平に一列に並べて、さらに［左右に整列］をクリックして正確に等間隔に配置します。

ちょっとしたことですが、アイコンとしての完成度が大きく変わるのでおすすめです。また、制作したアイコンをグループ化しておけば、一括で色を変換することもできます。

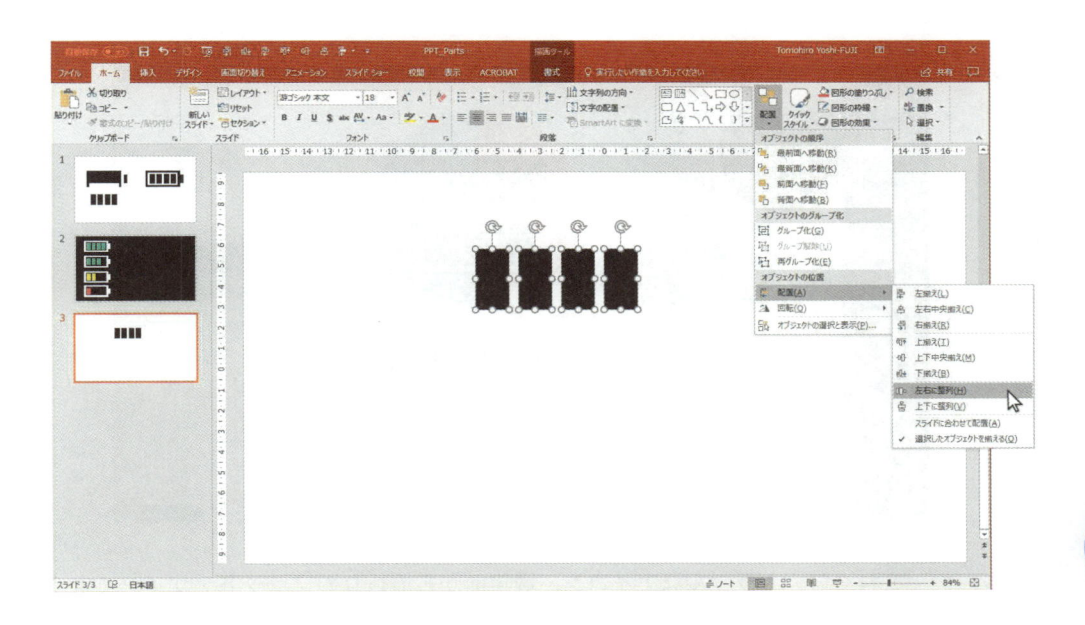

手順③　色を決める

　アイコンはモノクロで使われることが多いですが、少しだけカラー要素を足してみるのも手です。自分で作ったアイコンであれば、ちょっと手を加えるだけで自由にバリエーションを増やしていくことができます。

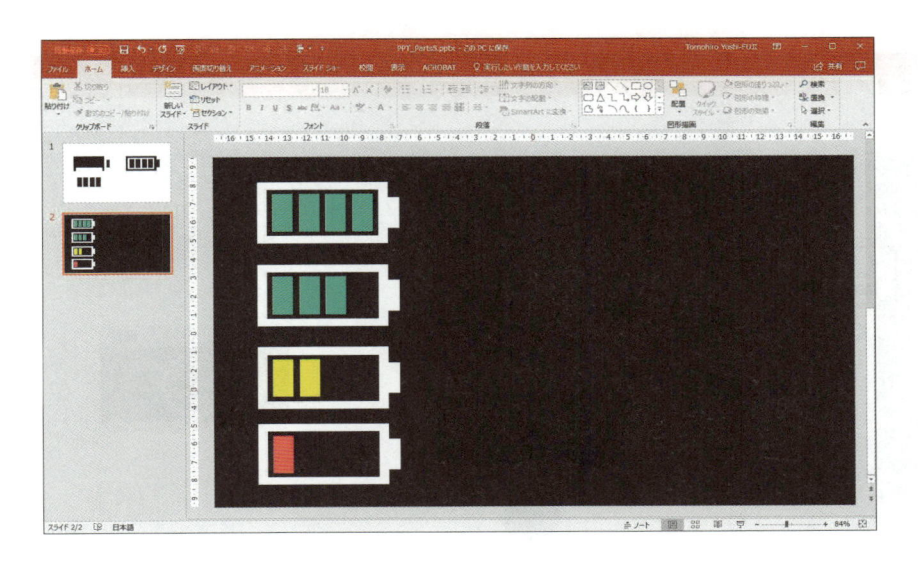

　次はもう少し手の込んだアイコンの作り方を見てみましょう。

これくらいカラフルなアイコン、数年前から流行りのフラットデザインでよく見るデザインですね。フラットだけど斜めに入った影が立体感を出していておしゃれかわいい感じです。こういうデザインもPowerPointで作ることができます。

手順① 図形を組み合わせる

まずはカメラ部分を作りましょう。といっても、これもシンプルな図形の組み合わせで作ります。

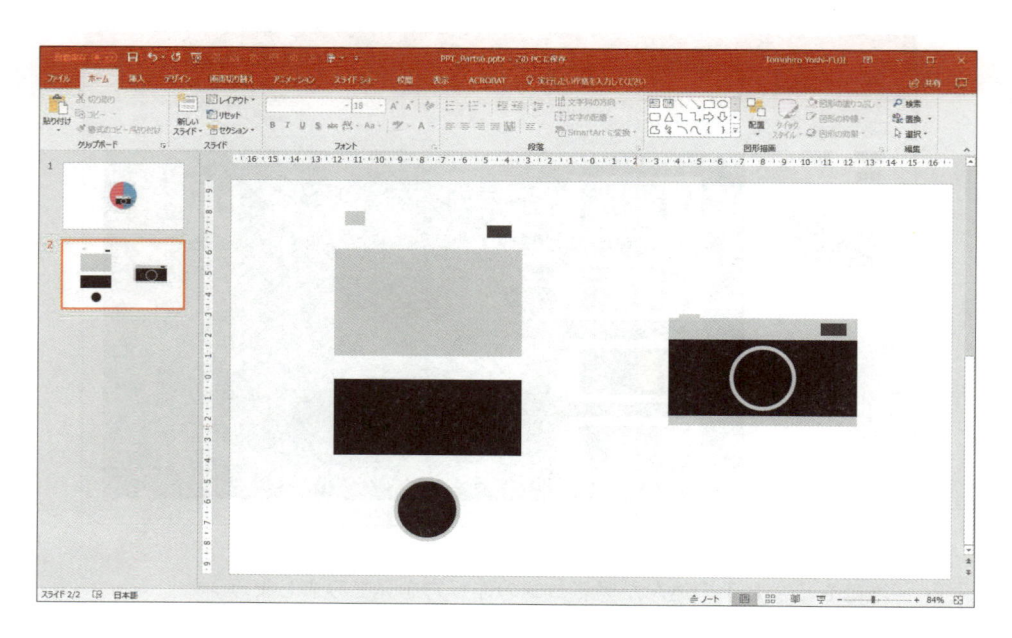

単純な四角形と円を6つ重ねただけですが、カメラに見えますね。ここまでできたらグループ化しておきましょう。

手順②　ザブトンをつくる

　今度はアイコンを載せているザブトンを作ります。この例では円の中央で左右に色が分かれていますね。これをやってみましょう。

まずは円を1つ作り、コピー＆ペーストで複製します。わかりやすいように色を変えておきましょう。

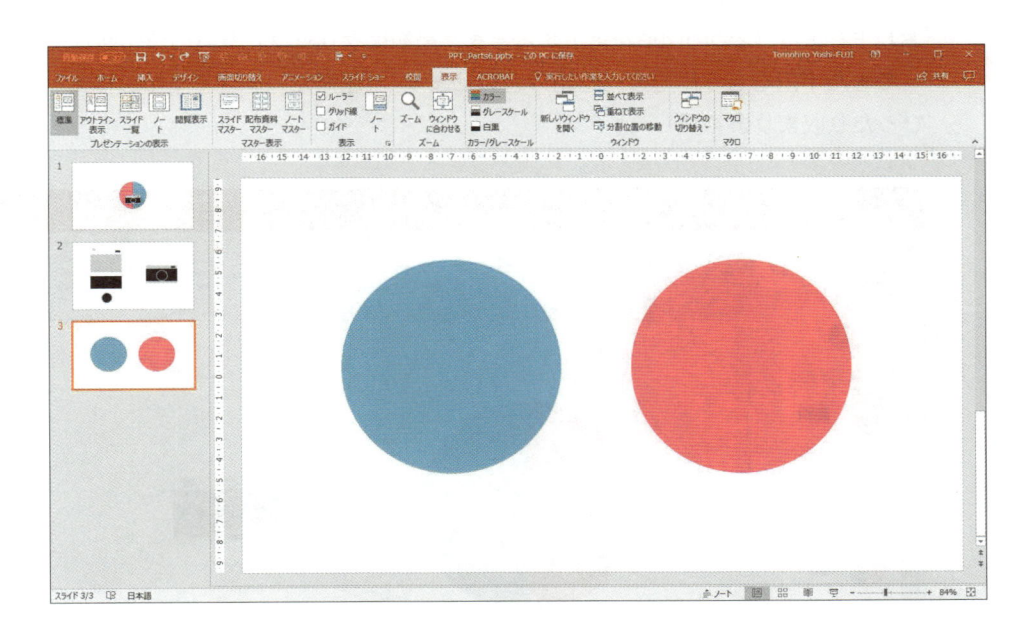

　次に、片方の円の半分を覆うように四角形を描きます。そしてShiftキーを押しながら円と四角形をクリックして両方を選択し、［書式］タブの［図形の結合］→［重なり抽出］をクリックします。

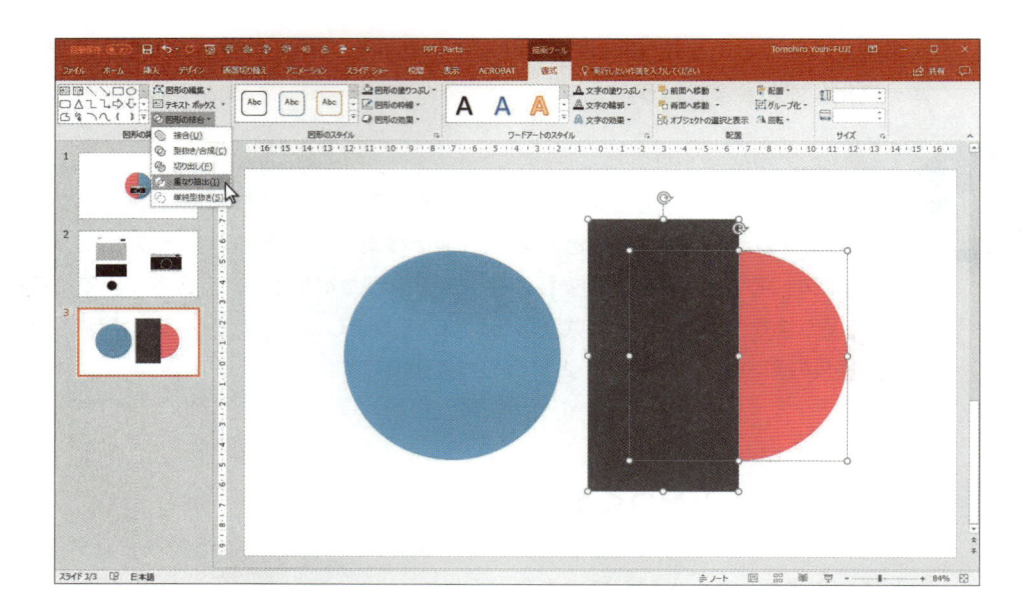

　［重なり抽出］は、図形の重なった部分を切り出す機能です。今回の場合は図形が重なっていた左側の半円だけが残ることになります。もし色が変わってしまったら再度設定しなおしましょう（2つの図形を選択するとき、最初にクリックした方の色が残ります）。

　できた半円をもう片方の円と組み合わせます。［左揃え］＋［上下中央揃え］を使うとぴったり収まります。

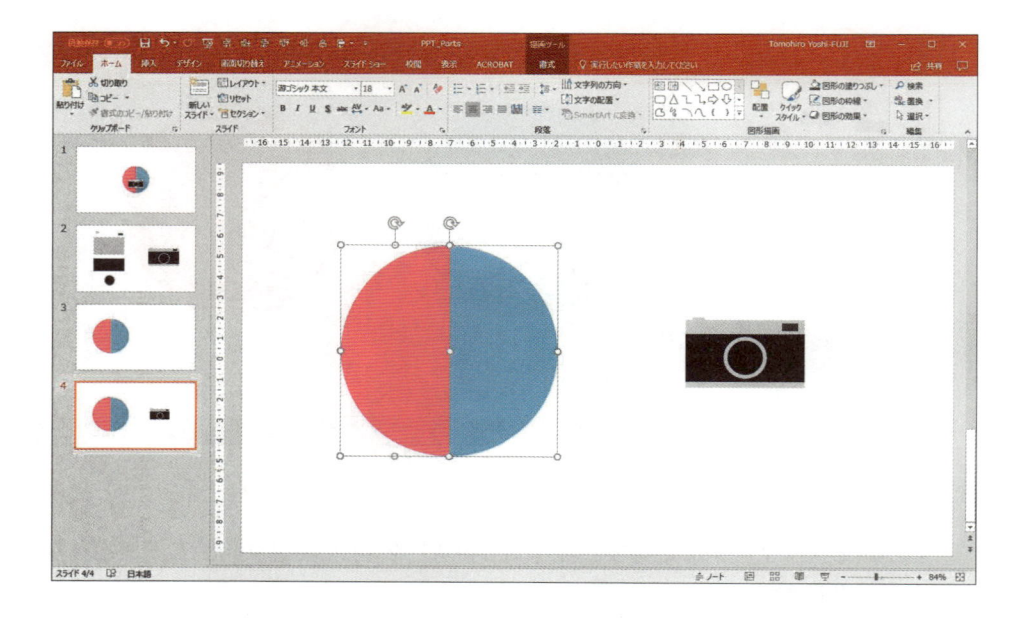

〰️ 手順③　影をつくる

　最後に、カメラから斜めに伸びる影を作ります。まずザブトンの上にカメラを載せます。文字が載るスペースを考慮して、少し下寄りに配置しましょう。

　次に四角形を1つ作り、斜め45°に傾けます。

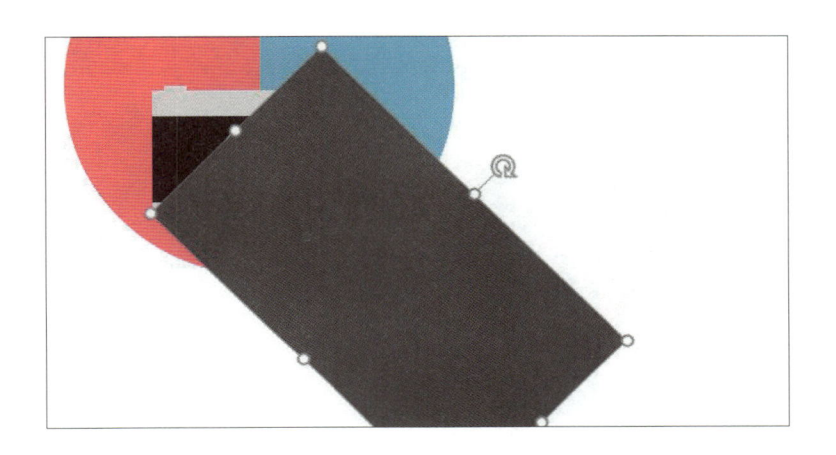

　Shiftキーを押しながらこの回転マークをドラッグすると、図形が15°刻みで回転します。これが影のベースになるので、ここからは余計な部分をカットして、影の形になるように整形していきます。

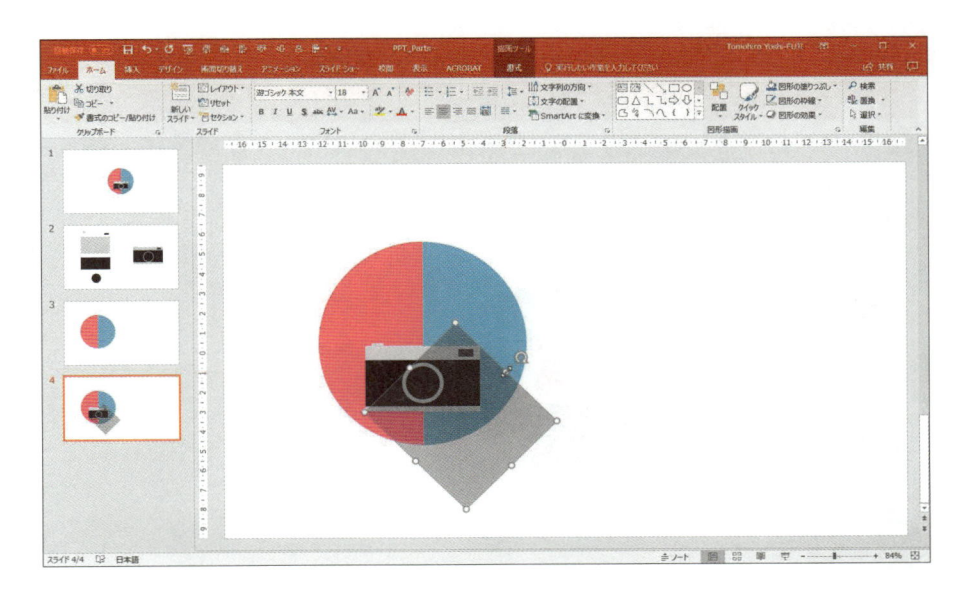

　まず、カメラの右上と左下が、四角形の右上と左下の直線に接するようにします。でき

るだけギリギリか、ギリギリよりもすこし内側になるくらいに。

　これに重ねるようにもうひとつ四角形を作り、このように重ねて配置します。

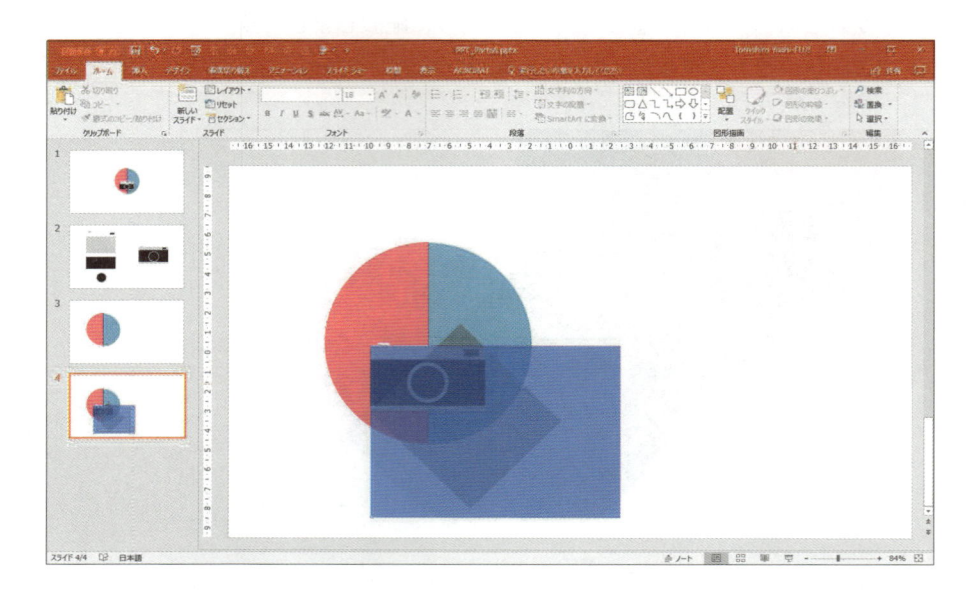

　ここで、Shiftキーを押しながら影のベースの四角形と新たに追加した四角形の両方を選択して、［書式］タブの［図形の結合］→［重なり抽出］をクリック。これでカメラ上部の余計な部分がなくなりました。

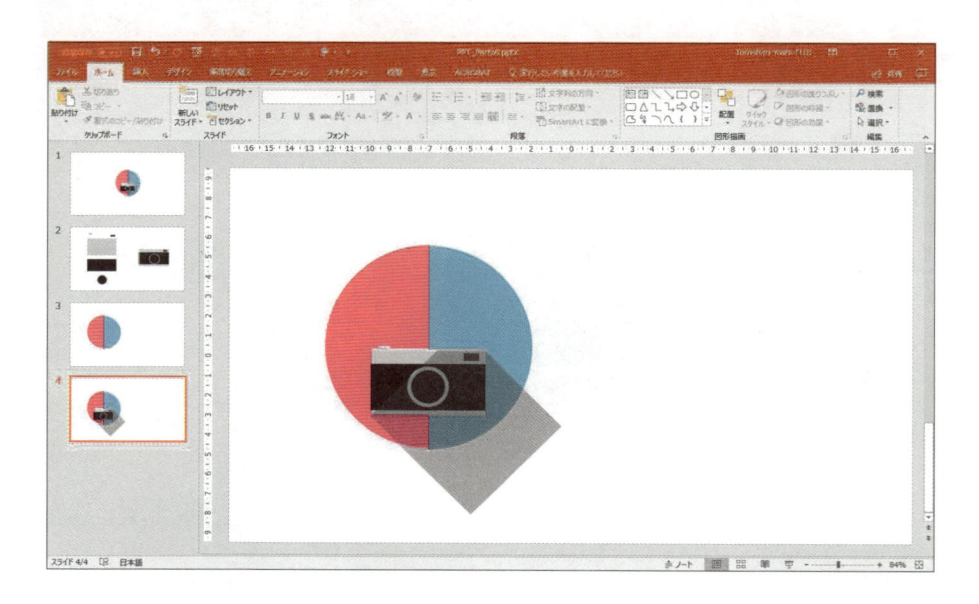

最後に今度は、座布団になっている円をコピー＆ペーストして、位置をぴったり合わせます。このとき、[左右中央揃え][上下中央揃え]を使ってしまうと、もとの場所がずれてしまうため、新しくペーストした円を右下に置いてから、[上揃え][左揃え]を使うと、もとの位置を変えずに位置をぴったりとあわせることができます。

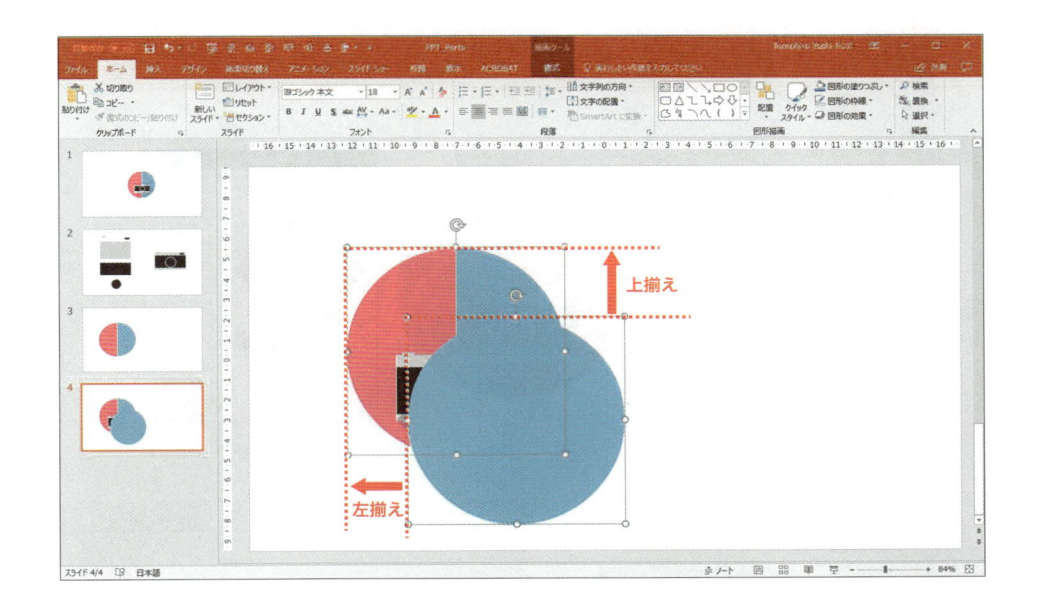

　円の位置がそろったら、Shiftキーを押しながら影のベースとこの円の両方を選択して、もう一度[図形の結合]→[重なり抽出]です。これで円からはみ出していた右下の部分を曲線に沿ってきれいに切り落とすことができました。

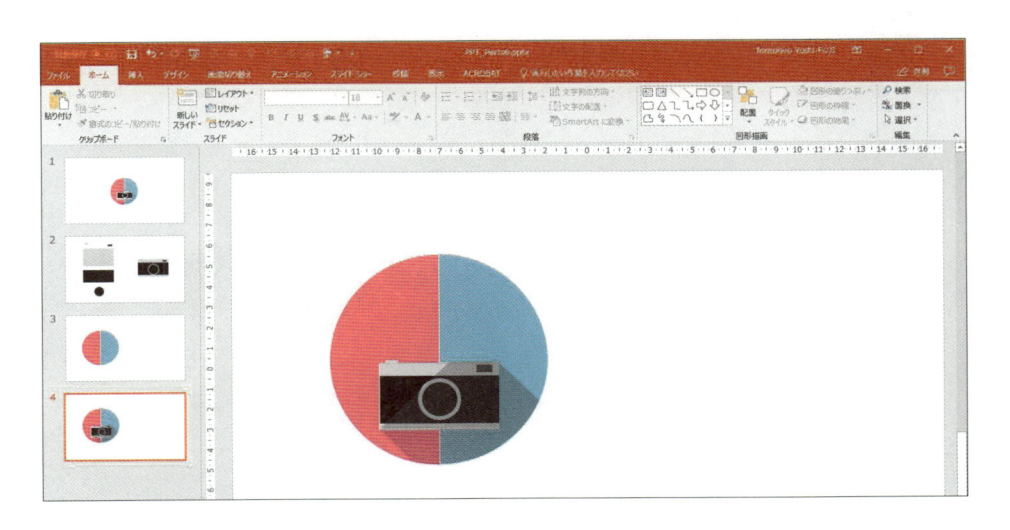

このままでは影のほうがカメラよりも前面にあって不自然なので、カメラのイラストを選択して右クリック→［最前面へ移動］を選び、影とカメラの重なり順を調整します。

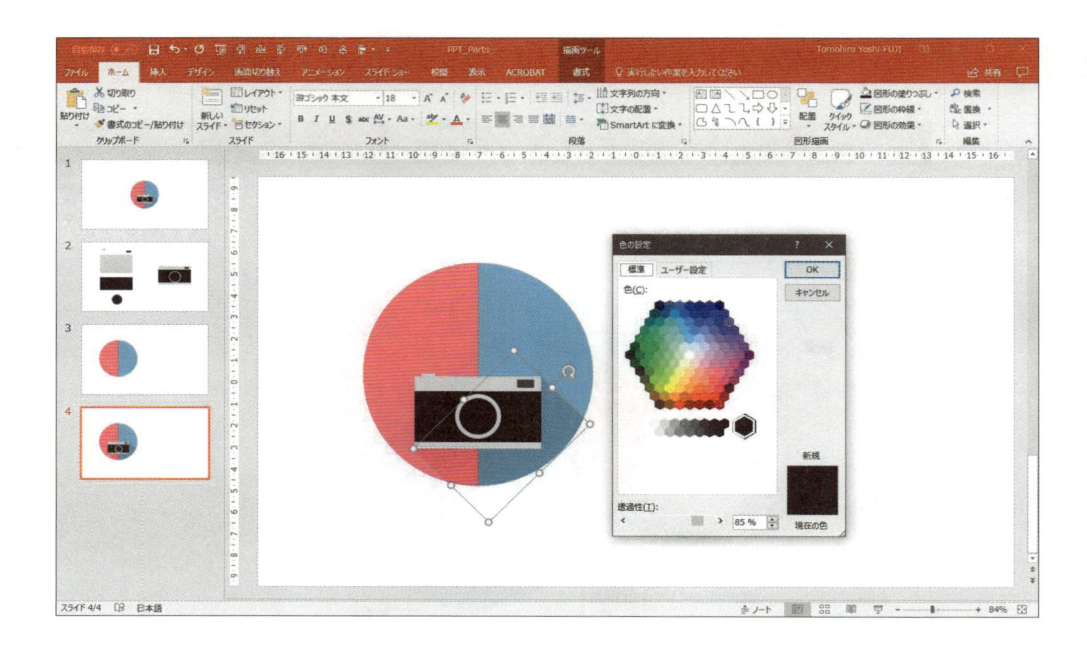

最後に影の色を調整しましょう。右クリック→［塗りつぶし］→［塗りつぶしの色］で［色の設定］ウィンドウを表示します。色は黒にして、透過性を85％くらいにすることで背景色がほどよく透けて影らしくなります。

これでアイコンの完成です。［図として保存］でPNG形式で保存しましょう。ちょっと複雑な影の形も、［重なり抽出］を複数回使うことできれいに再現できます。［図形の結合］メニューはいろいろと使い勝手がいいので、いろんなアイディアを試してみましょう。

［図形の結合］を使いこなす

PowerPointの［図形の結合］には5種類のメニューがあります（PowerPointのバージョンによって若干呼び方が異なります）。

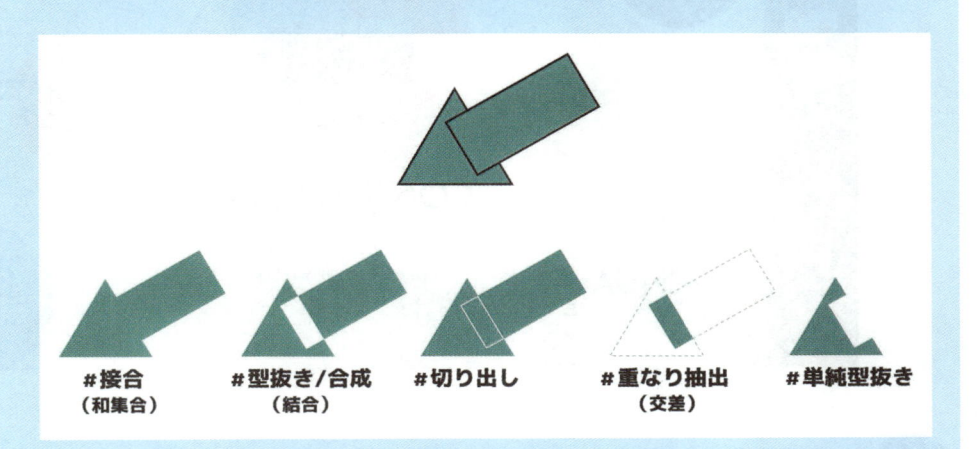

［接合］：図形をつなげてひとつにします。

［型抜き／合成］：図形をひとつにつなげますが、重なり部分が空き状態になります。

［切り出し］：図形の重なりに沿って、複数の図形に切り分けます。

［重なり抽出］：図形の重なった部分だけをひとつの図形にします。

［単純型抜き］：図形をもう一方の図形で型抜きします。

四角や円だけでは描ききれない複雑な図形を描く際には、この［図形の結合］を何度か組み合わせることで表現の幅が広がります。

手順④　Preziでレイアウト

保存した画像をPreziに挿入し、スペースを開けておいた上の部分にタイトルを配置します。

せっかく作った素材なので、カメラ単体、あるいはザブトン単体としても保存しておけば、それぞれを素材として使うことができます。この例のようなツートンカラーの円はPrezi単体では作れないので、色を変えたバリエーションを保存しておくと使いまわしがしやすく便利です。

5-2-4 アイコン×グラフ

　アイコンはタイトル部分にワンポイントで利用するだけではなく、グラフの構成要素としても活用することができます。たとえばこんなふうに、棒グラフの代わりにアイコンを並べて表現してみましょう。

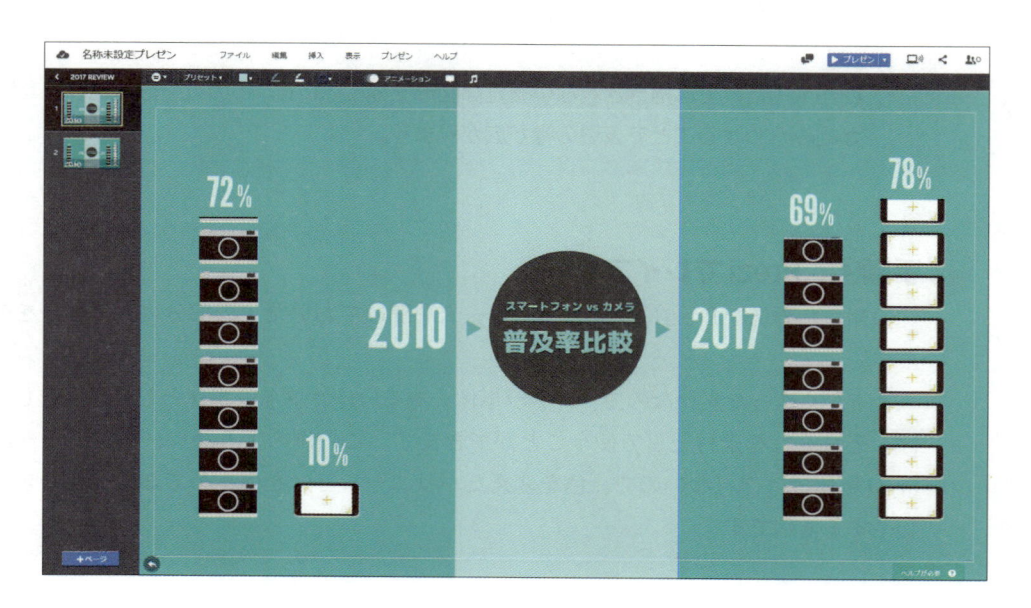

これで流行りのインフォグラフィックス風になります。なお、本当の意味での「インフォグラフィックス」は正確なデータリサーチと分析、そしてビジュアライズの工夫をベースとしたものなので、単に「絵を使ったグラフ」のことをインフォグラフィックスと呼ぶのは少し安直なのですが、サクっとキャッチーなプレゼン画面を作る場合には有効な手法です。

このようにアイコンをグラフ代わりに使う際に気を付けることは、厳密な数値の比較ではなく、大きな変化の比較であることです。10%が12%になるようなケースで使ったとしてもアイコンでその差を効果的に示すことはできませんが、10%が78%になるという大きな変化であれば表現することができます。

またこの例ではカメラの数値がほぼ変わっていないことも、いい比較要素として機能しています。

ここではグラフを作る際には「10%＝アイコン1個」として使っていますが、一桁の部分を表現する際には、アイコンの上から背景色と同じ四角形を置いてアイコンが部分的に消えたように見せています。

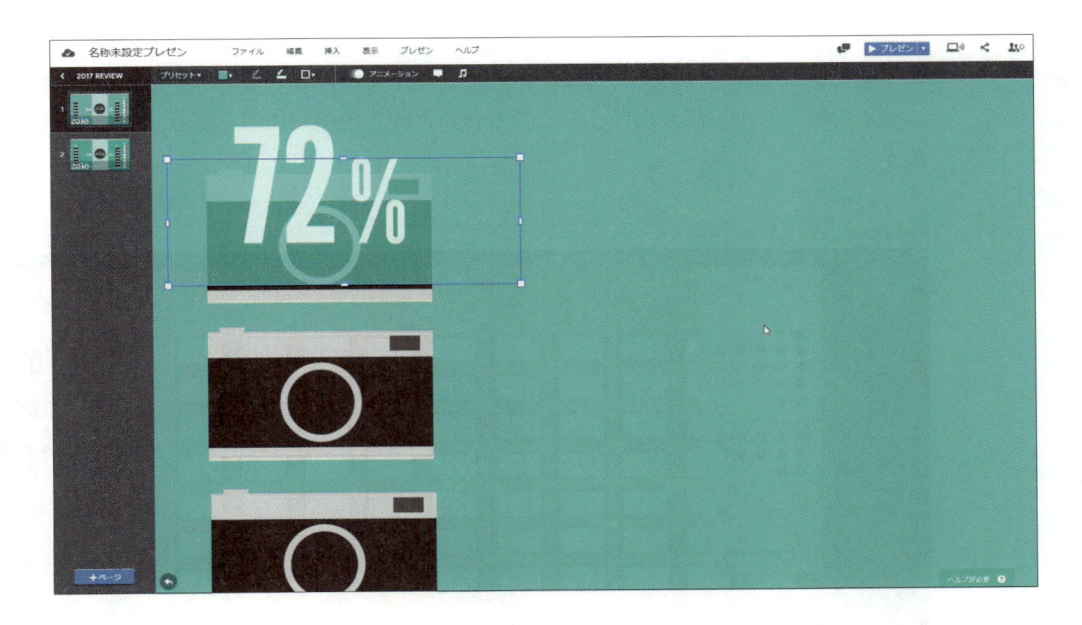

比較のグラフだけではなく、パーセンテージを表すときの表現にもアイコンが使用できます。

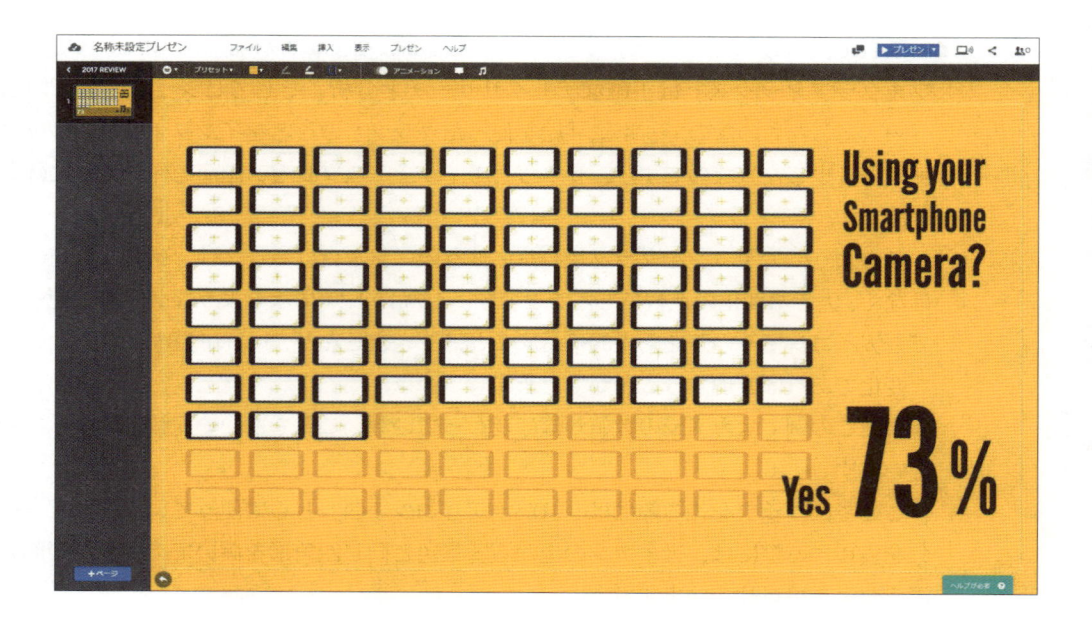

　この例では「1％＝アイコン１個」として使用しました。なお、並べるのは手作業になりますが、コピー＆ペーストを何度か繰り返すだけなので意外とスピーディーにできます。
　表示を薄くしたい部分には、ここでも背景と同じ色の四角形を配置し、半透明にしています。

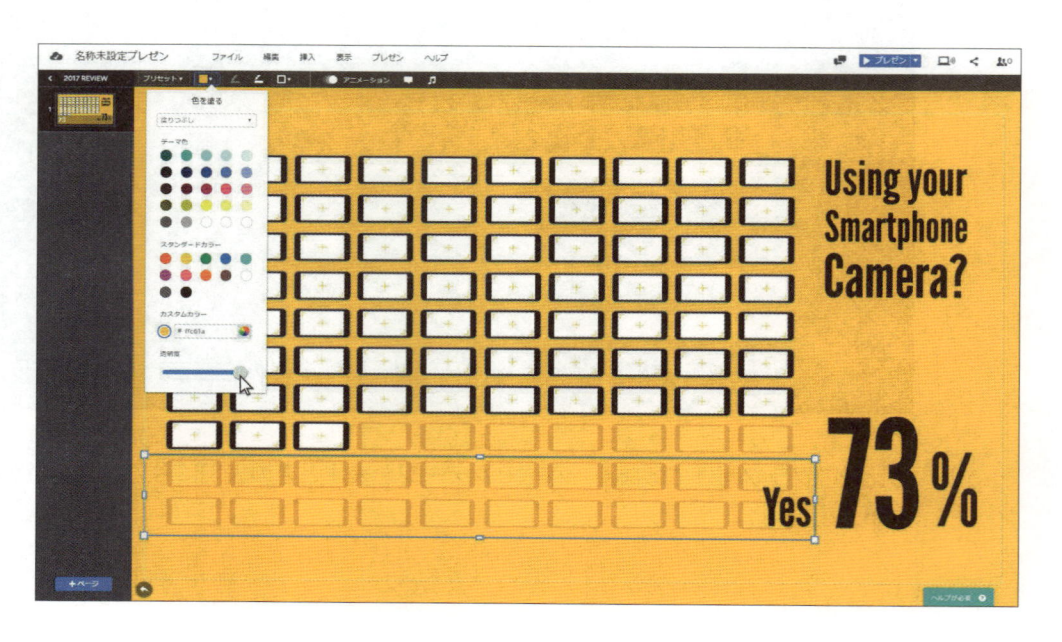

また、せっかくPreziでアイコンを使っている場合は、全体像を一度見せて終わりではなく、アイコンの1つにズームして見せると効果的です。アイコンを並べるだけであればPowerPointでもできますが、並べたアイコンにズームすることでPreziならではのダイナミックな見せ方をすることができます。

次のテーマにつなげたり、補足的な内容を記載するといった使い方がお勧めです。

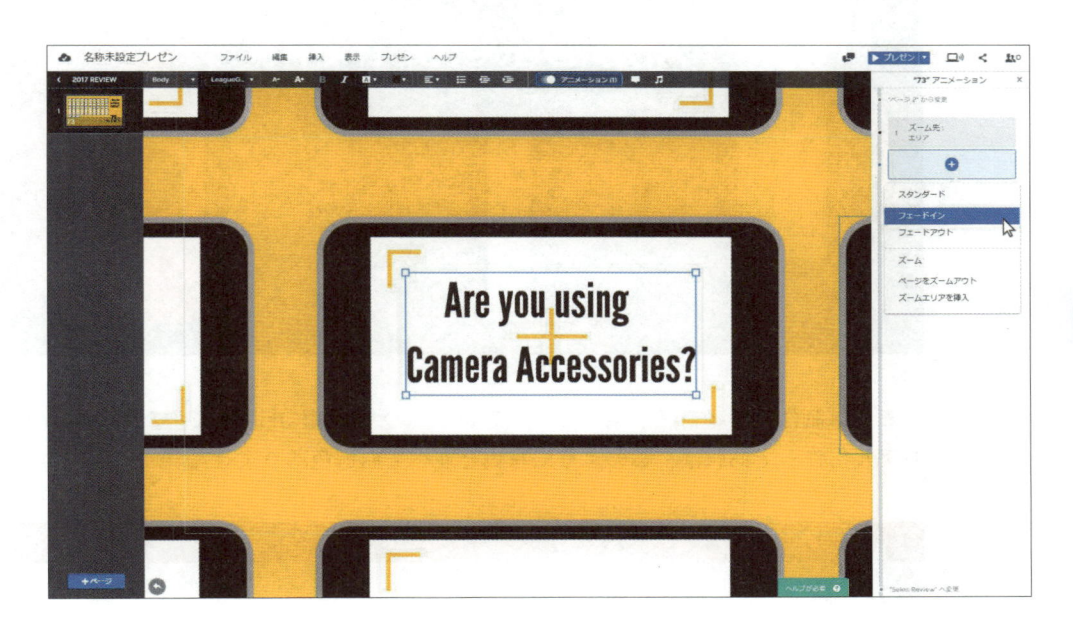

［ズームエリアを挿入］でアイコンのひとつにズームするように設定し、さらに［フェードイン］で文字が浮かび上がるように設定しておくと、きれいに見せることができます。

5-2-5 イラスト×メインコンテンツ

アイコンの作り方を応用すれば、よりリアルなイラスト素材の制作も可能です。Preziはどうしてもポップな印象に傾きがちですが、イラストをリアル寄りにすることで真面目な印象のプレゼン画面を演出したり、コンテンツをより印象的にすることが可能です。特に立体感のあるリアルなイラストは、Preziのズームの動きとの相乗効果によって画面への没入感を高めることができます。

アイコンよりもつくり込むことで見栄えのするイラストになるので、メインコンテンツとして聞き手の注目を集めたい部分に使うのがおすすめです。

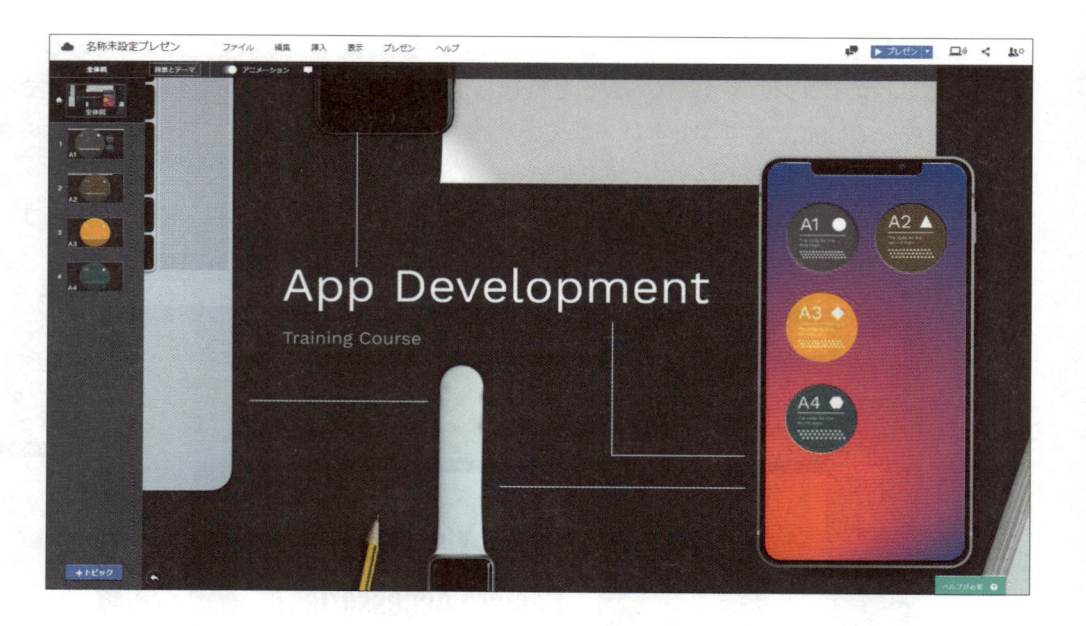

　これは制作したイラスト素材をテンプレートの全体図に配置してみた例です。ある程度リアルに作ってあれば、このように写真と並べても遜色ありません。

　リアルに見えるこの素材も、アイコンと同じく円や四角形の組み合わせで作っており、分解するとこのようになっています。分解してみるとかなり単純な形状の組み合わせでで

きているのがわかりますね。

　この例では、本体部分や画面部分には［四角形：角を丸くする］を使って四隅がカーブした四角形を描いています。

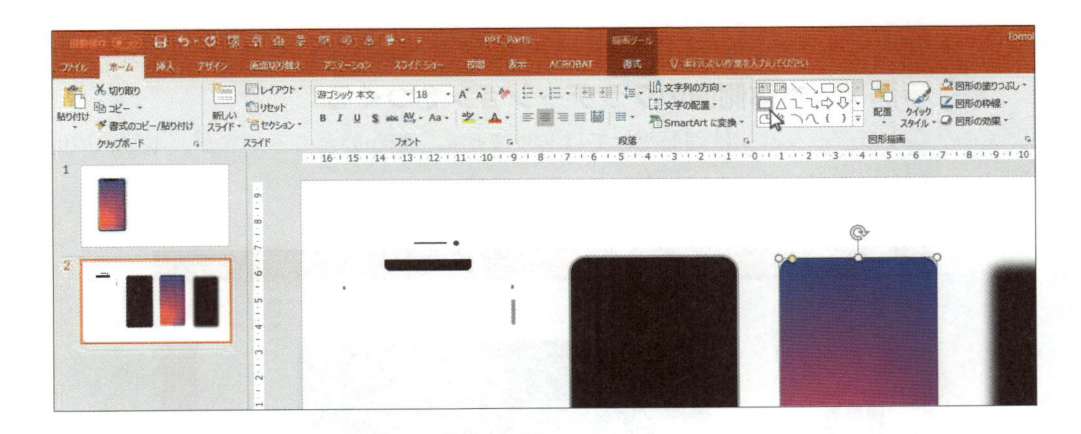

　アイコンはフラットなカラーリングにするためにベタ塗りにしていましたが、今回のようなリアル風なイラストにするポイントは、「グラデーション」と「影」です。どのような設定をしているか見てみましょう。

手順①　画面のグラデーションをつくる

　まずスマートフォンの画面ですが、ここはグラデーションの［種類］を［放射］にすることで円形に自然に広がるようなグラデーションにしています。色は赤系から青系への変化にしていますが、青系から緑系といった色合いもこうしたモックアップ画面にはよく使われます。

手順②　本体側面のグラデーションをつくる

　グラデーションは画面だけではありません。細かいところですが、本体の周囲のグレー部分にもグラデーションがかかっています。

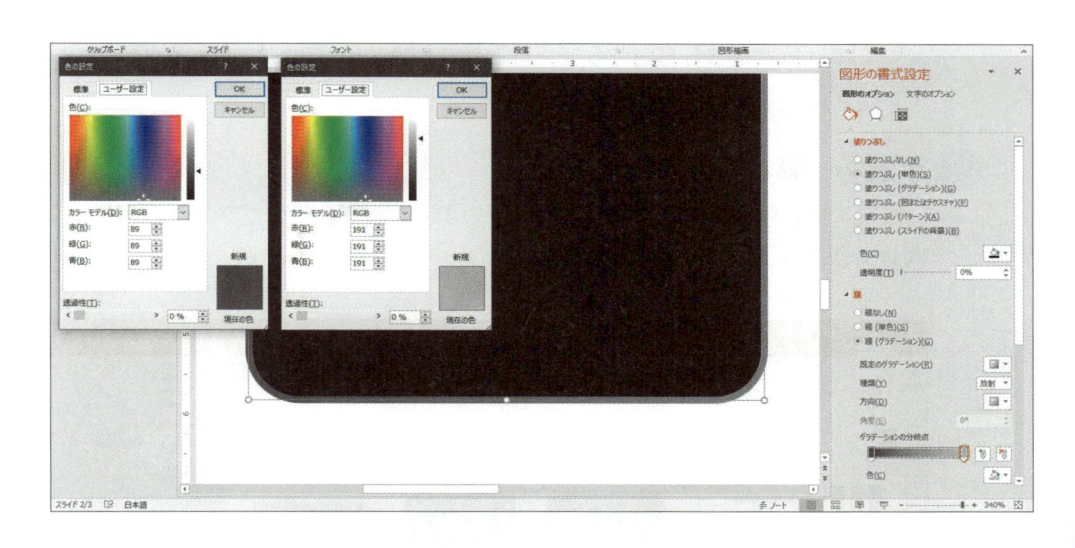

このように、本体の黒い形状を囲む線にグラデーションが設定されています。わずかなグレーの色味の差ですが、これがあることでイラストがより立体らしく見えるようになります。特にグレーのグラデーションは金属的な質感を表現することができるため、工業製品をイラスト化する際にはよく使われます。

手順③　透明度のグラデーションをつくる

色の変化だけでなく、透明度を使ったグラデーションも効果的な要素として使われます。こちらはカメラのレンズ部分のパーツを拡大したものですが、レンズのハイライトを表現するために白の透過性を変えてグラデーションを作っています。

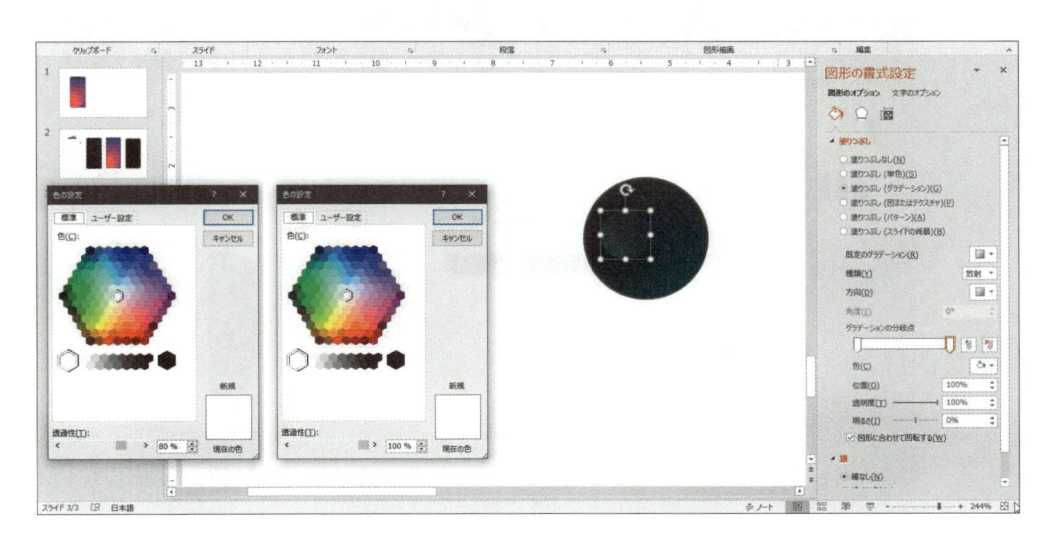

ここでは色はどちらも白にして、透過性を80%から100%に変えるグラデーションとしています。

手順④　影と細部をつくる

　最後に影と細部を加えて作りこみを行います。まず、影はザブトンの素材づくりの時と同じように、［ぼかし］を使っています。

　細部はこのように小さなボタンやライン状のパーツを描いて組み合わせています。とはいえ小さいだけで特に複雑なものはありません。ボタン部分などは、線を引いているだけです。

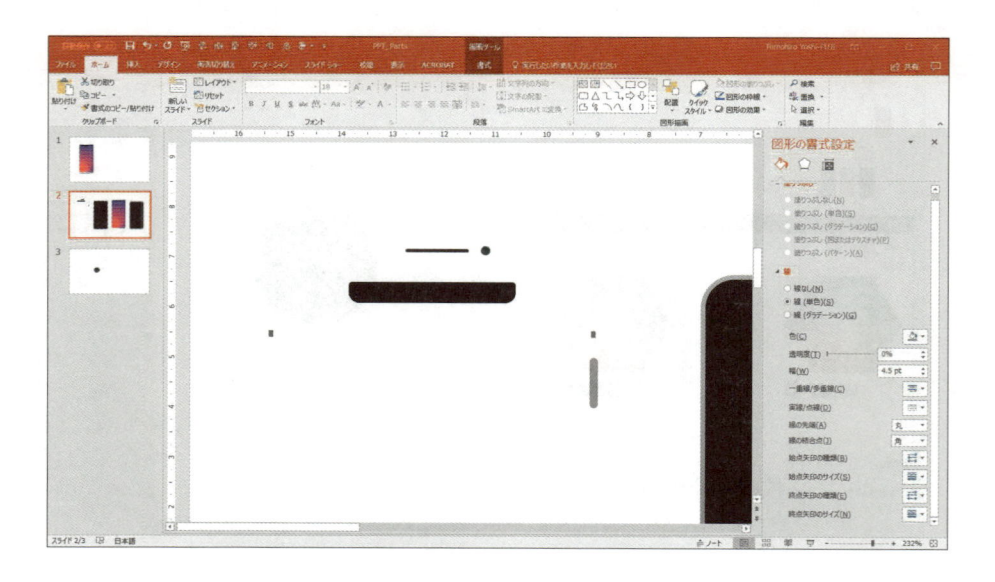

［線の先端］を［丸］にすることで、ボタンの端部の曲面を再現しています。筐体側面にあるラインの部分も短く線を引いただけです。PowerPoint上では単なる線ですが、こうした細部のパーツの有無でイラストから受ける精密さの印象が変わってきます。対象をよく観察して丁寧に描くのがポイントです。

これらを組み合わせてひとつの画像にしますが、影は最背面に置いてすこしだけ中心からずらしておくのがポイントです。自然な影に見えるようにするには、影を濃くしすぎず、わずかにのぞく程度にしておくとよいでしょう。

これで完成です。［図として保存］でPNG形式で保存しましょう。

手順⑤　Preziで配置する

描きこんだイラストはアイコン的に小さく使ってもよいですが、せっかく手をかけた素材なので大きく使ってみましょう。このサンプルでは、デスクトップを上から見た写真が使われたテンプレートに素材を配置しています。また「アプリ開発」というプレゼンの内容にあわせて、スマートフォンの画面内にアイコンのようにトピックを配置しました。

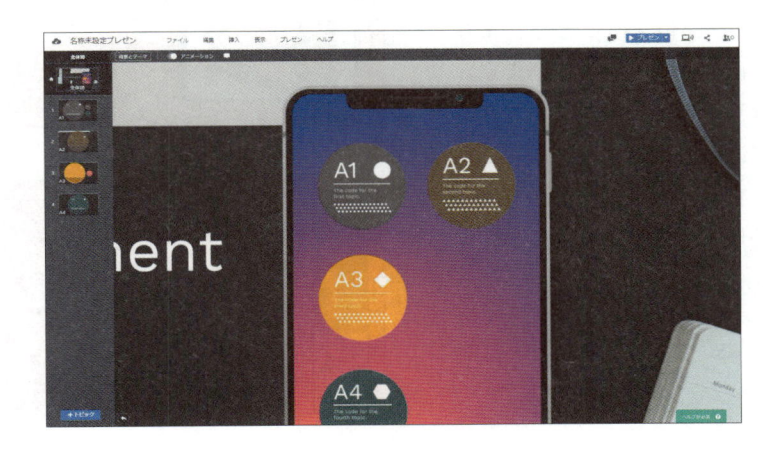

今回例として取り上げたスマートフォンなどであればWeb上にフリーの素材がたくさんありますが、自社製品のようなオリジナルなものをプレゼンで表現したいときには、PowerPointで一度描いておくとPreziだけではなくいろいろなシーンで利用できるので汎用性が高く、おすすめです。

　なお、本物に近い状態まで描きこむだけであれば写真を使えばよいという話なのですが、特にイラストにする大きな理由の1つは、次のようなフェイク効果を狙う場合です。

　この例では、縦スクロールを表現するために現実にはない縦に長いサイズのスマートフォンを描いています。

　2つめの画面までは本物っぽくみえますが、画面が下に移動するにしたがって縦の長さを強調し、聞き手にちょっとした驚きとおもしろさを提供しています。

　そして最後の画面では、実際にはありえない長さのスマートフォンであることを種明かししています。このように「本物っぽいけど本物ではない」というイラストをPreziの動きと組み合わせることで、より強い印象を作り出す効果を狙っています。

　写真とは異なり、自由に形を変更できるイラストならではの表現です。

　この例では、Prezi Nextで［ズームエリアを挿入］を使用してこのように設定しています。

　最初から縦長のイラストが見えてしまうと聞き手の驚きがなくなってしまうため、2番目の画面にズームしてから、縦長のスマートフォンと文字を［フェードイン］するように設定しています。これで2番目の画面の段階ではスマートフォンの上部だけが表示されるので、普通のスマートフォンであるかのようなミスリードを誘うことができます。

　フェイクイラストはPreziの動きとの組み合わせのアイディアでいろんな表現の可能性があります。

　リアルなイラストは、塗りをなくして枠線だけにして設計図のようなイメージで見せるという使い方もあります。

立体イラスト×浮遊感

　Preziのズームの相乗効果を高めるために有効な素材としては、立体的なモチーフ素材が挙げられます。簡単に用意することができて、さらに浮遊感や奥行きを強調した見せ方が可能です。

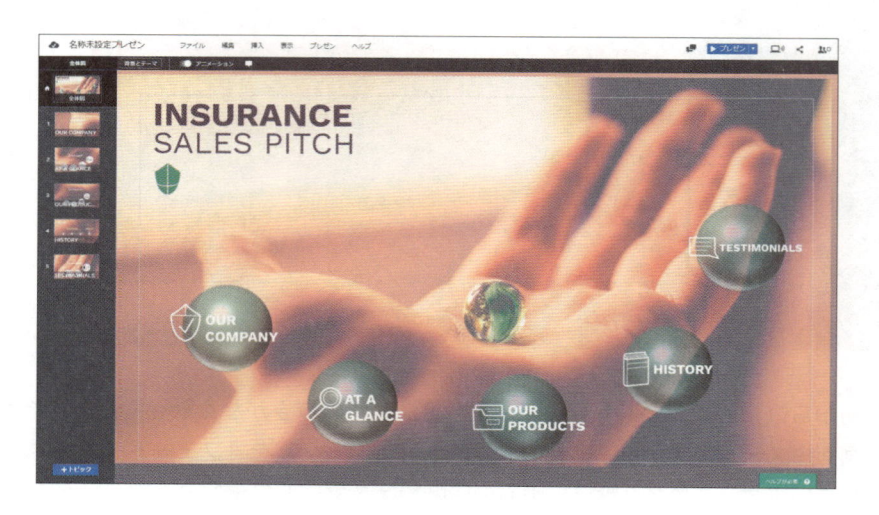

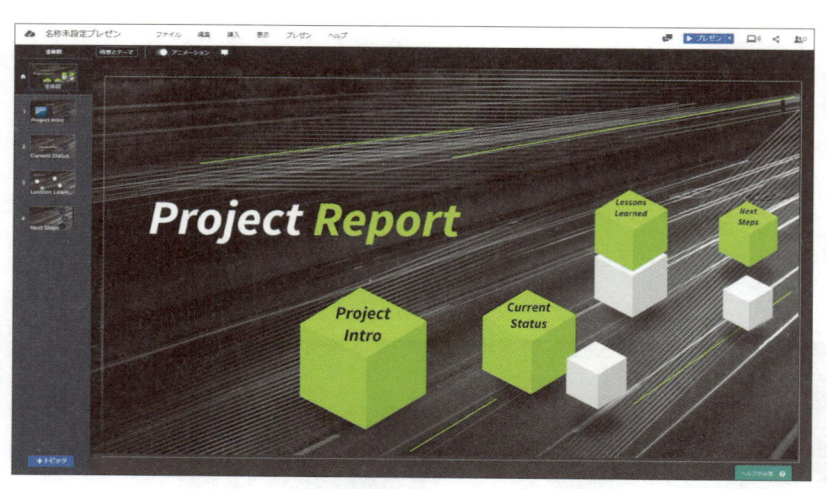

　こうした球体や立方体素材とズームを組み合わせることで、空間を飛び回るような錯視効果を持たせることができます。

　トピックカバーとして使うだけでなく、「あしらい」としてプレゼン全体にちりばめて使っても効果が高く、おすすめの素材です。

それでは作り方を見ていきましょう。まずは球体からです。

◉ 手順① サイズを決めて円を描く

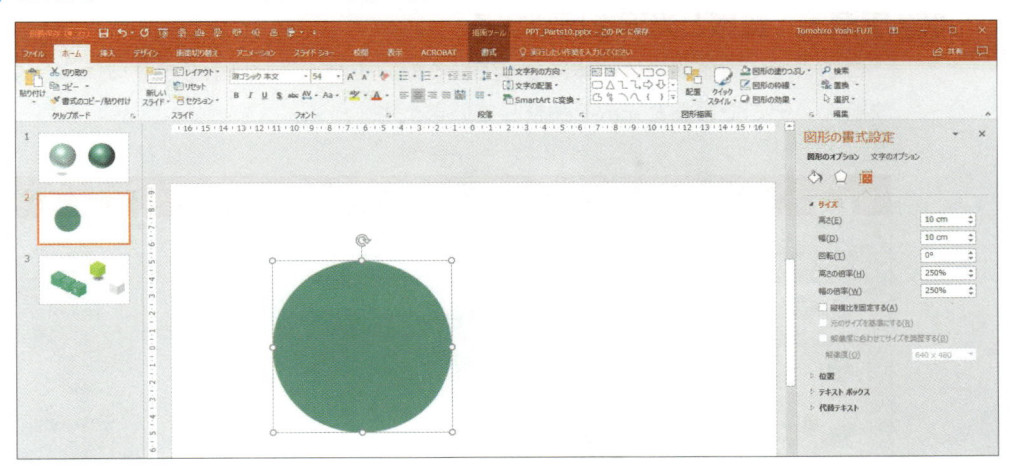

　円を描き、[図形の書式設定] の上部で [図形のオプション] → 右側の [サイズとプロパティ] アイコン（四角形に十字マークのあるアイコン）をクリックし、[サイズ] 項目の [高さ] [幅] をそれぞれ10cmにします。サイズをここで正確に決めておくことで、この後の設定が簡単になります。

◉ 手順② 立体化する

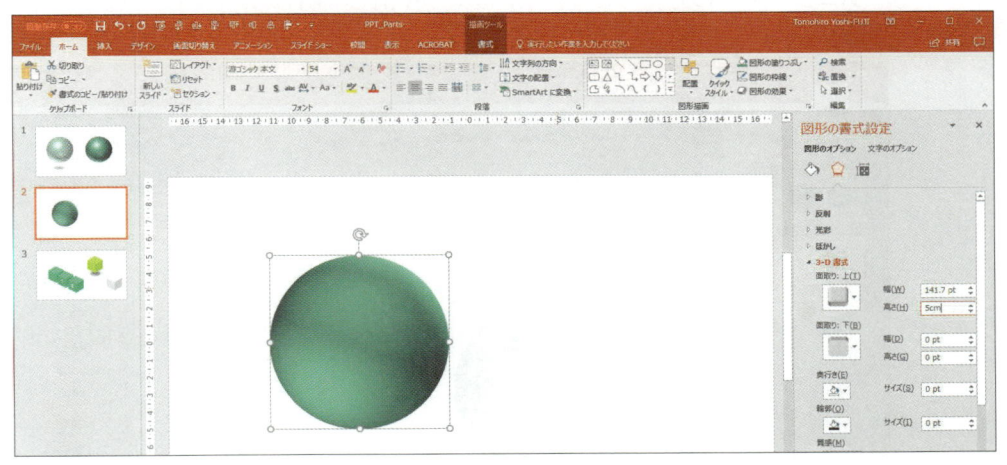

　[図形の書式設定] の上部で [図形のオプション] → [効果] アイコン（五角形のアイコン）をクリックし、[3-D書式] を設定していきます。ここが画像を立体的に設定する部分です。

［面取り：（上）］の［幅］［高さ］それぞれに、円のサイズの半分5cmを入力します。cmで入力しても自動的にptに変換されます（ここでは141.7ptとなります）。

ここまでで数値的には球体になっているのですが、見た目上あまり球体らしく見えていません。そこで質感と光沢を調整していきます。

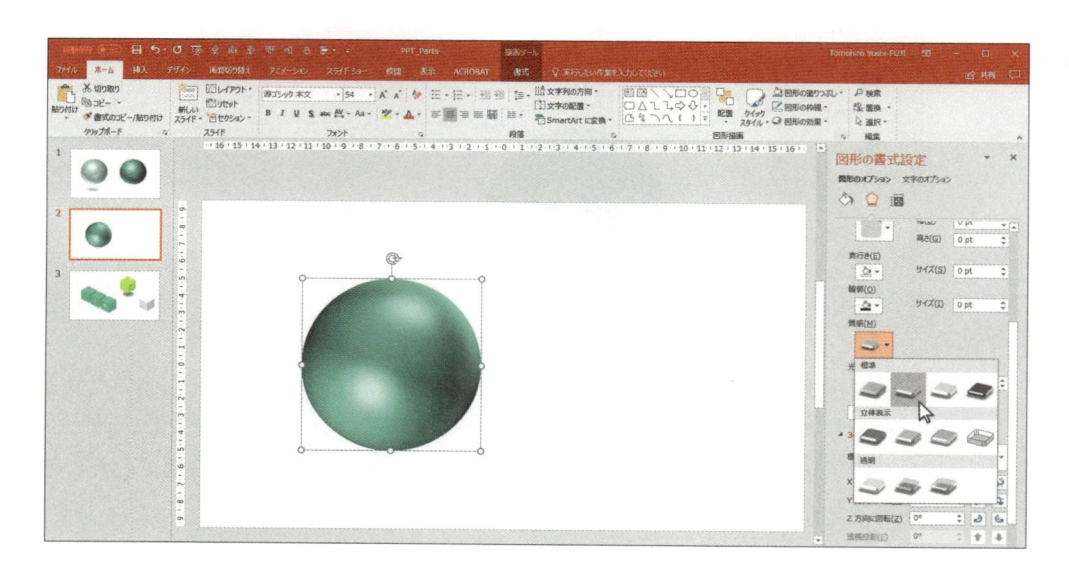

メニューの下の方にある［質感］を［つや消し（明るめ）］にします。

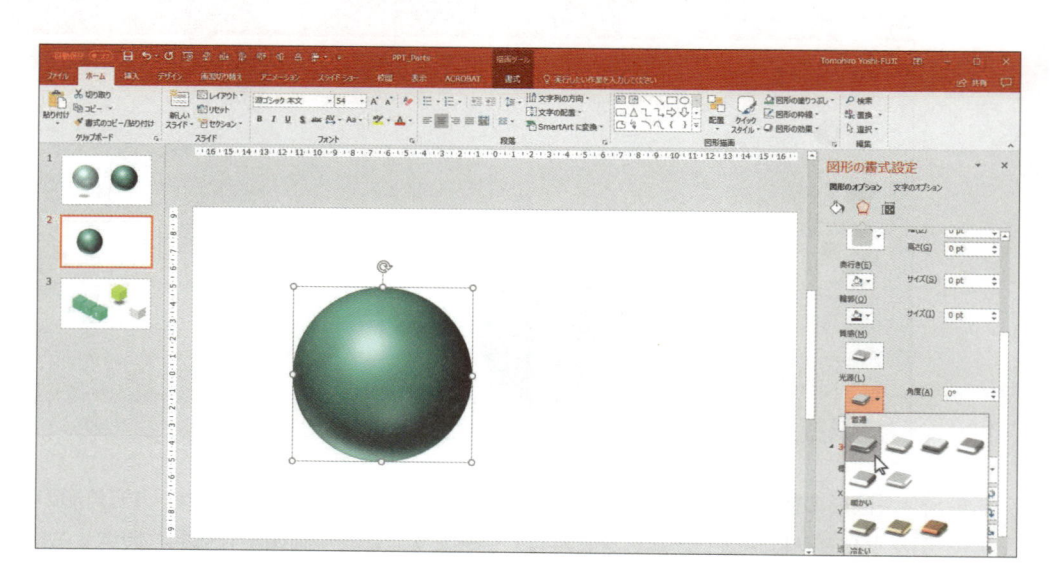

さらに、［光沢］を［3点］にします。これで球体らしい光と陰影がつきました。球体そのものはこれで完成です。

　［塗りつぶし］の色や［透過性］を変更すれば球体のまま色を変えることができるため、一度作っておくとさまざまなバリエーションを生み出すことができます。

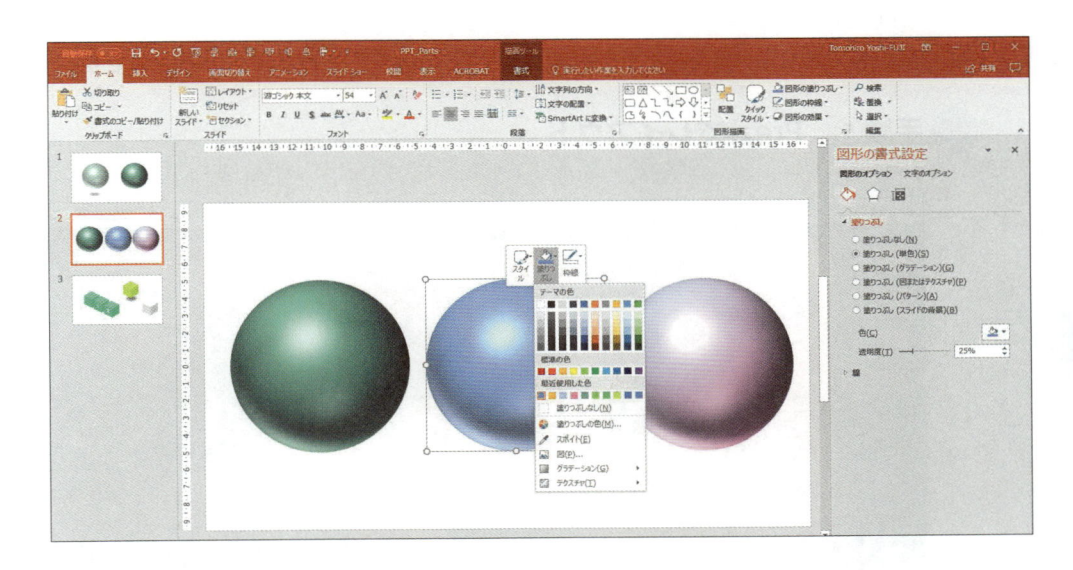

◉ 手順④　影をつくる

　浮遊感を演出するときに効果が高いのが、下に影を置く手法です。

影のつくりはこれまでと同じ。楕円を描いて［ぼかし］の数値を調整しましょう。球体と影を近づけると床に置かれたように見えますし、球体から少し離して配置すると、浮いているように見えます。浮かんでいる方が影は小さく薄いので、サイズと［透過性］を調整して違いを出してみましょう。

　Prezi用に保存する際には、球体そのものと影をそれぞれ別ファイルとして［図として保存］しておくと、Prezi上で自由な位置関係でレイアウトできるので便利です。

手順⑤　Preziでレイアウト

　球体はどこにレイアウトしても様になるので使いやすい素材で、ビジネス用途でも幅広く使えます。塗りの透明度を調整して半透明にしておくと、より軽やかで柔らかいイメージになります。

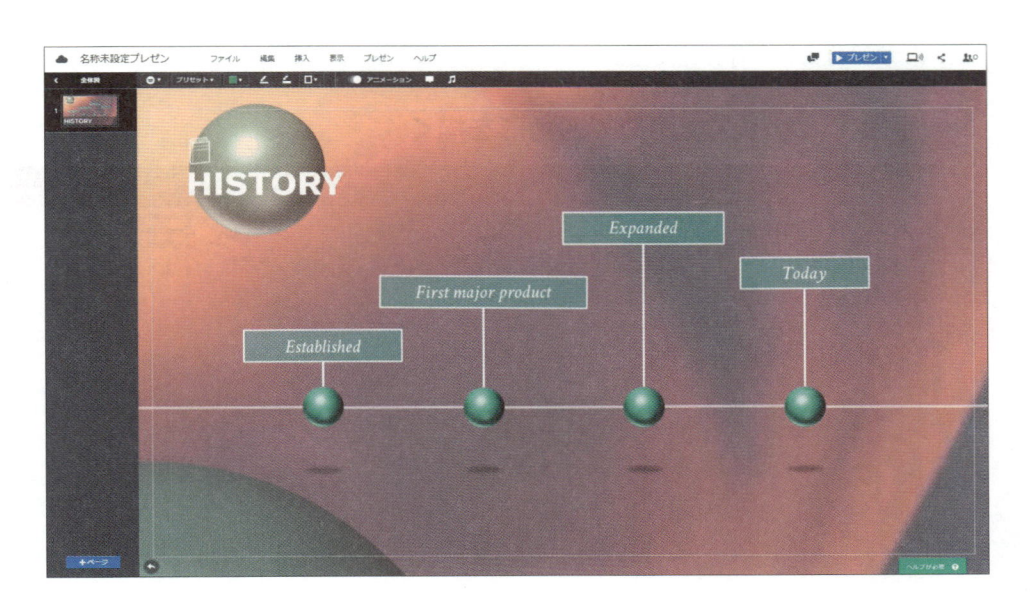

　このように、フロー図のポイントとして使うアイディアもあります。特にPreziで使うときは、背景に写真を設定しておくと動かしたときの浮遊感がより強く感じられる画面になります。

　Prezi Nextに挿入した素材画像のサイズをきっちりそろえたいときがあると思います。そんなときにはこの手順でやってみましょう。

①2つの画像の上端をあわせる。黄色いガイド線が表示されます。
②右下隅をドラッグしながらゆっくりサイズを変更していくと、下端に同じようにガイド線が表示される瞬間があるので、ここでドラッグを終えれば、同じ幅にそろえることができます。

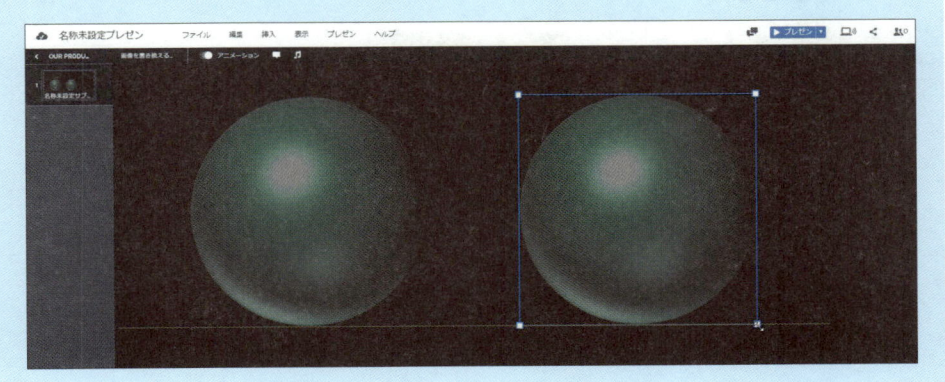

次は立方体の作り方です。

　円と同じように、四角形を描いてから正確に数値を定めます。四角形を描いたら、［サイズ］項目の［高さ］［幅］をそれぞれ 10cm にします。

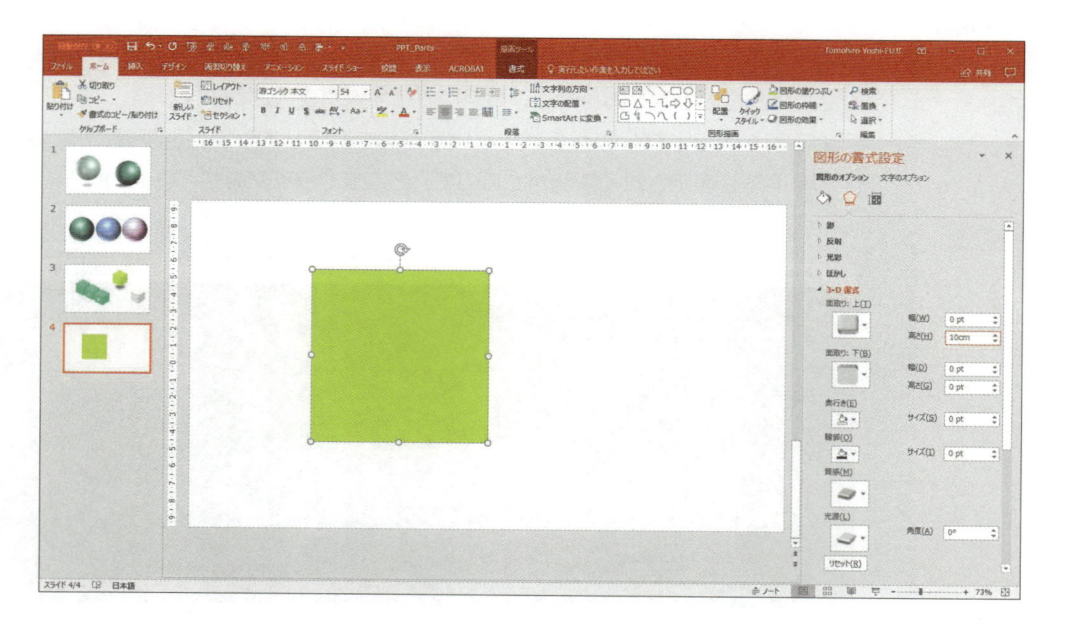

次に、これも円と同じように［3-D書式］を設定します。［面取り：（上）］［高さ］に先ほどの四角形のサイズと同じ　10cm と入力します（自動的に 283.5pt となります）。

これですでに立方体になっているのですが、見た目には変わりません。これは四角形を正面から見ているためです。

手順③　角度を設定する

四角形の配置角度を変えることで、立体化されている様子がはっきりとわかるようになります。

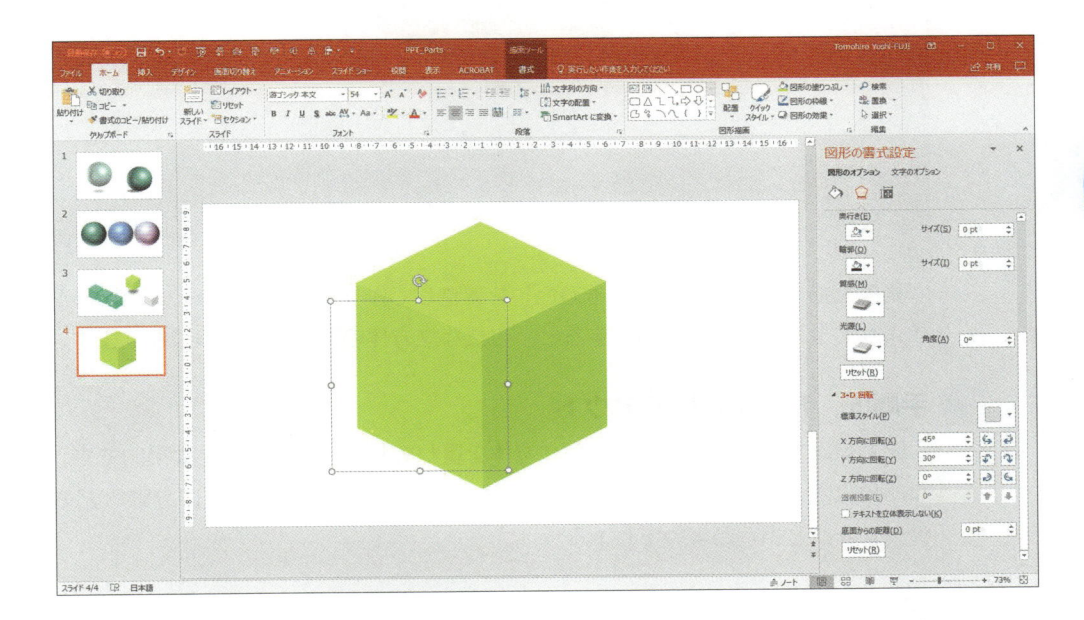

［3-D回転］の項目で、［X方向に回転］を45°に、［Y軸方向に回転］を30°に設定します。これで立方体素材の完成です。

手順④　影をつくる

ここでも円と同じように影をつくっておくと、浮遊感の演出に使えるので非常に便利です。

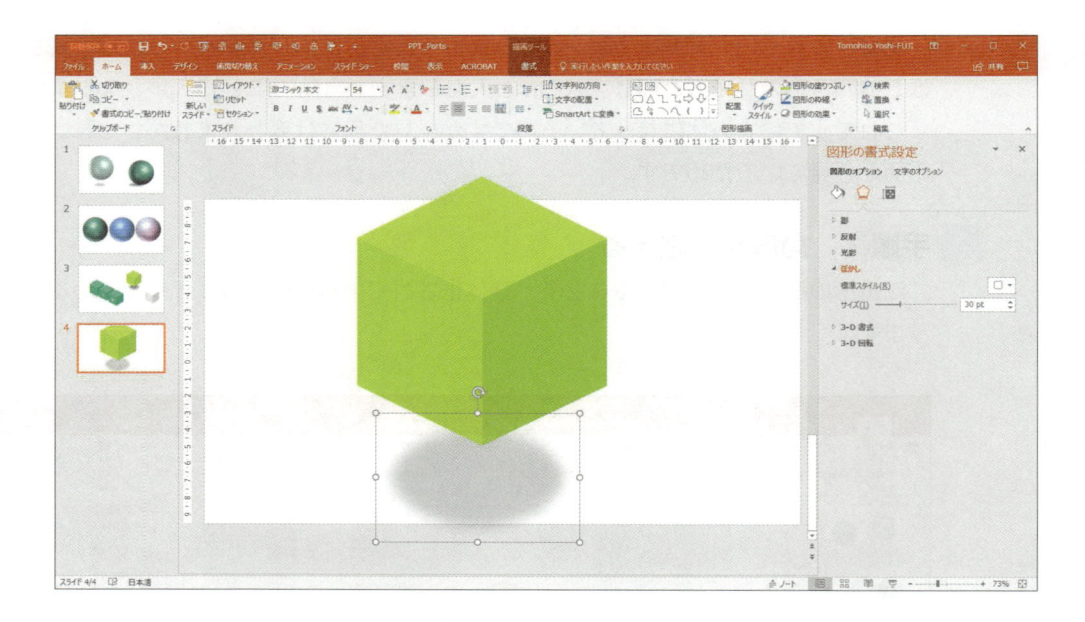

　楕円を描き、[ぼかし] と [透過性] を調整して作ります。さきほど球体の影を作ったときよりも上下の幅を大きめにすると、自然な立方体の影に見るようになります。

手順⑤　Preziでレイアウト

　影と組み合わせたり、色違いの立方体を重ねてレイアウトすると効果的です。ソリッドな印象になるため、かっちりとしたイメージを出したいときや、IT分野などのプレゼンテーションと相性がよいでしょう。

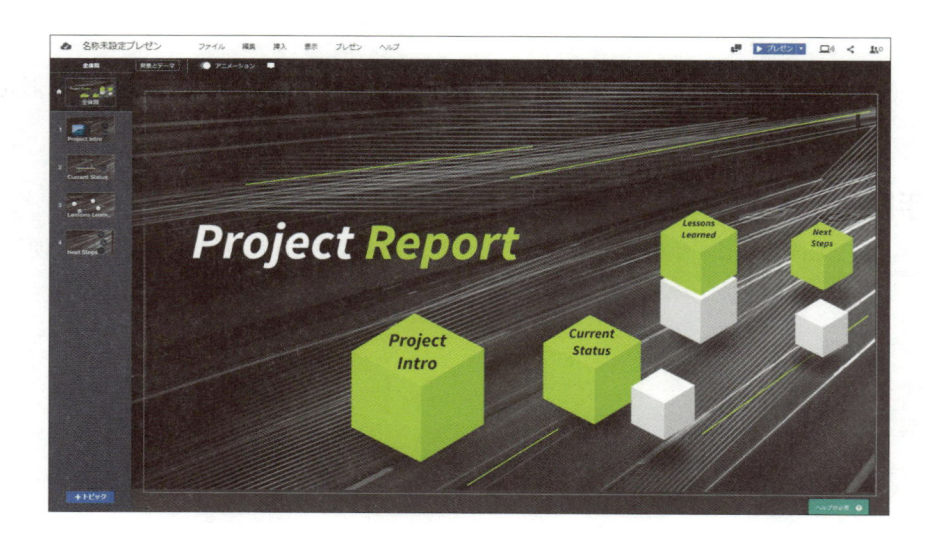

「あしらい」としてプレゼン全体に使うのもおすすめです。

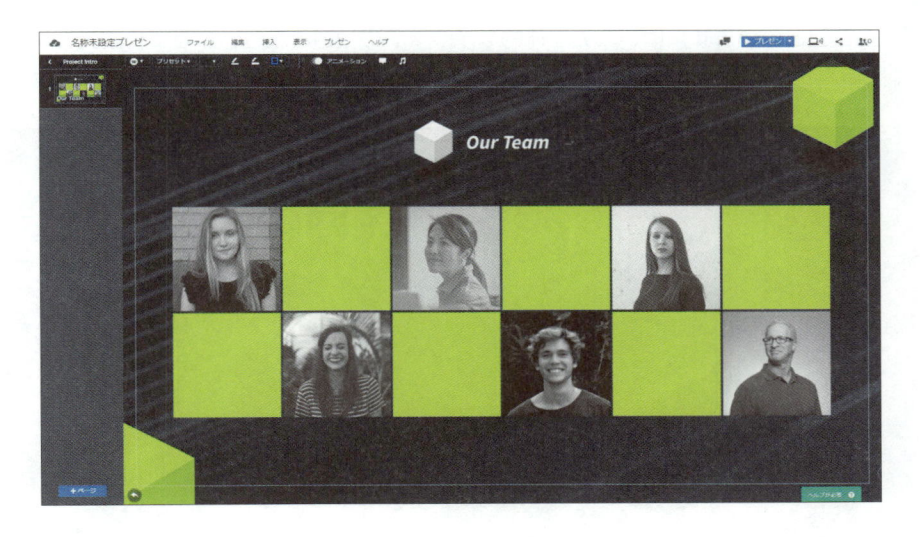

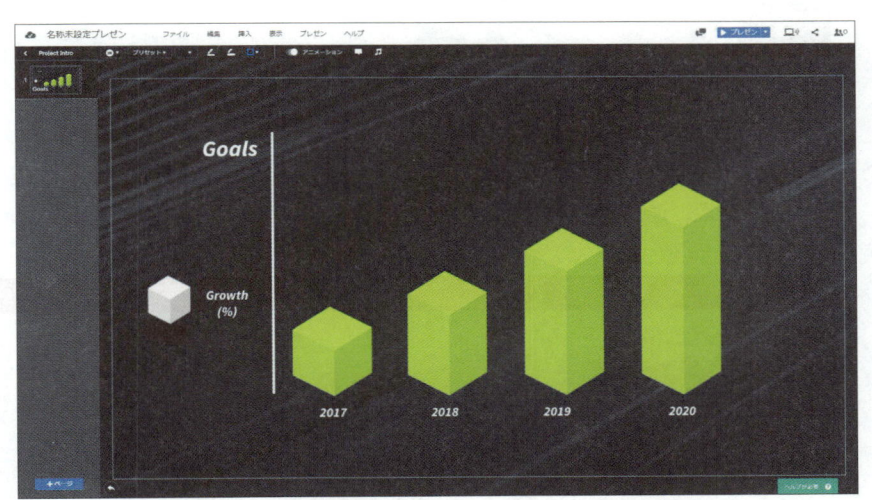

　立方体を縦に積み重ねることで、簡単なグラフも作ることができます。厳密な数値でなければこのようにイラスト要素だけでもグラフ表現ができますし、既存のグラフとは異なるスタイリッシュな見せ方ができます。

Webサイトなどでたまに見かけるこうした俯瞰視点でのイラスト（アイソメトリック図といいます）は、この立体的なイラストの地道な組み合わせで作成できます。

　細かいパーツを組み合わせるので多少の時間はかかりますが、PowerPointだけでもこのくらいのものを作ることができます。この例はビルを3点、人を色違いで3点、木を1点、道を2点作って、Prezi上でレイアウトしたものです。

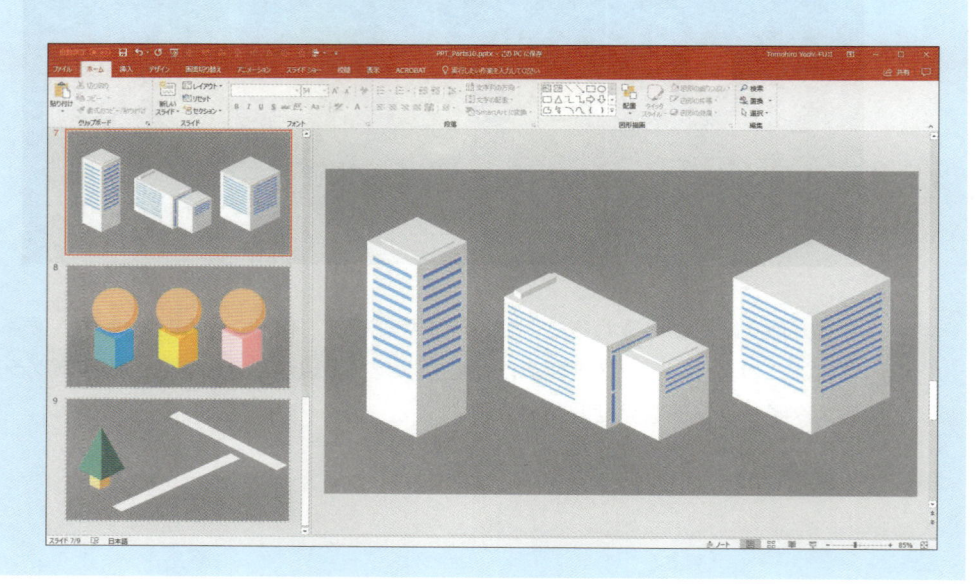

PowerPointグラフの再利用×マーケ資料

　グラフの話が出たので、PowerPointの既存グラフの再利用のテクニックを解説しましょう。たとえばマーケティング関連資料などで、PowerPointですでに作成しているこうしたグラフがある場合、これをPreziに挿入する方法です。

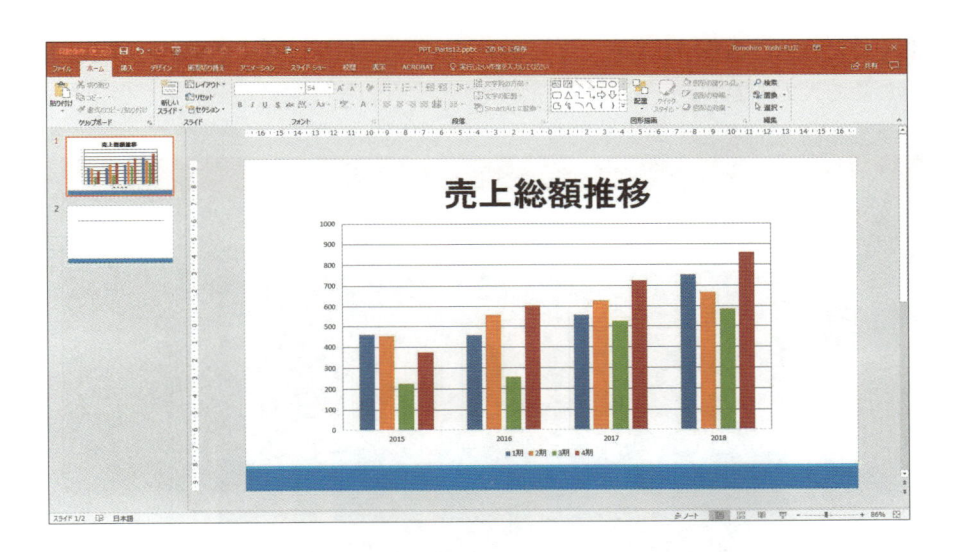

　もちろんこの図を［図として保存］してPreziに挿入することができるのですが、そのままでは見づらくなってしまうケースが多くあります。

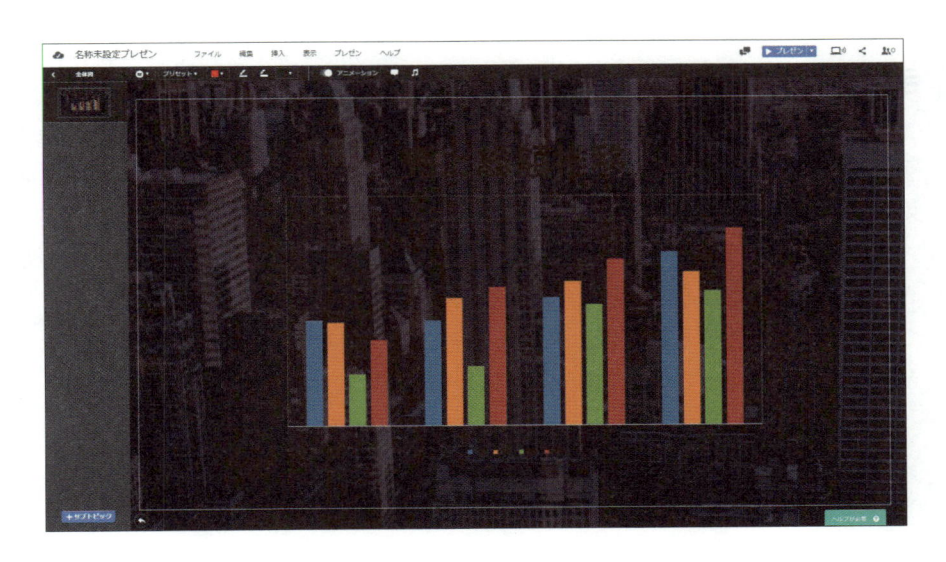

PowerPointの既存のグラフをPreziできれいに見せるためには、ちょっとした下準備をおすすめします。これを行うにはPowerPointデータを変更してしまうので、元データではなくて、いったんコピーしたものを作って作業をするようにしましょう。

手順①　背景色をあわせる

　まずは、Preziの背景色をいったんPowerPoint上で再現します。あらかじめこれをしておくことで色の調整がしやすくなります。厳密に一致させなくてもいいので、おおよそのところで大丈夫です。

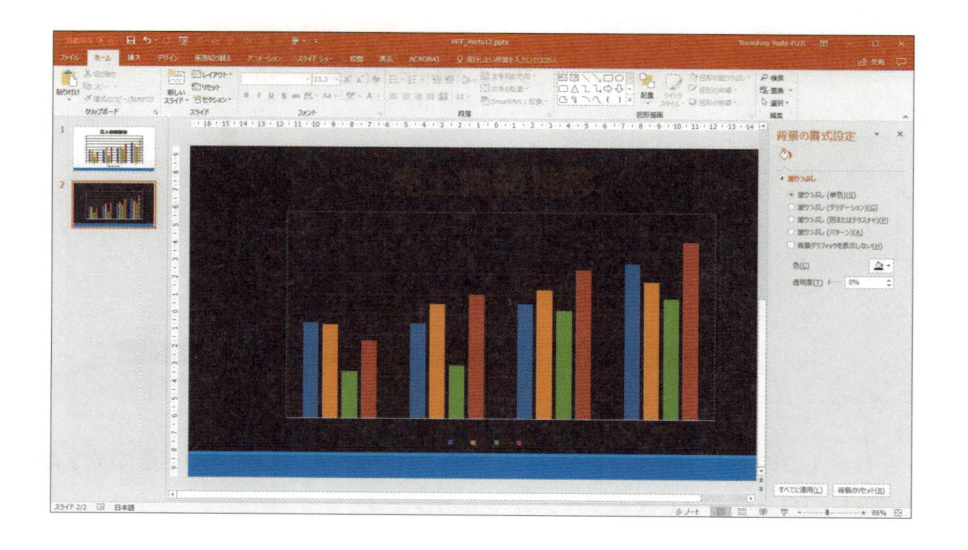

手順②　いらない要素をはずす

　グラフのなかで本当に見せたい本質が何かを考え、情報を絞り込みます。PowerPointのデータは概して情報過多なのと、デフォルトではあまり美しくないので、不要な要素をカットしてしまう方がきれいに見せることができます。

　たとえばこの例のように売上推移のグラフで「4年間で徐々に増えていることが主張できればよい」と考える場合には、細かな目盛り線などは不要と判断できます。

　シンプルなやり方としては、タイトルや凡例などはすべてPrezi上でレイアウトすることにして、思い切ってグラフ部分だけにしてしまうことです。

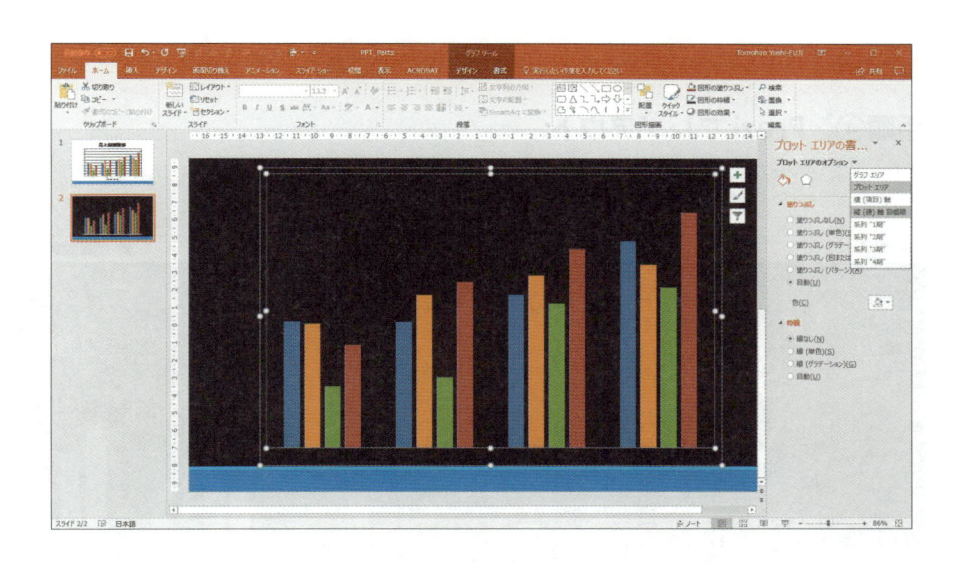

　［プロットエリアの書式設定］の上部のドロップダウンリストから各要素を選択して、［線なし］などを選択していきます。タイトルや凡例部分などは、クリックしてDeleteキーで消すことができます。

手順③　色を変える

　背景色にあわせて、視認性の高いカラーを再設定します。そもそもPowerPointのデフォルトでは色をたくさん使ってあるのですが、個々を区別して見せることが目的でなければ色数は抑えて、同系色で明度を変えるだけに留めておく方がスタイリッシュに仕上がります。

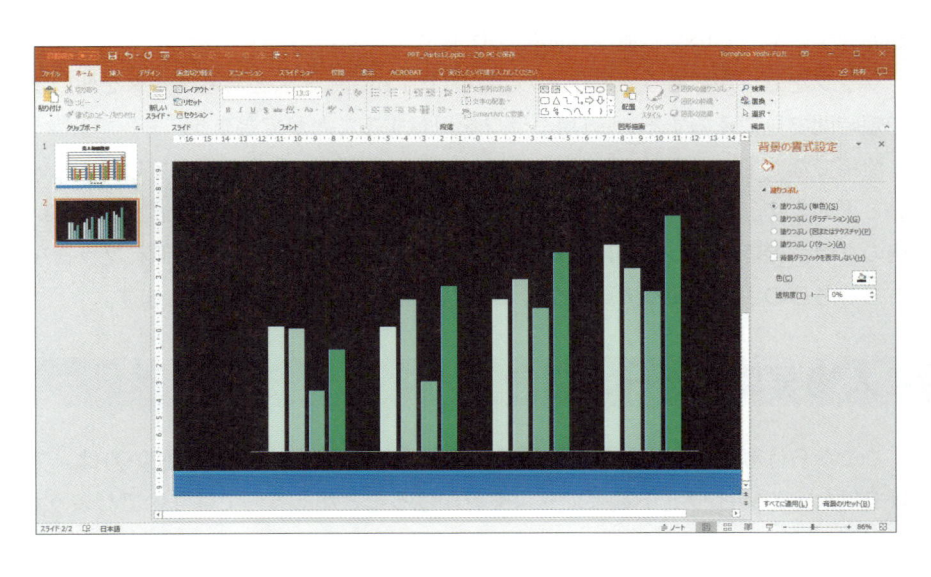

ここまでできたら、［図として保存］でPNG形式で保存しましょう。

◉ 手順④　Preziでレイアウト

Preziでグラフのタイトルや凡例をレイアウトしていきます。

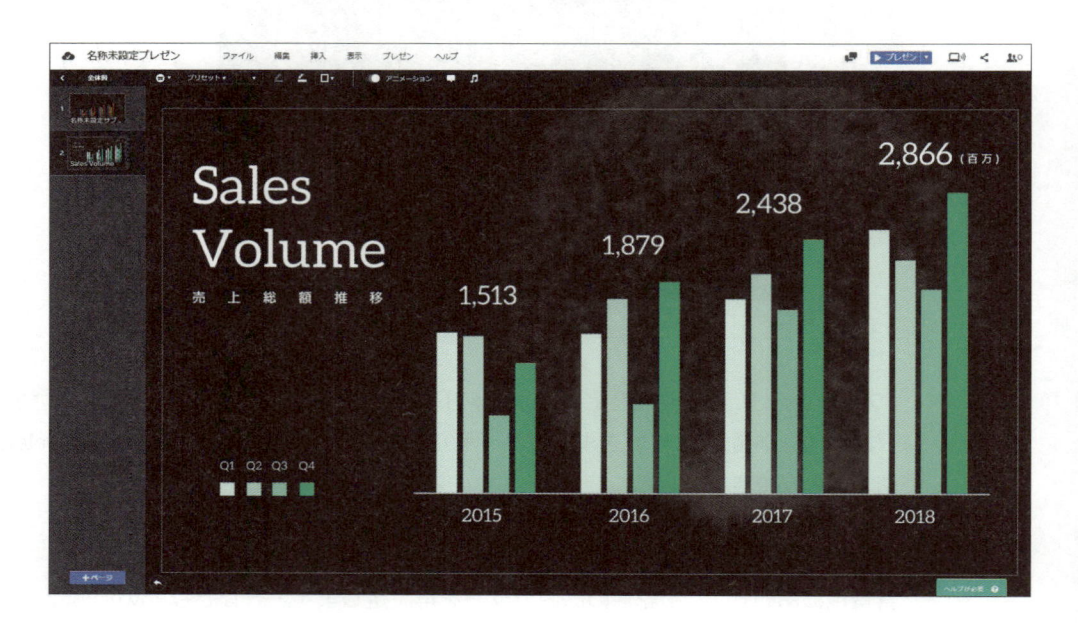

　文字と凡例をレイアウトし、目盛り線を書く代わりに、総額そのものを数値で書いています。聞き手にいちいち小さな目盛りを読ませるよりも、必要な数値は明示してしまう方が聞き手にやさしいプレゼン画面になります。

　グラフをゼロからもう一度作るのは手間ですが、もともとあるデータを使いまわすことで短時間で見栄えのするPrezi用グラフを用意することができます。

　流用でなくても、そもそもPowerPointのほうがグラフを作り慣れている、という方も多いと思います。また、「2-1-4　オーソドックスな「編集画面」」で解説しているようにPrezi内のグラフ機能を使うためにはPlusプラン以上が必要になるので、無料プランをお使いの方もこちらの手法を使っていただくことでPreziでグラフを活用できます。

5-2-8　人物写真×チーム紹介

　ここからは写真を使った素材準備の手法です。こういった写真の使い方は、プレゼンだけではなくてWebサイトなどでもよく見かけることがあるのではないでしょうか。

このように写真を丸く切り抜いたレイアウトはよく使われますが、それでは実際にどうやるかというと意外に知られていなかったりします。PowerPointを使えば簡単に加工ができるので、やってみましょう。

手順① 写真と円を重ねる

PowerPointで写真を置き、その上に円を配置します。この円の形に写真が切り抜かれます。塗りは何色でも問題ありませんが、半透明にしておくと切り抜き部位の調整が簡単です。

手順②　写真を切り抜く

　Shiftキーを押しながら、まず写真をクリック、次に円をクリックして、上部の［描画ツール］の［書式］タブ→［図の結合］→［重なり抽出］をクリックします。これで写真が円形に切り抜かれます。Shiftキーを押して選択するときに、最初にクリックした方が切り抜き後に残るので、必ず写真→円の順で選択しましょう。

　これだけで完成です。簡単ですね。あとは［図として保存］でPNG形式で保存します。

手順③　Preziでレイアウト

　写真を四角形のまま配置してしまうと、どうしても「あった画像を貼り付けました」感が出てしまうのですが、円に切り抜いておくだけでおしゃれな雰囲気を出しやすく、画面の完成度を数段引き上げて見せることができます。

この例のように、人物以外の写真を切り抜いても効果的です。Prezi Nextではトピックカバーとして設定しても使いやすいですね。この写真の切り抜きの手法は非常に簡単なプロセスですがプレゼンでの使いどころが多いので、いろいろなアイディアで使ってみてください。

なお、切り抜き用の写真の用意の方法ですが、Web上には「ぱくたそ」(https://www.pakutaso.com/) やPixabay (https://pixabay.com/) のように著作権フリーの写真を無料で提供しているサイトも充実していますし、スマートフォンで自分で撮ったものを使うのもおすすめです。

また、丸く切り抜く手法は、本来丸いものを切り抜くときにも効果的です。地球や月の写真を丸く切り抜いて背景を宇宙にすれば、宇宙空間を移動するような浮遊感のある動きをPreziで表現することができます。特に地球の素材は「グローバル」なイメージを出したいときにも便利な素材なので、一度制作しておけばいろいろなシーンで活用できるでしょう。

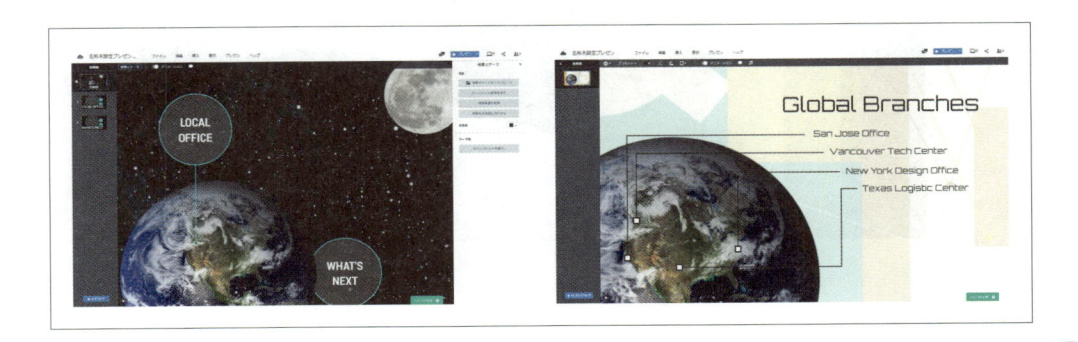

地球や月、宇宙の画像は、無料の著作権フリーのサイトで簡単に見つけられるので、探してみてください。

円以外の図形での写真の切り抜きもおもしろい効果を生み出します。三角形や六角形などの切り抜きを使うと、それだけでオリジナリティのある画面を演出することが可能です。

5-2-9 製品写真×機能紹介

次は写真を輪郭に沿って切り抜く方法です。たとえば製品写真などを使うときにこんなふうになっていると、非常に残念な感じがしないでしょうか。

こういう場面ではぜひこうしたいところ。周囲の白い部分がないことで、格段に見栄えが良くなります。

　この写真加工をPowerPointでやってみましょう。

◉ 手順① ［背景の削除］機能を使う

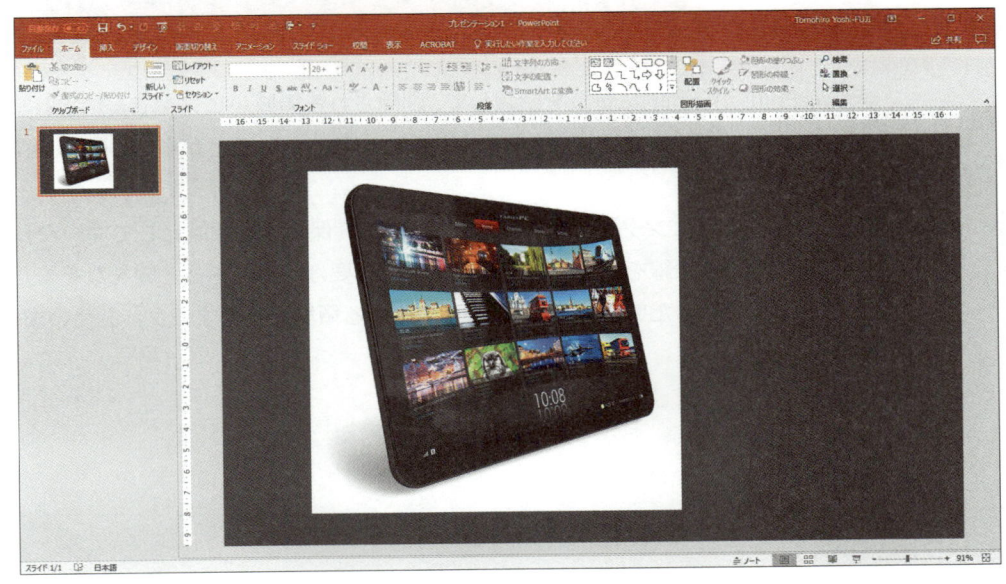

PowerPoint上に切り抜きたい写真を配置します（切り抜き結果がわかりやすいようにスライドの地の色をグレーにしています）。このとき、なるべく切り抜きたい部分と背景部分の差がくっきりしている写真を用意すると作業がスムーズです。

　上部の［図ツール］の［書式］タブ →［背景の削除］を選択します。

手順②　削除エリアを調整する

　PowerPointが自動的に背景を認識して、削除される領域がピンクで表示されます。ですがこの自動選択だけでは切り抜き箇所が完全に一致しないことが多いので、手作業で調整が必要です。

　残したい部分にピンクがかかっている場合は、［保持する領域としてマーク］を選択して、残したい部分に線を引きます。正確に引く必要はなく、ざっと線をなぞるだけで大丈夫です。逆に削除したい部分があれば、［削除する領域としてマーク］を使います。

　思い通りの形に仕上がったら、［変更を保存］をクリックします。これで切り抜き画像の完成です。

　これで［図として保存］でPNG形式で保存しましょう。

◉ 手順③　Preziでレイアウト

「4-2-6　素材は一度使うだけではもったいない」でお見せした、［ズームエリアを挿入］で製品写真を取り巻くようにズームしていく見せ方では、この手法で用意した画像を使っていました。この処理を行うことで、写真の後ろに図を置いても非常にきれいなレイアウトにできるのがわかりますね。

5-2-10 カラーモノトーン写真×世界観

次は切り抜きに加えてもうひと手間加えたテクニックをお見せします。写真そのものの色を使うのではなく、別の任意の色でモノトーン加工してちょっと雰囲気よく見せる手法です。

白黒のモノトーンではなく、特定のカラーにしてあることでおしゃれ感のある画面にすることができます。

　この手順、やってみましょう。

手順①　画像を切り抜く

　切り抜かなくてもモノトーン加工そのものはできるので、ここはお好みです。切り抜いておけば、この例のように文字の上に写真を重ねることができるので奥行きを感じるレイアウトにすることができます。

　先ほどの製品写真と同様、［図ツール］の［書式］タブ →［背景の削除］から切り抜き処理を行います。

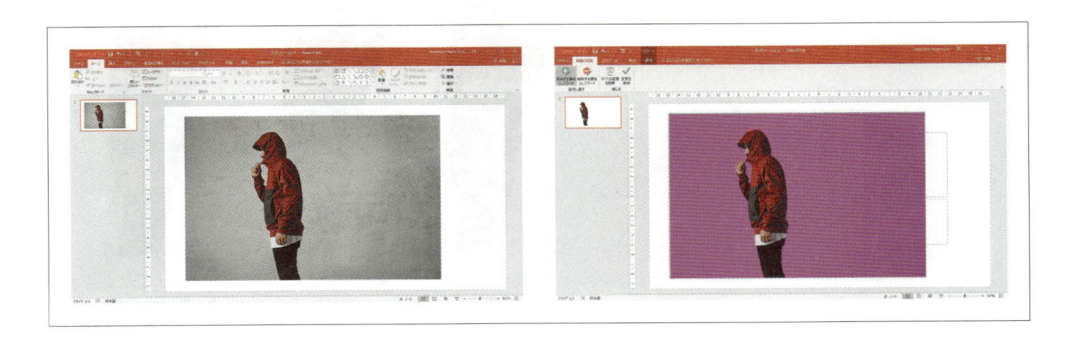

手順②　モノトーン化する

　同じ［書式］タブの［色］で色を選択します。サムネイルで出てくるものを選んでもよいですが、［その他の色］から任意の色を選ぶことでオリジナリティのあるカラーにすることができます。

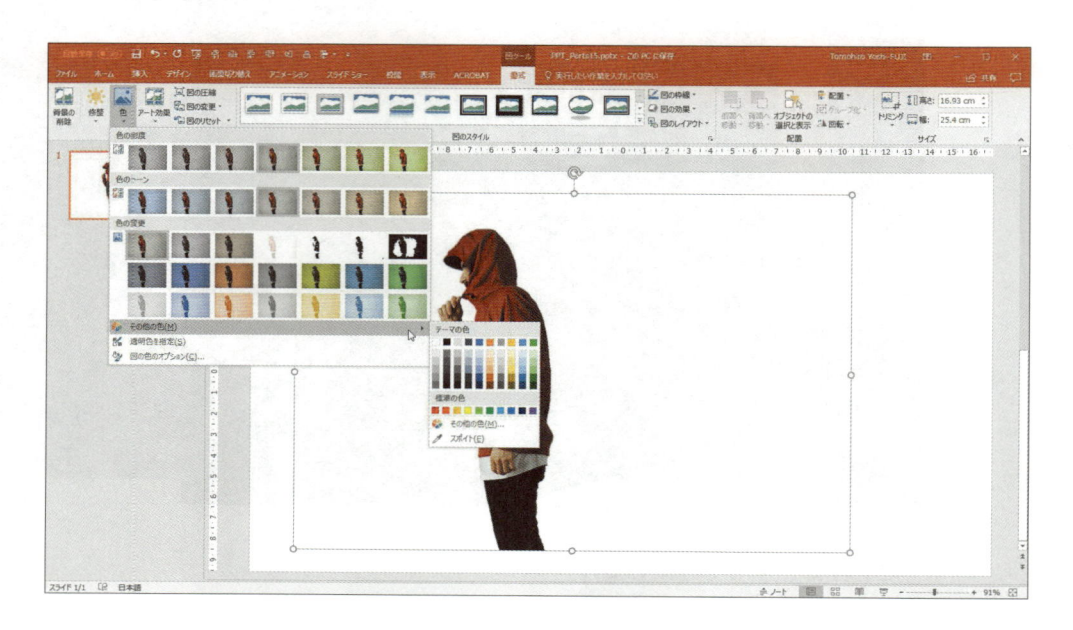

色が決まれば［図として保存］でPrezi上でレイアウトしましょう。

手順③　Preziでレイアウト

Preziでレイアウトするときは、この素材単体ではなく、設定した色と同系統の下地を置くとこのモノトーンカラーを活かしたデザインにすることができます。

もし切り抜き加工をせずにモノトーンにした場合は、このように同系統の色のベタ塗りと組み合わせるときれいです。

このテクニックは、たとえば写真がカラフルすぎて少し散らかった印象になってしまうとき、あるいはコーポレートカラーのトーンにあわせて加工してプレゼン全体のイメージを統一したいときなどにおすすめです。

　素材の準備というと画面に配置する小さめのものばかりを考えてしまいがちですが、背景画像としてpreziの後ろ全体に設定する写真にも手を加えることで、いっそうオリジナリティが高いプレゼン画面を作ることができます。手軽な背景画像編集には、次の3つのテクニックがあります。

①写真にあしらい素材をあらかじめ載せておく

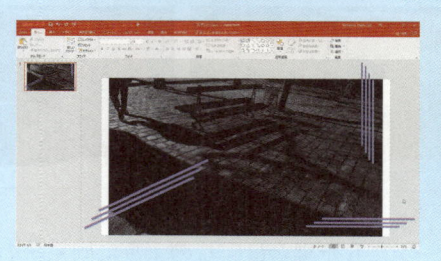
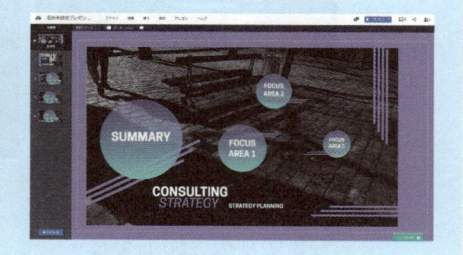

写真とあしらい素材を組み合わせた背景画像を用意しておけば、Prezi上に配置したあしらい素材とのコンビネーションでパララックス効果が高まります。

②写真に半透明をあらかじめ載せておく

写真に半透明を配置した背景画像を用意し、さらにPreziのキャンバス上にも半透明パーツを置くことで重層性が表現できるため、よりバーチャルな印象のプレゼンにすることができます。

③背景をぼかしておく

PowerPointの［書式］タブ→［アート効果］から［ぼかし］を選択すると、写真全体がピンボケしたように加工することができます。これを背景画像に設定すると遠近感が演出できるので、Preziの浮遊感のある動きがより引き立ちます。

　以上、10の素材づくりのテクニックをご紹介しました。「サクッとそれっぽい素材を作る」という少々飛ばした観点で解説をしてきましたが、最後に少し真面目にこうした素材を使う際の注意点を書いておきたいと思います。

　プレゼンは本来情報を伝えるためのもので、これらの素材はその情報伝達を助ける目的で使うものです。ビジュアル要素が入ることで聞き手の印象に残りやすくなったり、聞き手がより理解しやすくなったり、そうした明確な目的があることが大切です。インパクトを求めるあまり、これらの素材を全部盛りしたとしても、きっと効果はありません。

　手のかかった素材はそれだけ人の目を引く力を持ちますが、だからこそ、どの素材を使うかの選定、プレゼンの中で使うポイント、そして他の素材との相性といった点まで、きちんと計算して使う必要がある、ということを覚えておいてください。

5-3　使えるテンプレート内の素材ピックアップ

　Prezi Nextのテンプレートには、実はいろいろな素材が含まれています。プレゼンでよくある表現などに使いやすいものはこうしたテンプレートからコピー＆ペーストで自分のpreziに貼り付けて活用すれば編集時間の節約につながります。

　使いやすいおすすめの素材をいくつかピックアップしてみました。

①世界地図

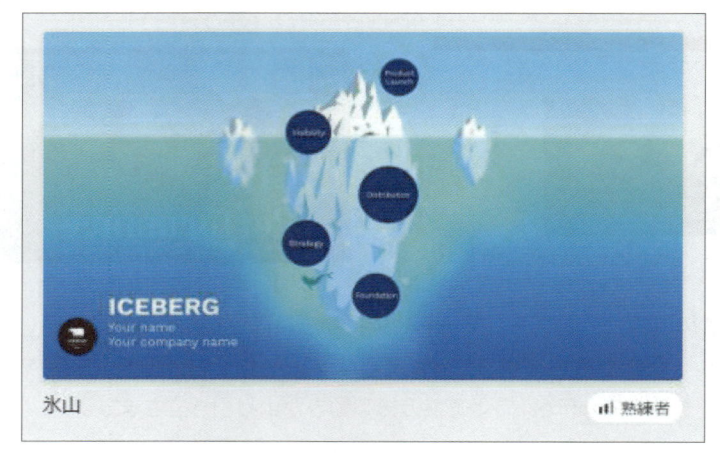

氷山　　　　ıl 熟練者

　まずはこちらのテンプレート内にあるドットの世界地図。世界地図をフリー素材で探そうと思うと意外と時間がかかってしまったり、あるいはAdobe系のアプリでないと開けない形式だったりしますので、そういうときはこれが使えます。

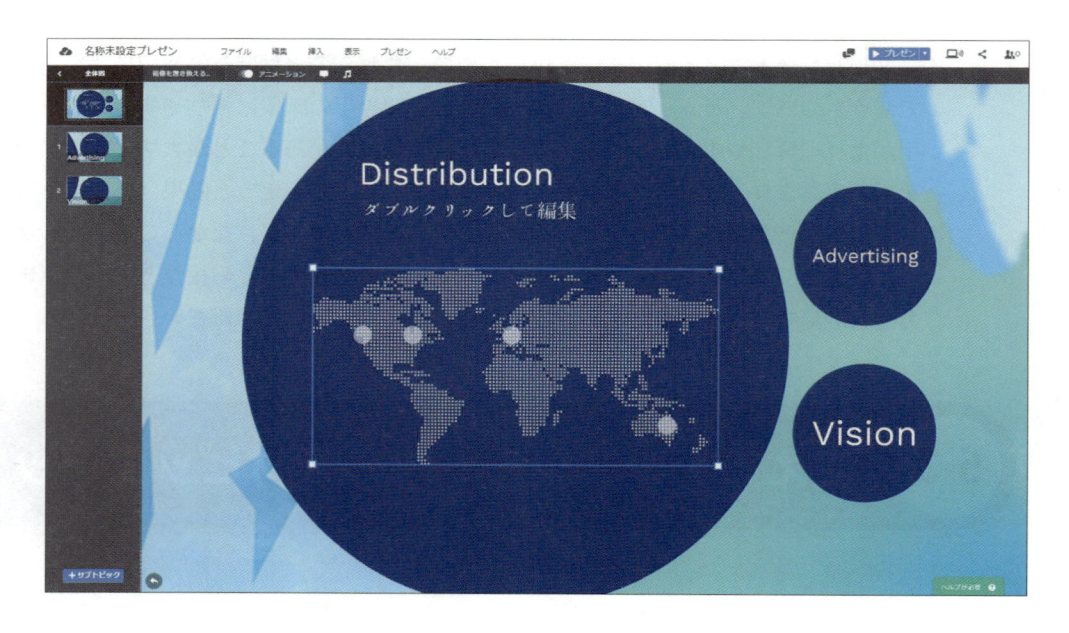

手前の白い円は図形が上に載っているだけなので、素材としてはプレーンな世界地図です。シンプルな白のドットなので使いまわしがしやすい素材です。

　これ以外にも、テンプレート内には他のカラーやスタイルの世界地図を含んだものがあるので、preziのカラーに合わせて選ぶことができます。

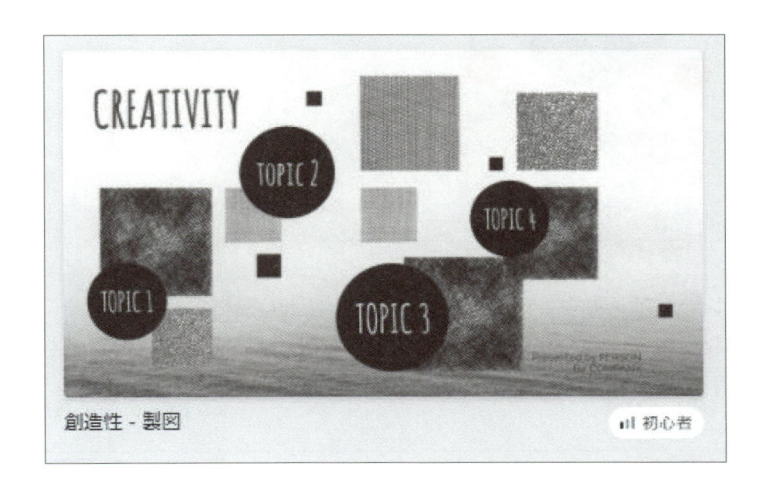

　このテンプレートにはベタ塗りのグレーの世界地図があります。

地球

ᑊᑊ 初心者

こちらのテンプレートであれば、モノクロの球体の地球の素材があります。これも使い方によっては便利な素材です。全体図にあるワイヤーフレーム状の地球の画像も、そのままコピー＆ペーストで再利用することができます。

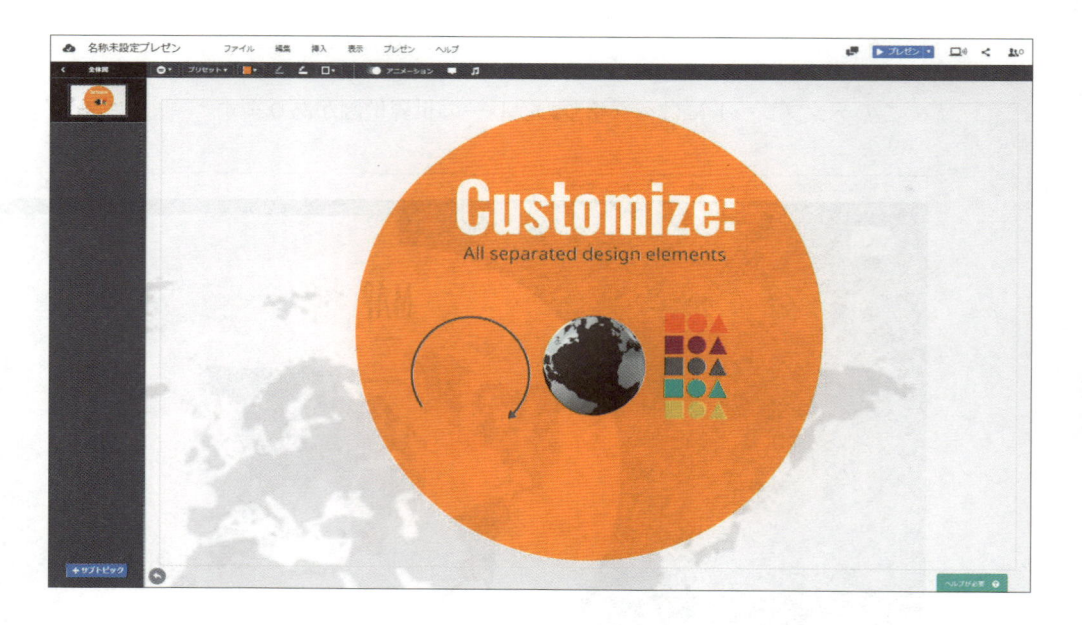

②チャート

　テンプレートには、Preziの図形機能を組み合わせて描いたチャートを持っているものがあります。図形を自分で一から配置していくと時間がかかってしまうので、こうしたチャートを流用して手直しするだけで手早く仕上げることができます。

セールス キックオフ - ロケット

　特にこのテンプレートには、さまざまなチャートが用意されていて使いやすいです。どれもシンプルな図形の組み合わせで作られているのですが、それぞれに構成のアイディアが詰まっています。見ているだけでも表現の勉強になりますね。

　使えそうなものをコピー＆ペーストして自分のpreziに貼り付けて使ってみましょう。

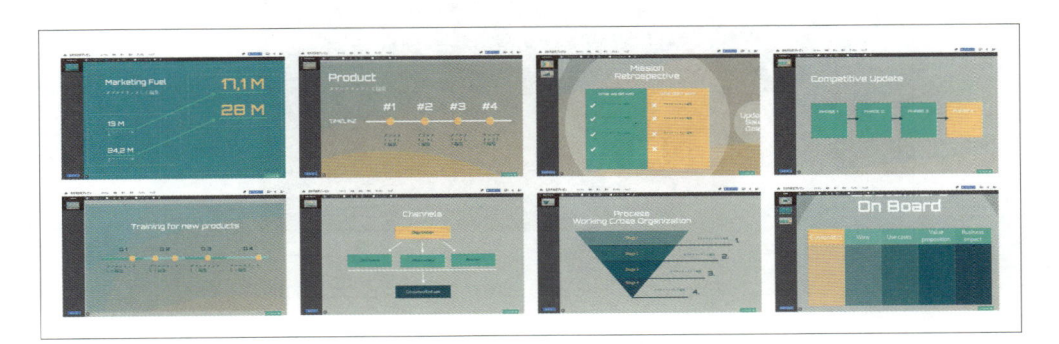

　なお、これらのチャートはすべてPreziの図形機能で構成されているため、ペーストした先のpreziの色設定が自動的に適用されます。

③アイコン

本章ではアイコンを自分で作る方法をいくつか説明してきましたが、既存のものが使いまわせるのであればそちらの方がスピーディーです。

この2つのテンプレートにはシンプルな白いアイコンが使われているため、そのままコピー＆ペーストで流用することができます。

ビジネスモデル

タッチスクリーン - ビジネス

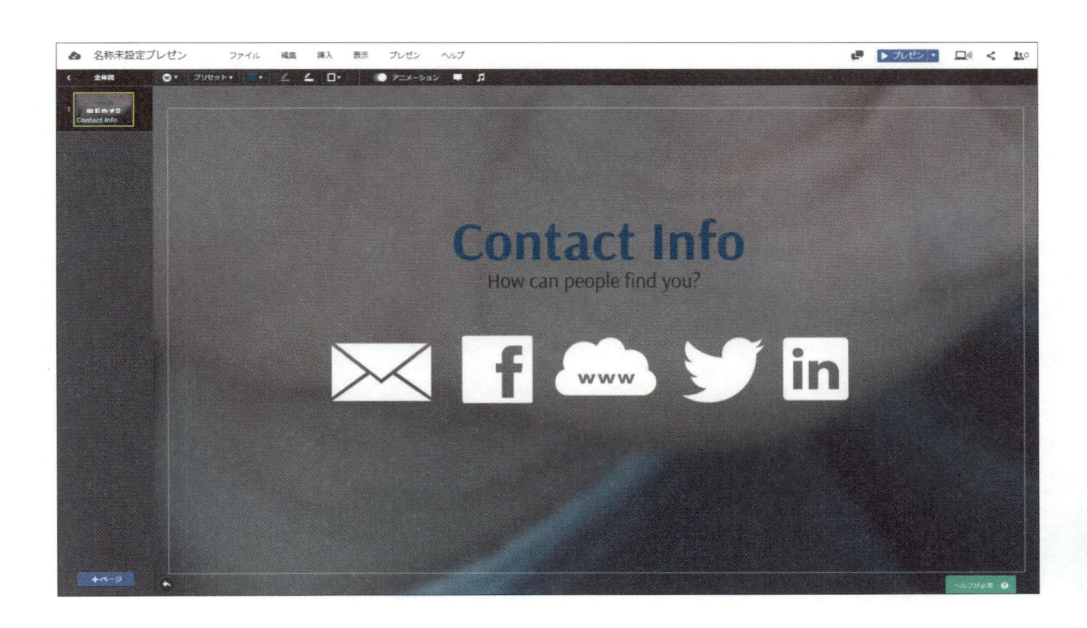

　自分では作りにくいSNS系のアイコンも用意されています。これらはプレゼンの最後に
コンタクト先を表示するシーンなどで利用しやすい素材です。
　これ以外のテンプレートにもさまざまな素材が用意されているので、できるだけ使いま
わしてプレゼン編集の負荷をできるだけ軽くしましょう。さらにテンプレートは随時増え
ていきますので、新しいものが出るたびに使える素材も増えていきます。こうしたテンプ
レートの充実も楽しみにしていてください。

　prezi間でファイルをコピー＆ペーストする場合は、2つのpreziを開いて（ブラウ
ザのタブが2つ開いた状態で）行いますが、2つを長時間同時に開き続けているとPC
の処理に負荷がかかって止まりやすくなってしまいます。コピー＆ペースト作業が
終わったら、使わない方は閉じておきましょう。

やっぱり必要?
Prezi の配布資料

第1章では、「Preziは配布資料には向かない、スクリーン用と割り切る」とお伝えしました。

また第2章で述べたように、プレゼンで使用したpreziのURLをそのままシェアするというのがPreziの本来の設計思想です。PowerPointのようにシェアするためにいったんSlideshareなどにアップロードし直す必要がないため時間もかからず、効率的です。

とはいうものの、残念ながら日本のビジネスシーンではまだまだURLでのシェアは好まれません。「やっぱり紙の配布資料がないと…」、というリクエストが多いのが現実のところですし、聞き手のITリテラシーへの配慮も大切です。そこで本章では、Prezi本体の制作後に簡単に紙の配布資料を用意するテクニックをご紹介します。

6-1 PowerPointで配布資料をつくる

ここでも使用するのはPowerPointです。たとえばこのようなPrezi Nextのデータがある場合の配布資料の準備の様子を見ていきましょう。

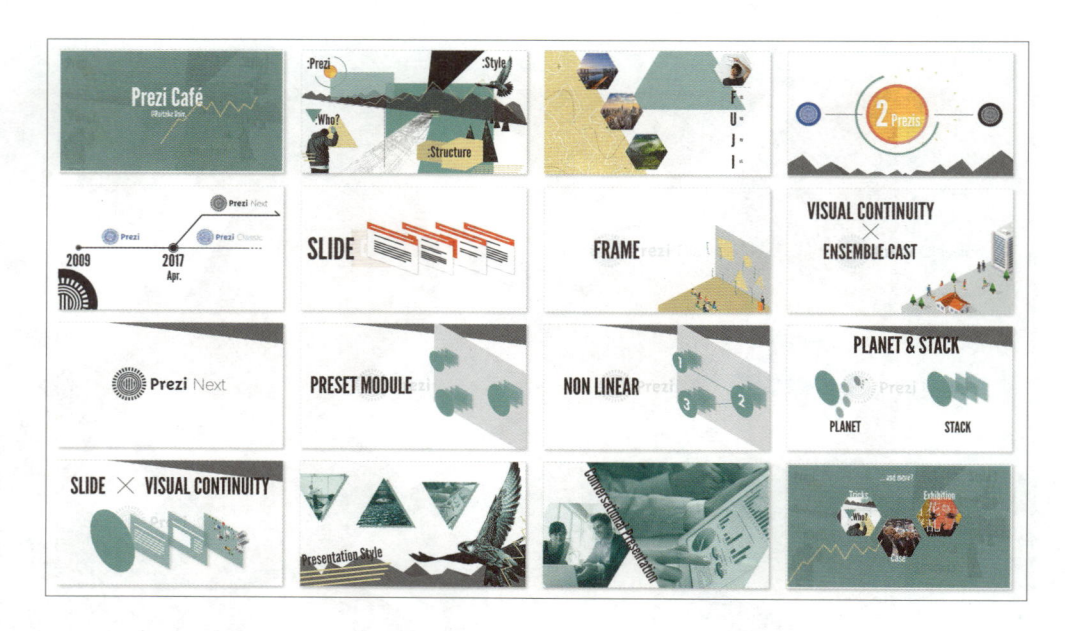

このpreziは実際には24パス（ズームエリアやアニメーションもあるので、クリックの

回数は100回超、画面数は50程度）あり、30分ほどのプレゼン用のデータです。

PowerPointの用紙サイズを設定する

Preziを作る際にPowerPointで日本語のテキストを記述していたファイルがあれば、それをベースに作っていくとスムーズです。このとき、必ずファイルはコピーして、元のPowerPointのファイルは残しておきましょう。

まずPowerPointを開いたら、用紙サイズを設定します。特に指定がなければA4縦のサイズにしておくのがおすすめです。PowerPointのプレゼン資料を印刷する際にはA4横にしてしまうことも多くありますが、これだと左上にステープル止めした際に他のA4縦の資料と開く方向が一致しないので、さまざまな書類を手にすることになる聞き手にとってはちょっとしたストレスになってしまいます。些細なことですが、これもプレゼンテーションにおいて大切な配慮です。

PowerPointを開き、［デザイン］タブの［スライドのサイズ］→［ユーザー設定のスライドのサイズ］とクリックします。

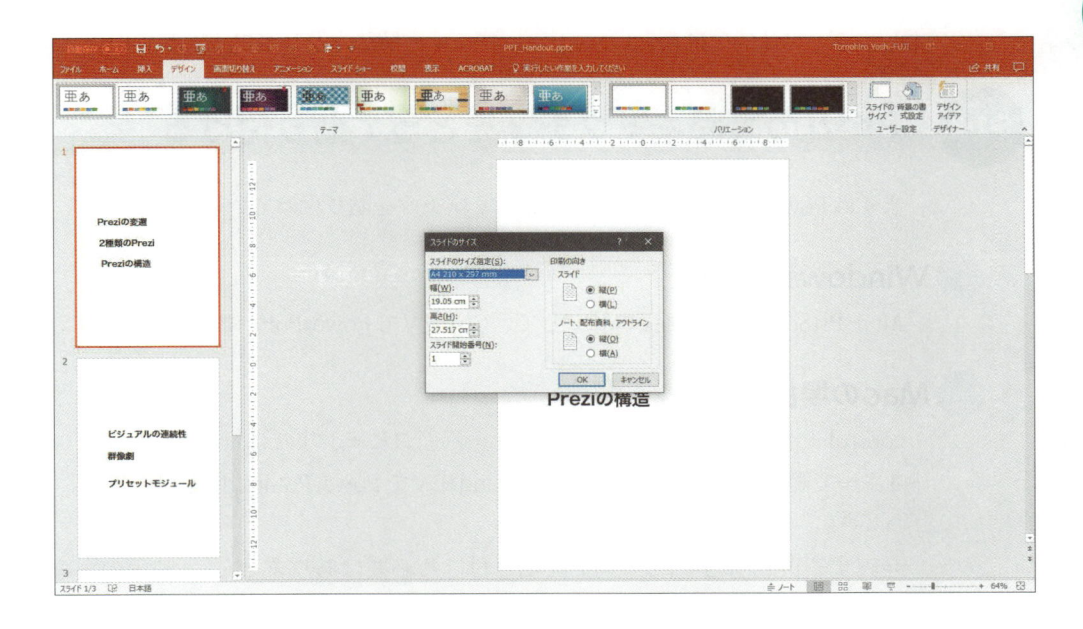

［スライドのサイズ指定］を［A4　210mm×297mm］に、［印刷の向き］の［スライド］の項目を［縦］に設定しましょう。なお、ここでサイズを「A4」にすると周囲に余白が出る仕様になっているので、フチなし印刷にしたい場合は［幅（W）］を21cmに、［高さ（H）］を29.7cmに手入力します。

次に出てくるこの画面ですが、［サイズに合わせて調整］にしておくと、もともと入っているテキストが用紙内に収まります。

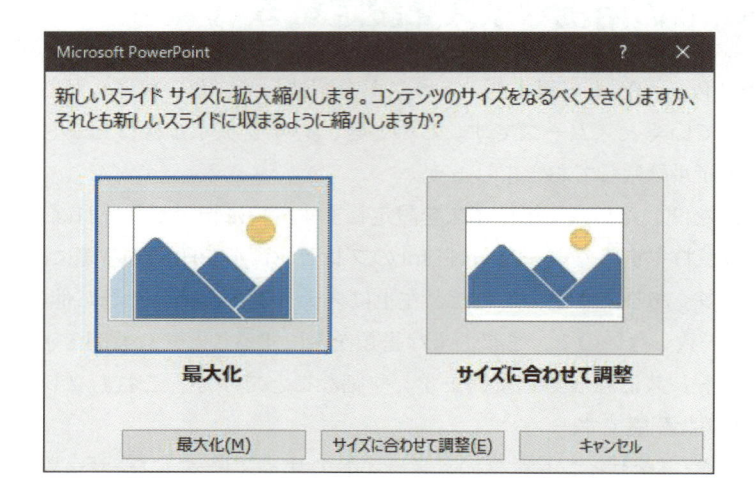

　これでA4縦の用紙サイズが完成します。ここに配布資料用のコンテンツを載せていきましょう。具体的にはpreziの画面キャプチャと解説文をレイアウトしていきます。

6-1-2 Preziの画面キャプチャをとって貼り付ける

　まずはPowerPointに、preziの画面キャプチャを貼り付けていきましょう。

◉ Windowsの場合

　Alt＋PrtScキーで全画面コピーして、Ctrl＋VでPowerPointに貼り付けます。

◉ Macの場合

　control＋shift＋command＋3キーで全画面コピー、またはcontrol＋shift＋command＋4キーで範囲選択コピーして、command＋VでPowerPointに貼り付けます。

　発表するpreziのすべての画面を貼り付ける必要はありません。「映画の本編とパンフレット」または「映画の本編とWebサイトのレビュー」くらいをイメージしていただくとわかりやすいかと思います。特に重要なパートや解説が必要な場面だけを抜粋して掲載していきます。
　まずはレイアウトなど気にせず、キャプチャの貼り付けだけを済ませてしまいます。

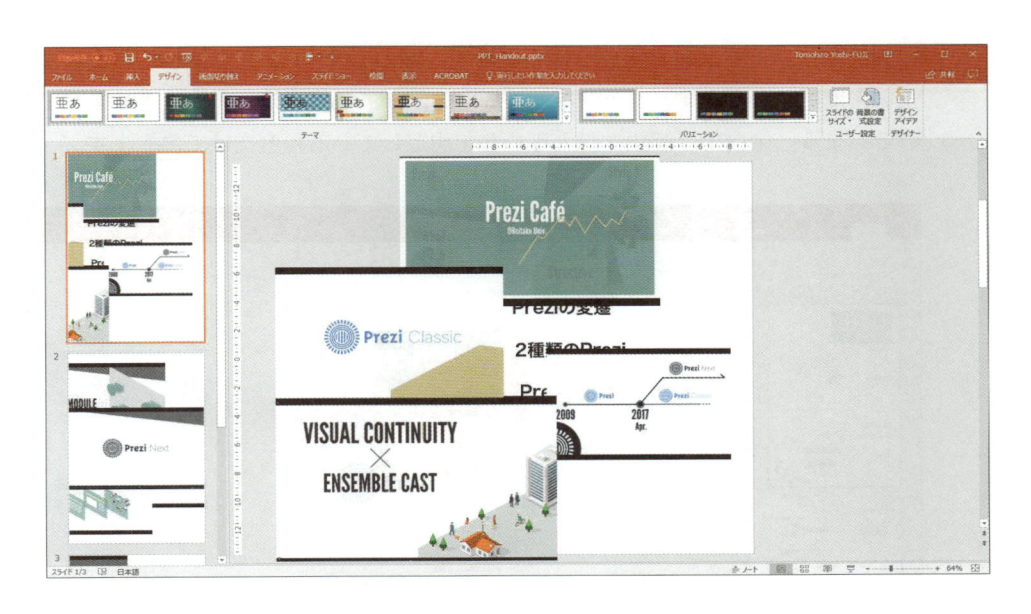

この段階ではかなりごちゃごちゃですが、これでかまいません。

6-1-3 大枠のレイアウトをつくる

次に画面キャプチャを並べながら用紙サイズにおさまるようにレイアウトしていきます。画像の不要な部分は画像を右クリック → ［トリミング］で調整しましょう。

画面キャプチャは左右幅いっぱいにせず、幅の1/3〜1/2程度にしておくと、紙面が程よい密度感になります。グラフなどの細かい図がある場合は、少し大きめにしておくとよいでしょう。余白には解説文が入ることを想定してある程度空けておきます。

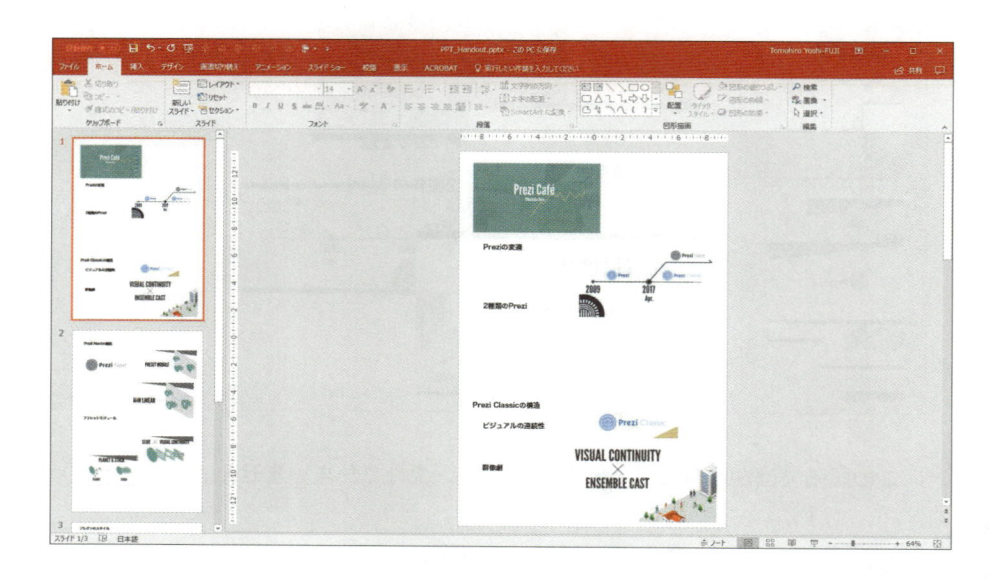

　これで少しすっきりしてきました。Preziの背景が白の場合は、用紙の白と一体化してわかりにくくなることがあります。こういう場合は［書式］タブ→［図の効果］→［影］で薄めに影をつけておくとキャプチャ画面であることをさりげなく主張できます。シンプルに枠線で囲むのもいいでしょう。

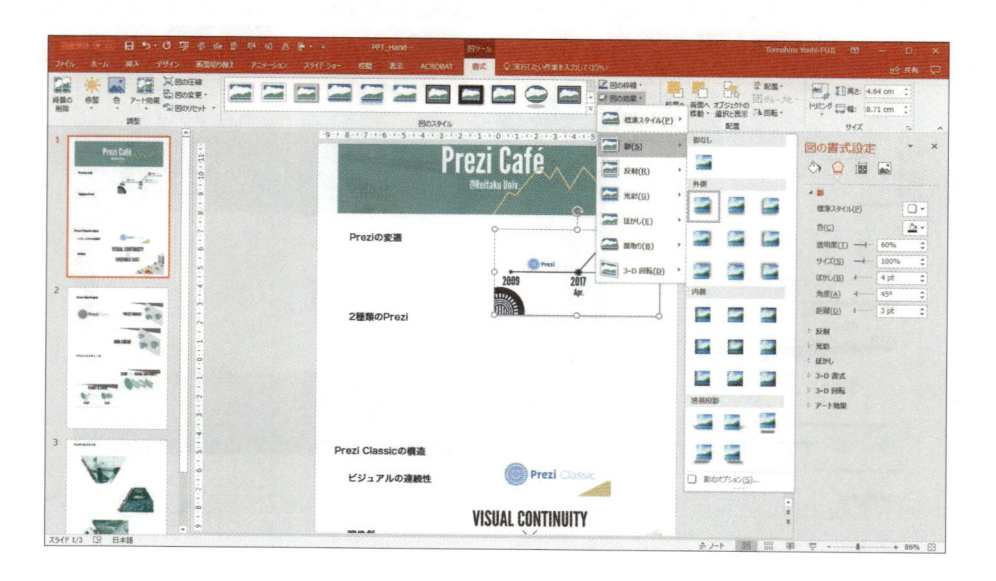

解説文を追加する

　貼り付けた画面キャプチャにあわせてテキストボックスを使って解説文を追加していきます。Prezi上では文字数を絞り込んだり、あえてカットしていた部分もあると思いますが、配布資料は読み物なのでしっかりと文字数があっても問題ありません。文章を書きこんでいきましょう。またプレゼンに補足しておきたい内容などを掲載するのも配布資料の役割です。

　ここで注意したいのが、文字のサイズです。PowerPointをプレゼン用として作る場合、タイトル部分の文字サイズは30〜45pt、箇条書き部分でも17〜24ptなどの文字サイズがよく使われます。どうしてもこの文字サイズに引きずられてしまいがちなのですが、配布用資料を作る場合はもっとずっと小さな文字サイズでも大丈夫です。

　具体的には、本文の文字サイズは6〜10.5ptあたり、タイトルは10.5〜14ptあたりが一般的です。

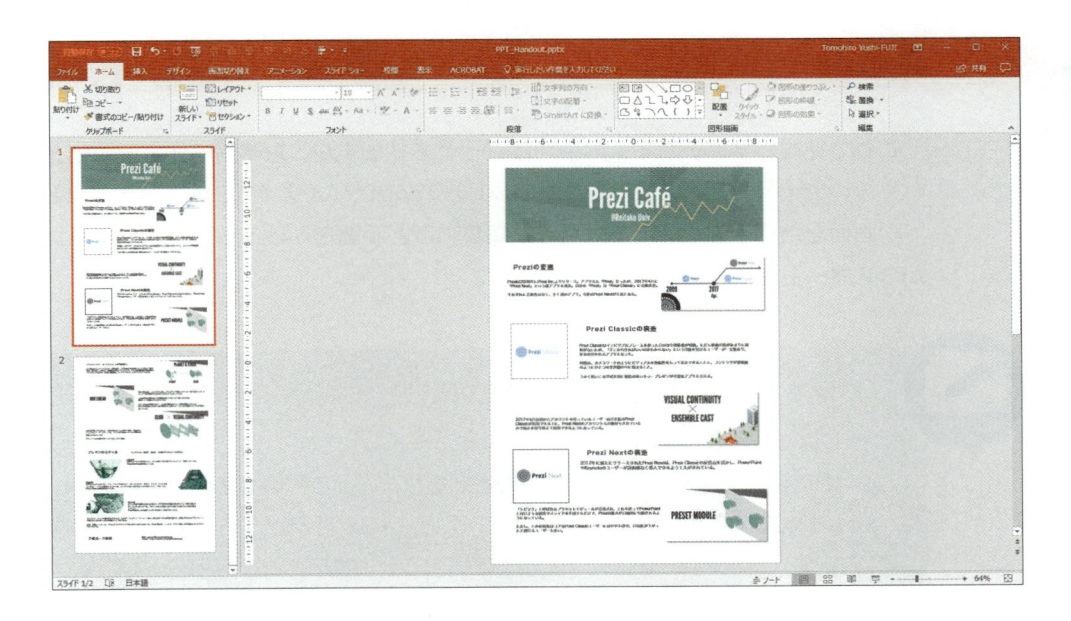

　こんな感じになりました。これでタイトル部分は12pt、本文は7ptです。

レイアウトを仕上げる

　レイアウトを整えて仕上げます。見やすくするために項目を分ける部分に罫線を入れておくと、手早く資料らしい体裁を整えることができます。

また、配布資料の最後にはコンタクト情報を入れておくと親切です。

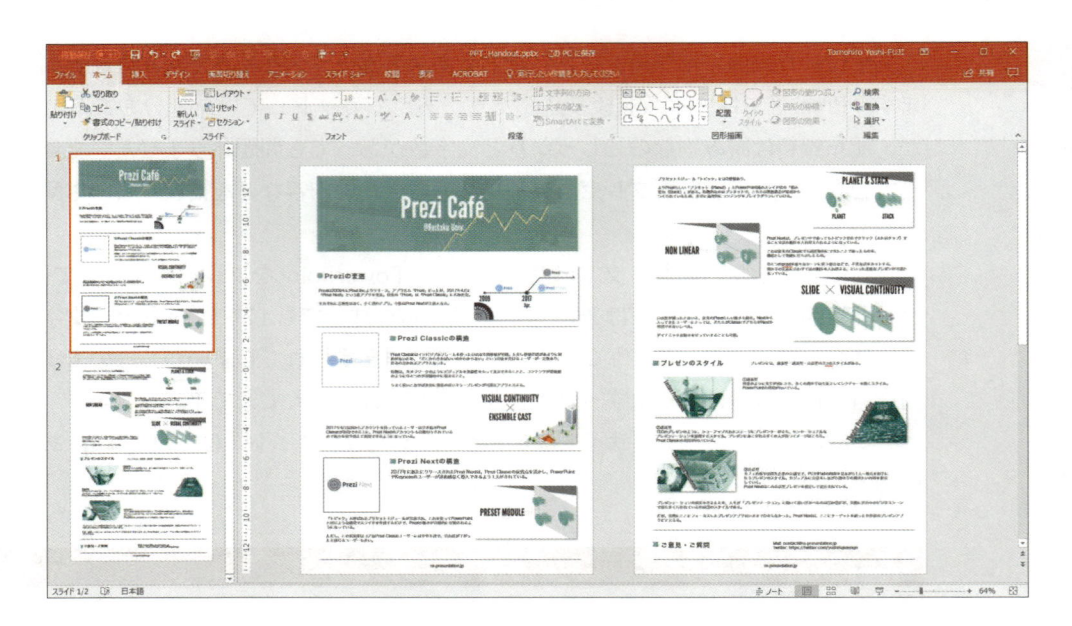

　これで完成です。デザインの余地はもっとありますが、短時間で作る配布物としてはこれくらいで十分だと言えます。これで30分のpreziがA4サイズ2枚に収まりました。すべての画面をただ印刷するのではなく、編集のひと手間をかけることで、かなりコンパクトかつスマートにまとめることができます。

column

ビジネス用文書は文字が大きい？

　しばしば、「Powerpointをどんなにオシャレにしても雑誌みたいにならないのはなぜですか」という質問を受けることがあります。これは文字サイズが関係しています。「雑誌みたい」にするにはもちろんいろいろな要素があるのですが、極端な言い方をすると、文字のサイズが大きくて見出しと本文のメリハリが少ないと、ダサく見えやすいのです。

　WordやPowerPoiintで、6〜9ptという文字サイズを使う人はほとんどいないと思いますが、雑誌の文字サイズを見ていくと、これくらいの文字が使われています。新聞の文字サイズは、縦約8.6pt、横約10.8ptの扁平文字、雑誌の本文は6〜7pt、写真などのキャプション部分では5ptなどもよく使われます。子どもや高齢者用の読み物でも多いのは9〜10ptです。

一方で、日本のビジネス用文書でよく使われるのはMicrosoft Wordのデフォルト設定の10.5pt。場合によっては11ptや12ptが使用されることもあります。PowerPointではタイトル部分36pt、本文24ptなどがよく使われるので、これをそのまま印刷したらいかに大きいかがわかるでしょう。

　このように、ビジネス用の文書は概して文字が大きい、という特徴があります。これは海外でも同様です。もちろん、雑誌や新聞のように落ち着いて読むものと、ビジネス環境で読むものではサイズが異なるのは当然ですが、案外世の中では小さな文字が広く使われているものです。

6-2　配布資料を配る

　配布資料を作ったら、どのタイミングで聞き手に手渡すか、ということもぜひ考えておきましょう。

　Preziでプレゼンテーションを行う際に最も有効なのは、

- プレゼン終了後に渡す
- プレゼン開始時に「プレゼン終了後に、内容をまとめた資料をお渡しします」と伝えておく

というやり方です。

　最初に配布資料を渡してしまうと、聞き手の多くが読み物に集中してしまってせっかくのプレゼンテーションというライブ効果が激減してしまいます。Preziは画面の動きを目で追いかけてもらわないとせっかく作った意味がなくなってしまうので、聞き手には正面のプレゼンターと画面に目を向けてもらえるような状況を作っておくことが大切です。2点目も同じ発想からの配慮で、「資料をあとで渡します」と最初に言っておかないと、心配でメモを取ることに一生懸命になりすぎるあまり前を見てくれない方が出てきてしまいます。これも非常にもったいないことなので、聞き手には安心してプレゼンに集中してもらえる環境を用意するようにしましょう。

　ただし、プレゼン開始前に配布資料を渡してしまうというパターンもあります。たとえ

ば、事前に聞き手にプレゼン内容を伝達しておくビジネス上の制約があるときです。そして、最初から資料がないと「けしからん！」「ちゃんとしていない！」と感じる方がいる場合です。聞き手のリテラシーなどを事前に調査しておく必要がありますが、プレゼンの驚きが割り引かれても、資料を先に渡しておくことで余計なトラブルを回避できると計算される場合にはこれも必要な判断です。先に資料を配る場合には、あえて資料に含めない内容を作ることで聞き手に驚きを与えるというテクニックを使うこともあります。

　配布資料の配り方ひとつでも、聞き手の受ける印象は大きく変わってきます。せっかく作ったpreziと配布資料が最大限に活かせるように、ぜひ一考するタイミングを設けていただくといいと思います。

一応あるけど...なPDF出力機能

　Plusライセンス以上であれば、Preziから直接PDFを出力することも可能です。ただしこの機能、アニメーションのクリックひとつごとに1ページを使ってしまうので、アニメーション設定が多いpreziだとものすごく膨大なページ数のPDFができてしまいます。同じpreziで出力したら105ページになりました。このためいったんアニメーションをはずしたpreziを別に用意する必要があるなど、結局手間がかかります（このあたりはアニメーションを設定したPowerPointと状況が似ています）。

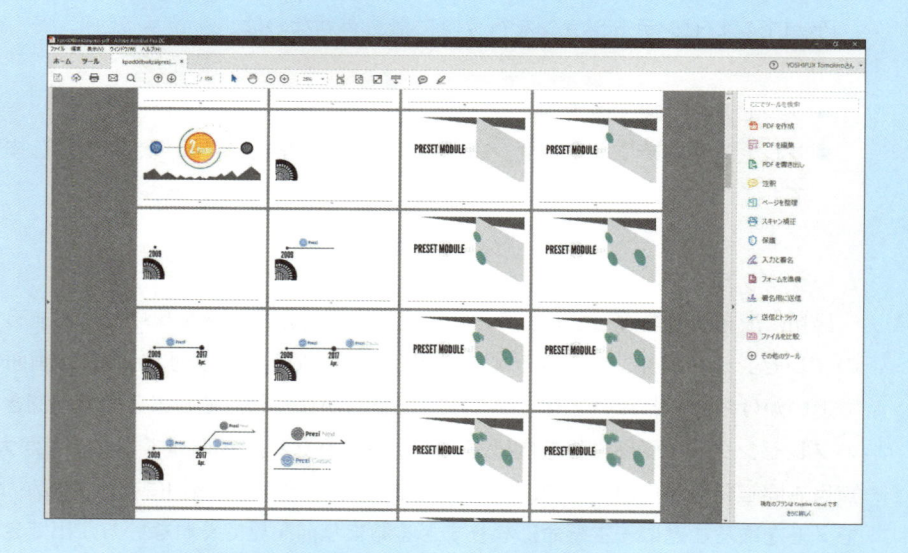

　また、そもそもpreziの一画面を大きくA4サイズに印刷しただけでは資料としてはあまり実用的ではないので、この出力機能には今後の改善を待ちたいところです。

7

本番はこっち
Prezi プレゼンでやるべき話し方

Preziはデータを作ったらそれで終わりではなく、必ず最後には本番、つまりプレゼンテーションがあります。そして、意外と意識されないのが、Preziを使ったとき特有の話し方、ジェスチャーなども含めた振る舞いの方法です。

そこで本書の最後の章として、Preziプレゼンの話し方のテクニックを紹介して締めくくりたいと思います。

7-1 起動に時間がかかるPrezi

何名かで順番にプレゼンを行う場合、前の人がノートPCをはずした直後に自分が前に出ていって、手持ちのPCをケーブルにつないで……というケースがあります。

このときに、すぐに起動するPowerPointやKeynoteであれば、前に出てからファイルを開いても大きな問題はありません。ですが、Preziは立ち上がるまでの読み込み時間が長いので（特にPreziを使ったことがない聞き手にとっては、何かトラブルがあったのかと邪推するくらいには長いので）、会場のみんながかたずをのんで起動を見守っている…という不思議な空気になってしまうことがあります。

こうした事態を避けるために、自分の番が来る前に事前にPreziを起動しておくのがおすすめです。また、単に立ち上げるだけではなく、いったん［→］ボタンを最後の画面まで押して、テキストや画像がすべて問題なく表示されることを確認したうえで、再度［←］ボタンで最初に戻っておきます。

ここまでスタンバイしておくことで、ケーブルをつないですぐにプレゼンが開始できるようになり、さらに画像の読み込みエラーや動作の不具合を起こりにくくすることができます。

7-2 Preziを使ったほうが間延びする？

「Preziを使ったのになんだか本番プレゼンではテンポの悪さを感じてしまった。自分でデータを見ているときにはそんなこと思わなかったのに…」というケースがしばしばあります。

こういう場合は、画面を移動させる時のクリックのタイミングを見直してみましょう。もしかすると画面が切り替わるまで無言で待っていたりしないでしょうか。極端な例を言うと、こんな感じです。

「では次の話に行きましょう」→ クリック（カチッ）→ ぐいーん……………ピタっ。
→「えーでは次の話は……」

　PowerPointを使ったプレゼンでは、「では次の話に行きましょう」と言ってから次のスライドに進むことがよくあります。またサポートをお願いしている方に「では次のスライドをお願いします」のように話しかけて画面遷移をサポートしてもらうような伝統的なプレゼンのスタイルもあると思います。

　ですが、Preziでこんなふうに画面の切り替えをやってしまうと逆効果です。Preziのモーションは特徴的な反面、PowerPointやKeynoteに比べて画面遷移の時間が長くなる傾向にあります。「次に行きましょう」と言ってからクリックしていると、会場のみんなで移動していく画面をただただ眺めているだけ、という数秒間が流れてしまいます。その間、プレゼンターまで一緒に画面を眺めていると非常に間延びした形になり、プレゼンテーションのテンポを止めてしまいます。

　ではどうするかというと、Preziを使うときは、「スクリーンは見ずに喋りながらクリック」です。たとえば、

「ここで問題となっているのは…」（と言いながらクリックし）
「従来製品ではメンテナンスの手順が複雑だったことです」（と画面が動いている中でも聞き手を見ながら話し続けて）
（画面が止まったタイミングを見計らって）「このグラフを見ていただくとわかるように…」

といったように、プレゼンター自身は止まらずに話し続けることを心がけてみましょう。

ある程度プレゼンの場所にスペースがあれば、画面が動いているときに話しながら少し歩いて自分の立ち位置を変えるのもいい手です。**Prezi では、話しているプレゼンターの「背景」で画面が流れるように動いていく、ということが重要**なので、この流れが最初から最後までスムーズに続くように心がけてください。プレゼンターが止まっている時間が長くなれば、その分聞き手は冷めていってしまいます。これは大きな会場の場合だけでなく、タブレットなどを使って手元でpreziを動かす場合も同様です。まるで話に合わせて勝手に画面が動いているように聞き手が錯覚してくれる、というのが理想です。

7-3　練習はぜったい必要

以前このお話をしたときに、「そんなスムーズにプレゼンをするためにはものすごく練習しないといけないじゃないですか」という反応をいただいたことがあります。残念ながらその通りなのです。

世界中の多くの著名なプレゼンターが練習やリハーサルにしっかりと時間を割いていることからもわかる通り、よいプレゼンテーションを提供するためには事前の練習が必須です。これはPreziでもPowerPointでもKeynoteでも、アプリに関わらず共通していることです。画面は片目でちらりと見るくらいで、あとは聞き手に目を向けて話をしながら、自在にクリックもコントロールできるくらいプレゼンを完全に頭の中に入れておくというのが理想です。

とはいっても、実際には忙しくて何度も練習の時間が取れないというのが現実的なところ。なので最低ラインとして3回でなんとか形にする練習方法がこちらです。

7-3-1　1回目の練習｜最後まで通しでやってみる

Preziでのデータができたら、一度通して声に出して通して話してみます。このとき、早口でやってしまいがちなのですが、ゆっくりと本番と同じスピードで話してみましょう。また、可能なら実際のプレゼン時と同じ姿勢でやってみましょう。会話型プレゼンのようなケースが想定される場合は座ってタブレットを手に持って、多くの人の前でのプレゼンが想定される場合はぜひ立ち上がってやってみてください。座ったまま練習するのと立ち上がって練習するのでは効果が全く異なります。最初なので途中でつまずいたりすることもあると思いますが、止まったら止まったところから続けてとにかく最後まで通します。

この時にチェックするのは、次の3点です。

- 実際にプレゼンを終えるまでにかかった時間の計測（言い直しをした時間も含めて）
- 話が止まってしまった、言うべきことを忘れてしまったポイントがあったか（練習中に軽くメモしておくとよいです）
- 息継ぎのタイミングや、クリックのタイミング、クリックの回数に無理がなかったか

3つめの項目は、「ここでもう一度クリックがあった方が自然」、「ここはワンクリックですべての画像が出てくるほうが自然」といったポイントです。ちょっとしたところで自分が動かしやすい、喋りやすいタイミング、というのは必ず出てくるので、ここをチェックしてPreziのデータを修正していきます。

気になったところをその都度直しながら練習しているとなかなか終わらないので、まずは簡単にメモをしながら一度最後まで通してやってみましょう。修正は後でまとめて行うと時間が節約できます。

ちなみに、もし練習なしでプレゼンしていたらこれが本番の自分になっていたことになります（よほどの超人的な才能のある方でなければ、たぶんあと2回くらいはやっておこうという気になるはずです）。

7-3-2 　2回目の練習｜つまった箇所を見直す

修正したポイントを確認する意味でもう一度プレゼンを通してやってみます。今度は先ほどよりもリラックスしてできるかと思います。チェックするのは1回目と同じ項目ですが、特にこの2点です。

- 実際にプレゼンを終えるまでにかかった時間の計測
- 話が止まってしまった、言うべきことを忘れてしまったポイントがあったか

ここで見極めるのは、1回目と同じところでつまってしまったか、それとも別のところでつまってしまったかです。もし同じところで止まっていたら、それはスクリーン上に次に繋がるリマインダとなるべききっかけが不足していると考えていいでしょう。こういう場合は、次の話を思い出しやすいようなキーワードやイラストなどを画面に追加することを考えてみてください。

目立たないくらいのアイコンや頭文字、自分だけにわかるカラーリングの円を1つ置いてみる、といったちょっとしたことでもリマインダ効果は大きいです。

このポイントでデータをブラッシュアップしておくことでプレゼンテーション本番のスムーズさが大きく変わります。

7-3-3　3回目の練習｜当日の場面を思い浮かべながら

最後は、プレゼンの当日の場面を思い浮かべて、目の前に聞き手がいることを想像してやってみましょう。聞き手の中には、目線をあわせてしっかり聞いてくれる人、下を向いてメモを取っている人、あくびをしている人、スマホをいじっている人、色んな人がいます。そうした風景を想像しながら、PCやスクリーンをなるべく見ずに、聞き手のほうに目線を向けて本番のつもりでやってみます。歩き回ったり、画面を指さしたり、実際のプレゼン会場で行う動きも入れてみましょう。ここでチェックすべきなのは、次の点です。

- 目線を聞き手に向けても、スムーズにできたかどうか

これがうまくいっていれば、あとは自信を持ってプレゼンをするだけです。もしも目線をPCからはずしたとたんにうまくいかなくなったなら、それはまだ練習が足りていないということです。あとは時間との兼ね合いになりますが、練習は重ねれば重ねるだけ、プレゼンの完成度は高まります。

　大きな声を出せる場所がない、という場合には、イメージトレーニングでも効果はあります。頭の中で、プレゼン本番の舞台を想像して話してみましょう。ただし、イメトレのときは実際に声に出して話すよりも早く喋れてしまうので、計測した時間よりも実際のプレゼンは長くかかる傾向があることを覚えておいてください。

7-3-4　プラスアルファ｜プレゼンを会話にする

3回目の練習まで行って、まだちょっと余裕があれば、Preziが掲げる「会話型」プレゼンを想定した練習をしておきましょう。ここでのポイントは次の2点。

- 聞き手に話しかけるタイミングを考える
- 聞き手から返されるリクエストや質問を予測する

プレゼンの最初に、「○○をお使いの方はどのくらいいらっしゃいますか？」と聞き手に手を挙げてもらったり、あるいはプレゼンの途中で、「ちょっと複雑な部分でしたが、もう一度聞きたい方はいらっしゃいますか」と問いかけてみたり、あるいは、きっと最後には

聞き手から「料金体系について質問があるんですが」という反応があるだろう、と予測したり、実際のプレゼンの場での、聞き手とのコミュニケーションを想像してみてください。

いろいろなパターンを考えておくことで、プレゼンターから聞き手に一方的に流れていくプレゼンテーションではなく、聞き手を巻き込んだインタラクティブなプレゼンに近づけていくことができます。ちょっと想像を巡らせておくだけでも、本番中の聞き手との会話を楽しんだり、思わぬ反応があったときも落ち着いて対応できる余裕が生まれます。

7-4 Preziプレゼンを助けるガジェット

聞き手に「話に合わせて画面が勝手に動いていく」と感じてもらうためには、いかに自然に画面遷移のクリックをするかが重要です。手元のタブレットでプレゼンを行う場合は、タップの動きそのものがちょっと新しい印象になるのであまり難しいことはありません。ただし、先ほど挙げた例のように、「では次の話に…」（リモコンをPCに向けて）「えいっ（カチッ）」みたいにやってしまうと、画面がどれだけスタイリッシュでもプレゼンテーションの雰囲気がイマイチ、ということになりかねません。

そこで、特にPCを使って大勢の前でプレゼンをするケースで、スムーズな画面遷移をサポートしてくれるガジェットを紹介しておきます。まず最初に挙げるのは、フィンガープレゼンターあるいはリングプレゼンターと呼ばれる製品です。

これらはシンプルに［進む］［戻る］ボタンだけを搭載したものが多く、レーザーポインターなどはついていません。そもそもズームができるPreziには細かい部分を指し示すレーザーポインターは不要なので、機能としてはこれで十分です。いくつかのメーカーから同じような製品が出ています。

共通しているのは、本体サイズが非常に小さく、そして指につけるリング状の持ち手がついていることです。これを指の内側に取り付けて軽く手を握るようにすれば聞き手から

は見えにくくなります。手に何も持っていないように見せることもPreziでのプレゼンの演出のひとつ。これで、「画面が勝手に動いている」感を出しやすくなります。

　一方で、フィンガープレゼンターのように隠して動かすのがちょっとカッコつけすぎで恥ずかしいような場合には、最初からかわいくて目立つデザインのリモコンを使って手元を見せてしまう、というのもありです。

　この場合ボタンを押しているところは隠せないのでより自然なクリックと画面遷移を練習しておく必要がありますが、ちょっと見慣れないガジェットでプレゼンをしている、というのはそれだけで人目を惹く演出になります。デザインされたPreziプレゼンと組み合わせるとなかなかいい雰囲気になるアイテムです。プレゼンターのジェスチャーが聞き手に与える影響を考えると、手のひらや、持っているリモコンをちゃんと見せておくというのは聞き手に安心感を与えます。リングプレゼンターを使って手を隠しておくのはちょっとした緊張感を演出したいときに有効ですが、逆に目立つリモコンを持っていると、聞き手には自然で安心できるという印象を与えることができます。手に持つガジェットひとつでも聞き手に与える印象は変わるので、これも参考にしてみてください。

　何より、自分のお気に入りのガジェットを使うとプレゼンが楽しくなります。こだわりたいときにはこうしたグッズもそろえてみると気分があがったり、緊張がほぐれやすくなったりするのでおすすめです。

　国際的な大企業のCEOなどが大舞台でプレゼンを行う場合には、事前に綿密な練習を行ったスタッフが裏にいてプレゼンの進行に合わせて画面を遷移させていくこともあるにはあるのですが、そういう大舞台であってもこれらのリモコンを自分で手に持ってクリッ

クをコントロールしているエグゼクティブも多いです。TEDなどでも自分でコントロールしているプレゼンターが多くいますね。

　話に合わせて画面が動く、というこのコンビネーションは、やはり自分でコントロールしてこそ。クリックのタイミングも含めてしっかりと練習して本番に臨みましょう。

作り直しは、絶望？

　Preziに限らずどんなアプリであっても、「作っていたデータが消えた！！」という経験をしたことがある方は少なくないはずです。Preziでもごくまれに、突然編集中のデータが消えてしまった、というケースがあります。そのために保存とバックアップを…と言っていても、そういう時に限ってノッてきてしばらくコピーを取っていなかったり…というのはあるものです。

　今までに何度か、そうした絶望的な状態になった方からご連絡をいただいたことがあります。どの方も、「なんとかデータは復旧できないものでしょうか」とおっしゃいます。中にはPrezi社に連絡することで復旧するケースもありますが、それにはどうしても時間がかかってしまいます。また、結局うまくいかない場合もあります。

　こういうときは、私は作り直しをおすすめしています。

　「さっきまで作っていて神的な出来になっていたあれを、もう一度作るのか…」という気分に最初はなるのですが、同じプレゼンを2回作る、というのは決して無駄なことではありません。2回目に作る場合、かならず以前のものよりもよくなります。最初に試行錯誤して作っていた部分であっても、今度は単に作り直すだけですし、素材も揃った状態なので、制作スピードは格段に上がります。そして、小さなところで「ここはこうしておけばよかった」という改善点を入れながら作っていくこともできます。

　プレゼン制作の現場では、数か月から半年単位で準備する非常に重要な舞台でのプレゼンについては、意図的に2回制作を行う、ということがあります。1度目ではどうしても試作的な部分が出てくるので、そうした粗削りな部分を2度目の制作でより洗練された状態にもっていくためです。

　万が一作っていたプレゼンが消えてしまったら、慌てず騒がず、腹をくくって2回目の制作も視野に入れて検討してみましょう。話す内容も改めて練りながら作っていけるので、データだけではなく、プレゼン本番での完成度も確実に高くなります。

さいごに

　本書のPreziの解説はこれで終わりです。かなり長かったと思います。お疲れさまでした。

　それにしても第1章から第7章までずっと解説してきたPreziの話の最後が、「練習しましょう」というのは身も蓋もないような話ですが、でもこれがきっとプレゼンの本質だと思います。

　現代のようななんでもネットワークでつながる社会だからこそ、「相手の時間をもらって、同じ空間を共有して話をする」、ということの価値はこれからどんどん高くなっていくでしょうし、だからこそきちんとした準備をして臨む必要があります。

　ただ、それをあんまり身構えすぎてもせっかくの機会を楽しめないので、ほどよく力を抜いて、けど決めるところは決まるようにプレゼンを作ることができたら、という思いで本書をまとめました。

　Prezi社や各国のPrezi Expertは、Preziを使う人のことを、「Prezilian（プレジリアン）」と呼んでいます。エキスパートも初心者も、みんなが等しく「Prezilian」です。バグ報告のフォーラムでは、"Hey Prezilians!" と言ってバグ報告を書き出したりしています。

　こんな書き出しからも想像できるように、Prezi社も世界中のPrezi Expertも、みんなスタートアップらしいカジュアルさをもって仕事をしています。Preziの動きがつくりだす雰囲気と同じで、カジュアルでナチュラルで、でも時にちゃんとまじめで、そしてプレゼンが大好きです。

　そんな人たちがつくっているPreziというアプリは、まだまだ成長期で、いろんな可能性に満ちています。日々変化していくPrezi、ぜひ、その変化や可能性も含めて楽しみながら使っていただければと思います。

　本書が、日本のPrezilianのみなさんのよりよいプレゼンテーションにつながっていけば幸いです。

Have a nice presentation!

索引

239

著者紹介

吉藤 智広（FUJI：Tomohiro YOSHIFUJI）　プレゼンテーションデザイナー /Prezi Expert

2014 年、日本人で初めて Prezi Expert の国際公式認定を取得。Prezi 社公認のプレゼンテーションデザイナーとして、スタートアップピッチ / マーケティング / セールス / イベント / 展示会 / コンペ / CM など、多様なプレゼンテーションを制作。企業・官公庁・大学において、プレゼンテーションデザインの講師としてレクチャー / トレーニングを行う。

2014 年から 3 年間、シンガポールを拠点として活動。2017 年からは再び日本に拠点を移し、日本・海外のプレゼンテーションデザインを広く手がける。著書に『Prezi で極めるビジュアルプレゼンテーション』（日経 BP 社）。

Web サイト：https://re-presentation.jp/

●本書についてのお問い合わせ方法、訂正情報、重要なお知らせについては、下記 Web ページをご参照ください。なお、本書の範囲を超えるご質問にはお答えできませんので、あらかじめご了承ください。

　　　http://ec.nikkeibp.co.jp/nsp/

●ソフトウェアの機能や操作方法に関するご質問は、ソフトウェア発売元の製品サポート窓口へお問い合わせください。

あなたのプレゼンが劇的に変わる! Prezi デザインブック

2018年5月28日　初版第1刷発行

著　　　者	吉藤 智広	
発　行　者	村上 広樹	
編　　　集	田部井 久	
発　　　行	日経 BP 社	
	東京都港区虎ノ門 4-3-12　〒105-8308	
発　　　売	日経 BP マーケティング	
	東京都港区虎ノ門 4-3-12　〒105-8308	
装　　　丁	吉藤 智広	
DTP 制作	株式会社シンクス	
印刷・製本	図書印刷株式会社	